2022

징계
업무
편람

인사혁신처

크레파스북

공무원 헌장

우리는 자랑스러운 대한민국의 공무원이다.

우리는 헌법이 지향하는 가치를 실현하며

국가에 헌신하고 국민에게 봉사한다.

우리는 국민의 안녕과 행복을 추구하고

조국의 평화 통일과 지속 가능한 발전에 기여한다.

이에 굳은 각오와 다짐으로 다음을 실천한다.

하나 공익을 우선시하며 투명하고 공정하게
맡은 바 책임을 다한다.

하나 창의성과 전문성을 바탕으로 업무를 적극적으로
수행한다.

하나 우리 사회의 다양성을 존중하고 국민과 함께 하는
민주 행정을 구현한다.

하나 청렴을 생활화하고 규범과 건전한 상식에 따라
행동한다.

공무원 헌장 실천강령

하나 공익을 우선시하며 투명하고 공정하게 맡은 바 책임을 다한다.

- 부당한 압력을 거부하고 사사로운 이익에 얽매이지 않는다.
- 정보를 개방하고 공유하여 업무를 투명하게 처리한다.
- 절차를 성실하게 준수하고 공명정대하게 업무에 임한다.

하나 창의성과 전문성을 바탕으로 업무를 적극적으로 수행한다.

- 창의적 사고와 도전 정신으로 변화와 혁신을 선도한다.
- 주인 의식을 가지고 능동적인 자세로 업무에 전념한다.
- 끊임없는 자기 계발을 통해 능력과 자질을 높인다.

하나 우리 사회의 다양성을 존중하고 국민과 함께 하는 민주 행정을 구현한다.

- 서로 다른 입장과 의견이 있음을 인정하고 배려한다.
- 특혜와 차별을 철폐하고 균등한 기회를 보장한다.
- 자유로운 참여를 통해 국민과 소통하고 협력한다.

하나 청렴을 생활화하고 규범과 건전한 상식에 따라 행동한다.

- 직무의 내외를 불문하고 금품이나 향응을 받지 않는다.
- 나눔과 봉사를 실천하고 타인의 모범이 되도록 한다.
- 공무원으로서의 명예와 품위를 소중히 여기고 지킨다.

발간사

공무원의 책임성과 도덕성에 대한 국민의 기대가 높아지고 있는 만큼 정부에서도 깨끗하고 신뢰받는 공직사회를 확립하기 위한 노력을 계속하고 있습니다.

공무원들도 국민 전체에 대한 봉사자로서 맡은 바 직무에 책임을 다함은 물론, 국민의 수임자로서 손색이 없는 도덕성을 갖출 수 있도록 항상 노력하여야 할 것이며, 그 과정에서 징계제도는 우리 공직사회가 바람직한 방향으로 나아갈 수 있도록 도와주는 길잡이 역할을 수행할 것입니다.

이를 위하여 정부는 공무원 징계제도를 지속적으로 개선하여 왔습니다.

특히, 성비위 징계시효를 3년에서 10년으로 확대하고, 갑질 비위 유형을 신설하고 포상감경이 적용되지 않도록 하였으며, 음주운전 징계기준을 상향 조정하는 등 공무원의 중대비위 근절을 위하여 징계기준을 보완·강화하였습니다. 또한 성비위 피해자에게 가해자의 징계처분 결과를 통보할 수 있는 근거 및 비위 피해자 진술권 규정을 마련하였고, 갑질·성비위에 대한 은폐·미조치와 성비위 2차 가해에 대한 징계기준을 신설하였으며, 성폭력·성희롱 사건에 대한 징계위원회에 피해자와 같은 성별의 징계위원이 1/3이상 포함되도록 하는 등 피해자 보호와 엄정한 징계심의를 위한 기준과 절차도 마련하였습니다. 한편으로는 적극행정 징계 면제 요건을 확대하고 소명절차를 마련하는 등 직무에 책임을 다하기 위해 소신있게 근무한 공무원을 보호하기 위한 제도도 보강하였습니다.

1983년 6월 최초로 '징계업무처리요령'을 발간한 이래 7차례 (1989, 1998, 2004, 2008, 2012, 2016, 2019)에 걸쳐 개정된 징계업무편람에 이러한 개정사항을 반영하고, 각 기관의 징계업무 실무자들이 징계제도를 공정하게 운영하는데 도움을 줄 수 있도록 판례, 질의회신 등을 보완하여 이번에 '2022년도 징계업무편람'을 개정·발간하게 되었습니다.

본 징계업무편람이 각 기관에서 공무원 징계업무 처리에 많은 도움이 되기를 바라며, 신뢰받는 공직사회 구현을 위한 디딤돌이 될 수 있기를 기대합니다.

2022년 9월

인사혁신처 윤리복무국장 신 병 대

CONTENTS

MINISTRY OF PERSONNEL
MANAGEMENT

부록

2022

징계업무
처리요령

※ 참고 : 본 편람에서는 「국가공무원법」, 「공무원 징계령」 및 「공무원 징계령 시행규칙」을 특별한 경우를 제외하고 이하
    "법", "영" 및 "시행규칙"이라 함.

01

징계의 의의

가. 징계의 개념

- 공무원의 의무위반에 대하여 공무원관계의 목적을 달성하기 위하여 국가 또는 지방자치단체가 그 사용자의 지위에서 과하는 행정상 제재를 말함.

> **판례** 징계의 정의
>
> 공무원관계의 질서를 유지하고 기강을 숙정하여 공무원으로서의 의무를 다하게 하기 위하여 과하는 제재임.[대법원 1983.6.28. 선고 83누130 판결]

나. 징계벌과 형사벌

- 징계벌과 형사벌은 그 권력의 기초(공무원근무관계에서 사용자로서의 권한 vs 국가통치권), 목적(공무원관계의 질서유지 vs 일반법익 보호), 내용(주로 신분적 이익의 박탈 vs 주로 신체적 자유 및 재산적 이익의 제한*), 대상(공무원법상의 의무위반 vs 형사법상 반사회적 법익위반) 등을 각기 달리하기 때문에 동일 비위에 대하여 징계벌과 형사벌을 병과 하더라도 일사부재리 원칙에 저촉되지 아니함.

  * 형벌 : 생명형인 사형, 자유형인 징역·금고·구류, 재산형인 벌금·과료·몰수, 명예형인 자격상실·자격정지의 9가지를 인정(형법 제41조)

- 다만, 형사재판의 결과 금고이상의 형의 확정(집행유예 등 포함) 등으로 당연퇴직 사유가 발생하면(법 제69조) 공무원 신분관계가 소멸되므로 공무원 신분관계를 전제로 한 징계벌은 과할 수 없음.

- 또한 비위와 관련하여 형사 입건되어 재판이 계속 중인 때와 수사기관에 의하여 수사가 진행 중인 경우 유죄여부 또는 기소여부가 판명될 때까지 기다려야 하는 형사소추 선행의 원칙을 인정하지 아니하고, 예외적으로 징계절차를 중지할 수 있도록 임의적 조항을 둠.(법 제83조제2항)

- 따라서 공무원에게 징계사유가 인정되는 이상 관계된 형사사건의 진행여부와 상관없이 징계처분을 하는 것이 원칙임. 다만, 사실관계의 확인을 위해서 검찰·경찰, 그 밖의 수사기관에서 수사 중인 사건에 대해서는 수사개시 통보를 받은 날로부터 징계 의결의 요구나 그 밖의 징계절차를 진행하지 않을 수 있음.(영 제8조의2)

  ※ 수사의 종료 통보(공무원 피의사건 처분결과통보서, 공무원 고소·고발사건 처분결과통보서)를 받고 「공무원 비위사건 처리규정」 제4조에 따라 징계의결 요구를 하여야 할 때에는 1개월 이내에 관할 징계위원회에 징계의결등을 요구하여야 함.

- 이는 범죄의 수사 또는 재판은 상당한 시일을 요하므로 그 기간을 기다린다는 것은 공무수행에 막대한 지장을 초래할 우려가 있기 때문임.

- 뿐만 아니라 징계처분을 한 후 관련된 형사사건에 대해 벌금 이하의 형을 받거나, 면소 또는 무죄판결을 받았다 할지라도 동 비위행위가 징계사유에 해당하는 한 따로 징계절차를 취할 수 있음.

| 판례 | 무죄 확정판결과 징계처분의 효력 |

1. 같은 사건으로 무죄판결을 받았다고 하더라도 징계사유의 인정에는 영향이 없음.[대법원 1967.2.7. 선고 66누168 판결]

2. 징계처분 후 징계사유에 대한 형사사건으로 1심에서 유죄판결이 선고되었으나 그 후 항소심에서 무죄판결이 선고되고 이 판결이 대법원에서 확정되었다면 그 징계처분이 근거 없는 사실을 징계사유로 삼은 것이 되어 위법하다고는 할 수 있으나 그 하자가 객관적으로 명백하다고는 할 수 없으므로 징계처분이 당연무효가 되는 것은 아님.[대법원 1994.1.11. 선고 93누14752 판결]

3. 징계사유로 문제된 동일한 사실로 기소되어 1심법원에서 유죄판결까지 선고받았다면, 비록 그 후 그 사실에 관하여 무죄판결이 확정됨으로써 위 징계처분이 결과적으로 증거 없이 이루어진 셈이 되었다고 하더라도 이는 결국 증거판단을 잘못하여 사실을 오인한 경우에 불과하고 이러한 위법사유는 취소사유에는 해당될지언정 당연무효사유로는 되지는 않음.[대법원 1992.5.22. 선고 91누12196 판결]

4. 뇌물수수를 징계사유로 파면처분을 받은 후 형사사건이 항소심까지 유죄로 인정되고 원고가 수사기관과 법정에서 금품수수 사실을 자인하였으나 대법원의 파기환송판결에 따라 무죄의 확정판결이 있었다면 징계처분은 근거없는 사실을 징계사유로 삼은 위법이 있다고 할 수는 있을지언정 객관적으로 명백하다고는 할 수 없으므로 징계처분이 당연무효인 것은 아님.[대법원 1989.9.26. 선고 89누4963 판결]

판례 무죄 등의 확정판결과 징계가능 여부

벌금 이하의 형을 받거나 면소 또는 무죄판결을 받았다 할지라도 동 비위행위가 징계사유에 해당하는 한 따로 징계절차를 취할 수 있음.[대법원 1967.2.7. 선고 66누168 판결]

판례 수사나 재판계류중인 사건에 대한 징계가능 여부

공무원에게 징계사유가 인정되는 이상 관계된 형사사건이 아직 유죄로 인정되지 아니하였거나 수사기관에서 이를 수사 중에 있다 하여도 징계처분은 할 수 있음.[대법원 1984.9.11. 선고 84누110 판결]

판례 징계사유와 형사벌의 관계

1. 감사원에서 조사 중인 사건에 대하여 징계절차를 진행하지 못한다고만 규정되어 있을 뿐 형사 사건으로 조사나 기소 중인 사실에 관해서도 징계절차를 진행할 수 없다는 취지는 규정되어 있지 아니하므로 비위사건에 관하여 현재 형사사건으로 기소되어 재판계류 중이라 하더라도 형사사건의 귀추를 기다릴 것 없이 징계처분을 할 수 있음은 물론, 징계와 형벌은 그 권력의 기초, 목적, 내용 및 그 사유를 각각 달리하는 것이므로 형사재판의 결과는 징계사유의 인정에 방해가 되지 아니 함.[대법원 1982.9.14. 선고 82누46 판결]

2. 자격정지에 대한 선고유예 판결이 공무원 자격요건의 결격사유가 아니라고 해도 법정 징계절차에 따라 한 파면처분은 적법함.[대법원 1978.9.1. 선고 78누560 판결]

다. 징계와 직위해제(職位解除)

● 직위해제는 공무원이 형사사건 기소 등 일정한 사유에 해당하면 특별한 사전절차를 거침이 없이 일시적으로 직위를 부여하지 아니하여 직무에 종사하지 못하도록 하는 '보직의 해제'로서 사유에 따라 능력회복 및 재판 등에 전념할 기회를 부여하고 직무수행의 공정성을 확보하기 위한 제도로 징벌적 성격의 징계와는 다름.

● 다만, 직위해제 처분을 받은 자는 직무에 종사하지 못할 뿐만 아니라 승급, 보수 등에서 불이익한 처우를 받게 되므로 '인사상 불이익 처분*'에 속함.

　* 처분사유서 교부 : 공무원에 대하여 징계처분등을 할 때나 강임·휴직·직위해제 또는 면직처분을 할 때에는 그 처분권자 또는 처분제청권자는 처분사유를 적은 설명서를 교부(交付)하여야 함.(법 제75조)

> 🏛️ **직위해제(법 제73조의3)**

〈직위해제 사유〉

1. 삭제

2. 직무수행 능력이 부족하거나 근무성적이 극히 나쁜 자
   ● 3월이내 대기명령 → 능력회복이나 근무성적 향상을 위한 교육훈련 또는 연구과제 부여
   ● 3월이내 직무부여 또는 징계위원회의 동의를 얻어 직권면직 가능

3. 파면·해임·강등 또는 정직에 해당하는 징계 의결이 요구 중인 자

4. 형사 사건으로 기소된 자(약식명령이 청구된 자 제외)

5. 고위공무원단에 속하는 일반직공무원으로서 제70조의2제1항제2호부터 제5호까지의 사유로 적격심사를 요구받은 자

6. 금품비위, 성범죄 등 대통령령으로 정하는 비위행위*로 인하여 감사원 및 검찰·경찰 등 수사기관에서 조사나 수사 중인 자로서 비위의 정도가 중대하고 이로 인하여 정상적인 업무수행을 기대하기 현저히 어려운 자
   　* 공무원임용령 제60조(직위해제 대상 비위행위)
   ❶ 법 제78조의2제1항 각 호의 행위
   ❷ 「성폭력범죄의 처벌 등에 관한 특례법」 제2조에 따른 성폭력범죄
   ❸ 「성매매알선 등 행위의 처벌에 관한 법률」 제4조에 따른 금지행위
   ❹ 공무원으로서의 품위를 크게 손상하여 그 직위를 유지하는 것이 부적절하다고 판단되는 행위

※ 제2호의 직위해제 사유와 제3호·제4호 또는 제6호의 직위해제 사유가 경합할 때에는 제3호·제4호 또는 제6호의 직위해제 처분을 하여야 하고(법 제73조의3제5항), 직위해제사유가 소멸된 때에는 지체 없이 직위를 부여하여야 함.(법 제73조의3제2항)

● 징계의결요구를 사유로 직위해제된 경우(제3호) 징계의결이 되거나 징계의결이 취소된 때부터 직위해제처분은 그 효력을 상실함.

판례 직위해제의 성질

국가공무원법상 직위해제는 일반적으로 공무원이 직무수행능력이 부족하거나 근무성적이 극히 불량한 경우, 공무원에 대한 징계절차가 진행중인 경우, 공무원이 형사사건으로 기소된 경우 등에 있어서 당해 공무원이 장래에 계속 직무를 담당하게 될 경우 예상되는 업무상의 장애 등을 예방하기 위하여 일시적으로 당해 공무원에게 직위를 부여하지 아니함으로써 직무에 종사하지 못하도록 하는 잠정적인 조치로서의 보직의 해제를 의미하므로 과거의 공무원의 비위행위에 대하여 기업질서 유지를 목적으로 행하여지는 징벌적 제재로서의 징계와는 그 성질이 다르다 할 것임.[대법원 2003.10.10. 선고 2003두5945 판결]

판례 직위해제와 징계처분의 병과가능 여부

직위해제처분이 공무원에 대한 불이익한 처분이긴 하나 징계처분과 같은 성질의 처분이라 할 수 없으므로 동일한 사유로 직위해제 처분을 하고 다시 감봉처분을 하였다 하여 일사부재리원칙에 위배된다고 할 수 없음.[대법원 1983.10.25. 선고 83누184 판결]

판례 직위해제처분의 효력

"징계의결이 요구중인 자"에 대하여는 직위를 부여하지 아니할 수 있다는 것은 징계의결이 요구되고 있는 동안만 직위를 부여하지 아니할 수 있다는 취지로 해석되므로, 직위해제처분 후 징계의결이 되거나 징계의결이 취소되었다면 위 직위해제처분은 실효됨.[대법원 1979.2.13. 선고 78누372 판결]

판례 파면처분과 직위해제의 효력

직위해제처분을 한 후, 그 직위해제 사유와 동일한 사유를 이유로 파면처분을 하였다면 뒤에 하여진 파면처분에 의하여 그 전에 하였던 직위해제처분은 그 효력을 상실함.[대법원 1985.3.26. 선고 84누677 판결]

참고 직위해제 기간중의 봉급감액(공무원보수규정 제29조)

● 「국가공무원법」 제73조의3제1항제2호에 따라 직위해제된 사람: 봉급의 80퍼센트
● 「국가공무원법」 제73조의3제1항제5호에 따라 직위해제된 사람: 봉급의 70퍼센트.
  다만, 직위해제일부터 3개월이 지나도 직위를 부여받지 못한 경우에는 그 3개월이 지난
  후의 기간 중에는 봉급의 40퍼센트를 지급
● 「국가공무원법」 제73조의3제1항제3호·제4호 또는 제6호에 따라 직위해제된 사람: 봉급의
  50퍼센트. 다만, 직위해제일부터 3개월이 지나도 직위를 부여받지 못한 경우에는 그
  3개월이 지난 후의 기간 중에는 봉급의 30퍼센트를 지급

라. 징계와 직권면직(職權免職)

- 공무원은 형의 선고, 징계처분 또는 국가공무원법에서 정하는 사유에 따르지 아니하고는 본인의 의사에 반하여 휴직·강임 또는 면직을 당하지 아니함.(법 제68조)

  ※ 1급공무원과 직무등급이 가장 높은 등급의 직위에 임용된 고위공무원은 제외

- 직권면직은 일정한 법정 사유가 있는 경우에 본인의 의사와 무관하게 임용권자가 직권으로 행하는 면직처분을 말함.

- 직권면직은 그 처분의 사유와 효과 면에서 징계면직처분(파면, 해임)과 구별되지만 공무원 본인의 의사와는 관계없이 국가의 일방적인 의사에 의하여 공무원의 신분관계를 소멸시킨다는 점에서는 파면·해임과 같기 때문에 직권면직은 공무원 신분보장의 측면에서 보다 신중한 운영이 필요함.

> **직권면직 사유(국가공무원법 제70조)**
>
> 1. 삭제, 2. 삭제
>
> 3. 직제와 정원의 개폐 또는 예산의 감소 등에 따라 폐직(廢職) 또는 과원(過員)이 되었을 때
>
> 4. 휴직기간이 끝나거나 휴직사유가 소멸된 후에도 직무에 복귀하지 아니하거나 직무를 감당할 수 없을 때
>
> 5. 법 제73조의3제3항에 따라 대기 명령을 받은 자가 그 기간에 능력 또는 근무성적의 향상을 기대하기 어렵다고 인정된 때
>
> 6. 전직시험에서 세 번 이상 불합격한 자로서 직무수행능력이 부족하다고 인정된 때
>
> 7. 병역판정검사·입영 또는 소집의 명령을 받고 정당한 사유 없이 이를 기피하거나 군복무를 위하여 휴직 중에 있는 자가 군복무 중 군무(軍務)를 이탈하였을 때
>
> 8. 해당 직급, 직위에서 직무를 수행하는데 필요한 자격증의 효력이 없어지거나 면허가 취소되어 담당 직무를 수행할 수 없게 된 때
>
> 9. 고위공무원단에 속하는 공무원이 법 제70조의2에 따른 적격심사 결과 부적격 결정을 받은 때

- 다만, 임용권자의 자의적인 직권면직의 남용을 방지하여 공무원의 신분보장을 강화하기 위해 제3호부터 제8호까지의 규정에 따라 직권면직 시킬 경우에는 미리 관할 징계위원회의 의견을 들어야 하고, 위 직권면직 사유 중 제5호의 규정에 따라 직권면직 시킬 경우는 관할 징계위원회의 동의를 얻도록 하고 있음.(법 제70조제2항)

- 징계위원회의 "의견"을 듣는 경우 경징계 요구사건의 징계관할에 의하고, "동의"를 받아야 하는 경우 중징계 요구사건의 징계관할에 의함.(영 제23조)

❖ 별정직공무원이 징계사유에 해당되어 직권면직 시킬 경우에는 징계위원회의 동의와 의견을 구하는 절차 없이 직권면직 가능(다만, 면직심사위원회의 의견을 들어야 함.)

시보공무원의 의사에 반한 면직절차?

시보공무원의 면직절차에 대해서는 국가공무원법의 제29조(시보 임용)제3항에서 "시보 임용 기간 중에 있는 공무원이 근무성적·교육훈련성적이 나쁘거나 이 법 또는 이 법에 따른 명령을 위반하여 공무원으로서의 자질이 부족하다고 판단되는 경우에는 제68조(의사에 반한 신분 조치) 및 제70조(직권면직)의 규정에 불구하고 면직시키거나 면직을 제청할 수 있다"고 규정하고 있어, 동법 제70조제2항에서 규정하고 있는 관할 징계위원회의 의견청취 또는 동의를 거칠 필요가 없음

판례 직권면직 사유

1. '직무수행능력의 현저한 부족으로 근무성적이 극히 불량한 때'라 함은 정신적, 육체적으로 직무를 적절하게 처리할 수 있는 능력의 현저한 부족으로 근무성적이 극히 불량한 때를 의미하고, 징계사유에 해당하는 명령위반, 직무상의 의무위반 또는 직무태만의 행위 등은 이에 해당되지 아니함.[대법원 1986.3.11. 선고 85누663 판결]

2. 근무성적평정에서 최하위를 받은 사실만을 이유로 한 직권면직 처분은 부당함.[대법원 1983.8.23. 선고 82누43 판결]

판례 별정직공무원의 직권면직

1. 국가공무원법 제2조제4항은 주로 별정직공무원 등의 신분취득이나 그 변동에 관한 것임을 감안하면 그 규정 중의 "기타 필요한 사항"에는 별정직공무원의 신분상실을 내용으로 하는 직권면직에 관한 사항도 당연히 포함되는 것으로 해석되고, 공무원 징계령 제22조(현행 별정직공무원 인사규정 제9조의2)는 국가공무원법 제2조제4항의 위임에 의하여 별정직공무원에 대한 직권면직의 근거를 마련하는 한편, 국가공무원법 제83조의3의 규정에 따라 별정직공무원에 대한 동법상의 징계에 관한 규정의 준용근거 및 그 절차를 마련한 것으로 보아야 할 것이므로 국가공무원법 제2조제4항, 공무원 징계령 제22조(현행 별정직공무원 인사규정 제9조의2)에 따라 별정직공무원에 대한 직권면직처분이 가능함.

2. 별정직공무원에 대하여는 국가공무원법상의 직권면직에 관한 규정이 적용되거나 준용될 근거가 없으므로 별정직공무원을 직권면직함에 있어서는 일반직공무원 등의 경우와 같이 국가공무원법 제70조제2항에 의한 징계위원회의 동의를 얻을 필요 없이 임용권자가 그 직권으로 면직처분할 수 있다 할 것임.[서울고법 1989.11.1. 선고 88구9147, 특별부판결]

3. 별정직 지방공무원에게는 다른 법률에 특별한 규정이 없는 한 지방공무원법 제7장의 '신분보장', 제8장의 '권익의 보장'의 규정이 적용되지 아니한다 하여도 그 별정직공무원의 담당사무가 일반직 공무원이 담당할 고유의 사무이고 다만 별정직으로 보하게 된 법령 조례의 규정 취지가 인사수급의 원활을 기하기 위한 것에 불과하다면, 비록 별정직공무원에 대한 직권면직은 일반직공무원에 비하여 임명권자에게 광범한 재량권이 부여되어 있다 하더라도 임명권자가 아무런 사실상의 근거나 기준 없이 면직처분을 할 권능을 갖는다고는 할 수 없고, 어디까지나 객관적이고도 합리적인 근거를 갖추어야 할 것이고 그러한 근거 없는 면직처분은 위법하고 행정소송의 대상이 될 수 있음.[서울고등법원 2005.11.8. 선고 2005누1109 판결]

4. 공무원에 대한 직권면직이 그 효과에 있어서 해임과 유사하고 또한 실질적으로는 품위유지의무를 위반하였다는 징계사유를 그 이유로 한 것이라고 하더라도 이를 해임처분을 받은 것과 동일시 할 수는 없음.[대법원 1994.12.9. 선고 94누6666 판결]

📝 마. 징계관계법령

(1) 징계벌에도 법치주의원칙 적용

- 징계는 공무원의 의사에 반하여 그에게 불이익을 주는 처분이며 국민으로서 가지는 공무담임권을 침해할 우려가 있기 때문에 신분보장의 견지에서 징계의 사유와 절차·효력 등을 법률이 직접 규정하고 있는 것임.

(2) 징계에 관한 주요 법령 및 규칙

법 률	→	국가공무원법, 지방공무원법, 외무공무원법, 교육공무원법, 경찰공무원법, 소방공무원법, 법관징계법, 검사징계법, 군인사법, 군무원인사법, 국가정보원직원법, 감사원법, 공공감사에 관한 법률, 부패방지 및 국민권익위원회의 설치와 운영에 관한 법률
대통령령 등	→	공무원 징계령, 국가공무원 복무규정, 지방공무원 징계 및 소청규정, 공무원임용령, 공무원보수규정, 공무원수당규정, 교육공무원 징계령, 경찰공무원 징계령, 소방공무원 징계령, 군인사법 시행령, 군인징계령, 군무원인사법 시행령, 국가정보원직원법 시행령, 국회인사규칙, 법원공무원규칙, 선거관리위원회공무원규칙, 헌법재판소 공무원 규칙, 감사원 징계규칙, 감사원 감사사무 처리규칙, 공무원 행동강령
총 리 령 등	→	공무원 징계령 시행규칙, 지방공무원 징계규칙, 교육공무원 징계양정 등에 관한 규칙, 군인 징계령 시행규칙, 군무원인사법 시행규칙
대통령 훈령	→	공무원 비위사건 처리 규정
국무총리 훈령	→	비위면직(파면·해임)자 공직 재임용 제한에 관한 규정
예규	→	국가공무원 복무·징계 관련 예규

바. 징계업무처리 흐름도

1   비위사실 적발

- 감사원, 검찰, 경찰, 국무조정실, 정부합동점검반, 자체조사 등

→

2   징계등 의결요구

- 통보받은 날로부터 1개월 이내
- 중징계, 경징계로 구분
- 혐의자에게 징계의결요구사유서 사본 및 우선심사 신청서 교부

↓

4   징계의결등 통보

- 관할 징계위원회
  (※ 지체없이 통보)
- – 징계처분권자
- – 징계의결요구권자
- – 관계기관(감사원 등)

←

3   징계의결등

- 관할 징계위원회
- – 접수함으로써 징계의결요구 효력발생
- – 혐의자주장서 접수·사실조사
- – 위원회 개최 3일전까지 출석통지
- – 의결(접수일로부터 30일 또는 60일 이내)
  ※ 심문 및 진술권 부여
- – 의결서 등 작성

↓

5   징계처분 등

- 징계처분 등의 처분권자
- – 징계의결서를 통보받은 날로부터 15일 이내
- – 처분사유설명서 교부

→

6   소청 및 행정소송

- 징계처분 등의 사유설명서를 받은 날로부터 30일 이내 소청심사 청구
- 소청결정을 받은 날로부터 90일 이내 행정소송 청구

심사·재심사 청구

- 징계의결요구권자
  - – 징계의결서를 통보받은 날로부터 15일 이내
  - – 국무총리 소속으로 설치된 징계위원회의 의결 : 해당 징계위원회에 재심사 청구
  - – 중앙행정기관에 설치된 징계위원회(소속기관에 설치된 징계위원회 제외)의 의결 : 국무총리 소속으로 설치된 징계위원회에 심사 청구
  - – 그 외의 징계위원회 의결 : 직근 상급기관에 설치된 징계위원회에 심사 청구

02

징계대상

📝 가. 징계대상

- 모든 공무원이 징계의 대상이 되는 것은 아니고 경력직공무원과 특수경력직공무원 중 별정직공무원이 그 대상이 됨.

(1) 경력직공무원

(가) 일반직공무원

- 국가공무원법 소정의 징계절차에 의함.

  ※ 감사원 소속 직원의 징계는 감사원법 소정의 징계절차에 의함.(감사원법 제18조의2 및 감사원 징계규칙)

  ❖ 지방공무원은 지방공무원법 소정의 징계절차에 의함

(나) 특정직공무원

① 검사 : 검사징계법 소정의 징계절차에 의함.

② 경찰공무원

   》 경찰공무원법 소정의 징계절차에 의하되, 경무관이상의 경찰공무원에 대한 징계의 의결은 국무총리 소속 중앙징계위원회에서 함.(경찰공무원법 제32조 및 제33조)

③ 소방공무원

>> 소방공무원법 소정의 징계절차에 의하되, 소방준감 이상의 소방공무원에 대한 징계의 의결은 국무총리 소속 중앙징계위원회에서 함.(소방공무원법 제28조 및 제29조)

④ 외무공무원

>> 외무공무원법 소정의 징계절차에 의하되, 공사급 이상의 직위에 재직중이거나 재직하였던 외무공무원에 대한 징계의 의결은 국무총리 소속 중앙징계위원회에서 함.(외무공무원법 제28조 및 제29조, 외무공무원임용령 제42조)

⑤ 교육공무원

>> 교육공무원법 소정의 징계절차에 의함.(교육공무원법 제50조 내지 제52조)

⑥ 군인·군무원

>> 군인사법 및 군무원인사법 소정의 징계절차에 의함.(군인사법 제56조 내지 제61조 및 군무원인사법 제37조 내지 제43조의2)

⑦ 국가정보원 직원

>> 국가정보원직원법 소정의 징계절차에 의함.(국가정보원직원법 제24조 내지 제29조)

⑧ 대통령 경호처 직원

>> 대통령 등의 경호에 관한 법률 소정의 징계절차에 의함.(대통령 등의 경호에 관한 법률 제12조)

(2) 특수경력직공무원

(가) 별정직공무원

● 징계사유가 발생하면 직권으로 면직하거나 징계처분 또는 징계부가금 부과처분을 할 수 있음.(별정직공무원 인사규정 제9조의2)

● 징계사유에 해당하여 별정직공무원을 직권으로 면직하려는 경우에는 미리 면직심사위원회를 구성하여 그 의견을 들어야 함.

(나) 정무직공무원

● 징계절차 없음.(국가공무원법 제3조 및 제83조의3, 공무원 징계령 제1조의2)

03

징계사유

 ## 가. 징계사유의 의의

- 징계사유란 공무원이 징계처분을 받지 않으면 안될 의무위반행위를 말함.

> **징계 사유(법 제78조)**

1. 이 법과 이 법에 따른 명령을 위반한 경우
2. 직무상의 의무(다른 법령에서 공무원의 신분으로 인하여 부과된 의무를 포함한다)에 위반하거나 직무를 태만히 한 때
3. 직무의 내외를 불문하고 그 체면 또는 위신을 손상하는 행위를 한 때

- 위와 같은 징계사유는 과실이 있음으로 충분하고, 행위자뿐만 아니라 감독자도 감독의무를 태만히 한 경우 징계책임을 면치 못함.

- 또한, 의무위반 행위는 재직 중의 행위임을 원칙으로 하나, 임용과 관련된 비위행위와 같이 비록 임용 전의 행위라도 이로 인하여 임용 후의 공무원의 체면 또는 위신을 손상하게 된 경우에는 징계사유가 될 수 있음.

- 징계의결요구권자는 소속공무원에게 징계사유가 있는 때에는 반드시 징계의결의 요구를 하여야 하고 징계의결의 결과에 따라 징계처분을 하여야 함.

> **판례** 임용전의 행위에 대한 징계사유 인정여부
>
> 사립학교 교원이 그 임용 이전에 한 행위는 원칙적으로 재직중의 징계사유로 삼을 수 없다 할 것이나, 임용과 관련된 비위행위와 같이 비록 임용 전의 행위라 하더라도 이로 인하여 임용 후의 교원으로서의 품위를 손상하게 된 경우에는 징계사유로 삼을 수 있음.[대법원 1996.3.8. 선고 95누18536 판결]

- 공무원이었던 사람(특수경력직공무원 및 지방공무원을 포함)이 퇴직 후 다시 공무원으로 임용된 경우에 재임용 전에 적용된 법령에 따른 징계사유는 그 사유가 발생한 날부터 국가공무원법에 따른 징계사유가 발생한 것으로 보아야 하므로 징계시효가 도과하지 않았다면 징계의결요구 하여야 함.(법 제78조)

- 다만, 징계사유가 발생한 날부터 다음의 구분에 따른 기간이 지난 후에는 징계시효의 도과로 징계의결요구를 할 수 없음.(법 제83조의2)

  ① 징계 등 사유가 다음 각 목의 어느 하나에 해당하는 경우 : 10년[1]

    가.「성매매알선 등 행위의 처벌에 관한 법률」제4조에 따른 금지행위

    나.「성폭력범죄의 처벌 등에 관한 특례법」제2조에 따른 성폭력범죄

    다.「아동·청소년의 성보호에 관한 법률」제2조제2호에 따른 아동·청소년대상 성범죄

    라.「양성평등기본법」제3조제2호에 따른 성희롱

  ② 징계 등 사유가 제78조의2제1항 각 호의 어느 하나에 해당하는 경우 : 5년

  ③ 그 밖의 징계 등 사유에 해당하는 경우 : 3년

나. 징계사유의 내용

(1) 법령위반 행위

- 국가공무원법 등의 제 규정과 동 법에서 위임한 바에 따라 제정된 일반적·추상적 행정명령(대통령령·총리령·부령 등)과 개별적·구체적 집행명령(훈령·지침·유권해석 등)에 위반한 경우를 말함.

- 행정기관 내부적으로 정한 처벌기준에 미달되는 비위라 하더라도 징계사유가 될 수 있음.

---

1) '21.12.9. 시행 이후 징계사유에 대해서 10년, 이전 징계사유는 3년

● 국가공무원법상 공무원의 의무는 다음과 같음.

(가) 선서의 의무(법 제55조)

● 공무원은 취임할 때에 소속 기관장 앞에서 대통령령 등으로 정하는 바에 따라 선서(宣誓)를 하여야 함.

> ※ 국가공무원 복무규정(대통령령) 제2조 및 국가공무원 복무규칙(총리령) 제2장 선서에서 공무원 선서방식, 절차 등 그 밖에 필요한 사항을 정함.

● 선서문(국가공무원 복무규정 제2조2항[별표1])

❖ 선서

나는 대한민국 공무원으로서 헌법과 법령을 준수하고, 국가를 수호하며, 국민에 대한 봉사자로서의 임무를 성실히 수행할 것을 엄숙히 선서합니다.

(나) 성실 의무(법 제56조)

① 모든 공무원은 법령을 준수하며 성실히 직무를 수행하여야 함.

② 공무원은 국민 전체에 대한 봉사자로서 주어진 직무와 관련하여 국민 전체의 이익을 도모하는 법적 의무를 지며, 성실 의무는 공무원에게 부과된 가장 기본적인 중대한 의무로서 최대한으로 공공의 이익을 도모하고 그 불이익을 방지하기 위하여 전인격과 양심을 바쳐서 성실히 직무를 수행하여야 하는 것을 내용으로 함.

③ 준수해야 할 "법령"은 공무원 재직 중 적용받는 국가공무원법 등 공무원 신분관계 법령뿐만 아니라 자기직무에 관련된 소관규정을 비롯한 모든 법령으로, 법치행정의 원칙상 그 법령에 규정한 대로 직무를 성실히 수행해야 함을 의미함.

④ "직무"는 법령에 규정된 의무, 상관으로부터 지시받은 업무내용, 사무분장 규정상의 소관업무 등을 말하며, 감독자의 경우 부하직원에 대한 상사로서의 감독의무를 게을리 하지 않음으로써 부하직원의 비위행위를 사전에 방지하는 노력도 성실 의무에

포함된다고 할 것임.

⑤ 국가공무원법상 공무원의 성실 의무는 경우에 따라 근무시간 외에 근무지 밖에까지 미칠 수도 있음.

> ※ 경찰·소방공무원의 경우 직무에 관하여 거짓으로 보고나 통보를 하여서는 아니 되고, 직무를 게을리 하거나 유기(遺棄)해서는 아니 된다고 구체적으로 성실 의무를 규정하고 있음.(경찰공무원법 제24조, 소방공무원법 제21조)

판례 성실 의무의 내용

국가공무원법 제56조는 "모든 공무원은 법령을 준수하며 성실히 직무를 수행하여야 한다."라고 규정하고 있다. 이러한 성실의무는 공무원의 가장 기본적이고 중요한 의무로서 최대한으로 공공의 이익을 도모하고 그 불이익을 방지하기 위하여 전인격과 양심을 바쳐서 성실히 직무를 수행하여야 하는 것을 내용으로 함.[대법원 2017. 11. 9. 선고 2017두47472 판결]

판례 성실 의무 위반 사례

1. 대학 교수가 총장의 허가 없이 근무시간 중 수차에 걸쳐 사적 용무에 지나지 않는 골프 운동을 하고 총장이 공적으로 비치·관리하는 주간 출강부를 사실과 다르게 작성한 행위는 국가공무원법 제56조, 제58조에서 정한 성실의무 및 직장이탈금지의무를 위반한 행위임.[서울행법 2000.3.23. 선고 99구3637 판결]

2. 안전점검 과정에서 선원의 2중 승무 사실을 적발해 내지 못한 해양경찰서 방범계장에 대한 견책처분이 재량권을 남용한 것이 아님.[대법원 1996.11.26. 선고 95누15872 판결]

3. 세관의 과세가격평가 전담반원이 관세청장의 지시공문을 숙지하지 못하고 그 지시에 배치되는 업무처리를 한 소위는 공무원으로서 그 직무를 성실하게 수행할 임무를 위배한 것으로 징계사유에 해당함.[대법원 1987.3.24. 선고 86누585 판결]

4. 특정건축물 양성화 업무의 주무국장이 특정건축물 양성화업무를 처리함에 있어 부하 직원에 대한 감독을 소홀히 하는 등 직무상 성실의무를 위배하였다고 할 것임.[대법원 1987.4.14. 선고 86누183 판결]

5. 무허가건물 철거업무를 총괄하는 구청주택과장이 동사무소 건설담당직원들이 조사 보고한 내용에 대한 확인 및 동인들의 업무감독을 소홀히 하여 동인들이 허위로 작성하였거나 위조 또는 변조한 서류들을 그대로 믿고 무허가철거보조금을 부당 지급케 하고 시건립 공동주택을 부당 배정케 하였다면 공무원으로서의 성실의무를 다하지 못한 과실이 있다 할 것임.[대법원 1986.7.22. 선고 86누344 판결]

6. 2년 8개월의 여구검사경력을 가진 세관공무원으로서 여권에 6~7회 입국사실이 나타나 있는 중국인의 여구(旅具)검사를 소홀히 하여 다수의 밀수품이 국내에 반입되게 한 행위는 성실의무를 다하였다고 볼 수 없어 징계사유가 있다 할 것임.[대법원 1984.12.11. 선고 83누110 판결]

7. 증권 거래 등 일반인들에게 영향을 미칠 수 있는 정보가 보도자료에 포함되는 경우에, 국민으로서는 마치 그 정보가 행정기관의 검증을 거치거나 합리적 근거에 기초한 것으로서 공적으로 인정받았다고 인식하게 되고 실질적으로 해당 정보가 주식시장에 공시되는 것과 유사한 결과를 초래하므로, 담당 공무원은 해당 정보의 진실성 여부 및 주식시장에 미칠 파급효과 등에 관하여 보다 면밀히 살펴 사실과 다르거나 오해를 낳을 수 있는 정보가 보도자료에 담기지 아니하도록 할 주의의무를 부담함.[대법원 2017. 12. 22. 선고 2016두38167 판결]

판례 성실 의무 위반이 아니라고 한 사례

1. 소유권 포기된 민유총기의 관리, 보관, 처분의 업무는 관할경찰서장이 그 책임하에 행하는 것이라면 시경찰국 보안과소속 총포관계업무 담당자가 관할경찰서의 총포담당공무원으로부터 소유권포기로 관물조치되어 보관중인 엽총을 인출하여 매각하는 것이 가능하겠느냐는 문의전화를 받고 가능하다고 그릇 답변하였다 하더라도 이는 개인적인 의견을 개진한 것에 불과하여 법적으로 책임질 징계사유가 된다고는 할 수 없음.[대법원 1985.11.26. 선고 84누435 판결]

2. 토지형질변경허가업무 처리를 주관하는 공무원이 건축행위가 불가능한 자투리땅에 대한 토지형질변경허가를 함에 있어 당해 토지에 건축행위 없을시 동의한다는 조건문언이 삭제된 군협의 공문사본을 제출받으면서 그 삭제사실을 간과하였다고 하더라도 이러한 사정이 토지형질변경허가를 함에 있어 아무런 장애가 되지 아니하는 것이라면 이를 공무원으로서 성실의무에 위배한 것이라고는 할 수 없음.[대법원 1987.3.10. 선고 86누580 판결]

(다) 복종의 의무(법 제57조)

① 공무원은 직무를 수행할 때 소속 상관의 직무상 명령에 복종하여야 함.

② "소속 상관"이라 함은 그 기관의 장 또는 보조기관인지의 여부에 관계없이 해당 공무원의 직무에 관하여 실질적인 지휘·감독권을 가진 자를 말하므로 기관의 장 뿐만 아니라 보조기관인 상관과 기타 지휘·감독권을 가지는 상급자를 포함함.

③ "직무상 명령"은 특별한 규정이 있는 경우 외에는 구술이나 문서 등 어느 형식에 의하여도 무방하나 직무상 명령은 일정한 요건을 갖추어야 하는데 ㉮ 정당한 권한을 가진 소속 상관이 발(發)하여야 하고, ㉯ 부하의 직무 범위에 관한 명령이어야 하며, ㉰ 그 형식이 법정 절차를 구비하여야 하고, ㉱ 그 내용이 법률상 실현가능하고 적법한 것이어야 함. 따라서 직무명령이 위의 요건 중 어느 하나에라도 흠이 있는 경우에는 위법 또는 부당한 것이 됨.

④ 그러므로 부하는 상사의 명령에 대하여 의견을 진술할 수 있고 위법한 직무상 명령에는 복종을 거부하여야 함. 그러나 단순히 법령해석상의 견해 차이에 불과하다든지 직무상 명령이 부당하다고 인정되는데 불과한 경우에는 그에 대한 종국적 판단과 책임소재가 상사에게 있는 만큼 이에는 복종하여야 하며, 이에 불복종 할 경우에는 징계사유가 될 수 있음.

판례 복종의 의무 위반 판단시 고려사항

국가공무원법 제57조는, 공무원은 직무를 수행할 때 소속 상관의 직무상 명령에 복종하여야 한다고 규정하고 있는바, 공무원의 어떤 행위가 소속 상관의 직무상 명령에 위반된 것인지 여부를 판단하기 위해서는 해당 관청이 행하는 공무의 종류, 당해 직무상 명령이 발하여진 동기, 상황, 추구하는 공익의 내용, 당해 직무의 성질, 담당 공무원의 재량 또는 판단여지의 존부 등을 종합적으로 고려하여 판단하여야 할 것임.[서울고법 2014.7.15. 선고 2013누25193 판결]

판례 위법한 상사의 명령에 대한 복종행위

1. 상사의 명령이라 하더라도 불법인 때에는 복종할 의무가 없음.[대법원 1955.4.15. 선고 55도9 판결]

2. 공무원이 그 직무를 수행함에 즈음하여 상관은 하관에 대하여 범죄행위 등 위법한 행위를 하도록 명령할 직권이 없는 것이며, 또한 하관은 소속 상관의 적법한 명령에 복종할 의무는 있으나 그 명령이 명백히 위법 내지 불법한 명령인 때에는 이는 직무상의 지시명령이라 할 수 없으므로 이에 따라야 할 의무가 없음.[대법원 1999.4.23. 선고 99도636 판결]

3. 호적담당 공무원이 호적부에 변조사실이 있음을 알고도 허위내용의 호적등본 2통을 발급하였다면, 상급자인 시민봉사실장의 종용과 결재에 따라 허위내용의 호적정정신청서를 작성, 행사하였다 하더라도 이에 관여하여 허위공문서작성 및 동행사에 책임이 있는 이상, 원고에 대한 징계해임 처분은 적법하다 할 것임.[대법원 1991.10.22. 선고 91누3598 판결]

판례 노동조합 전임자의 복종의 의무

공무원이 노동조합 전임자가 되어 근로제공의무가 면제된다고 하더라도 이는 노동조합 전임자로서 정당한 노동조합의 활동에 전념하는 것을 보장하기 위한 것에 그 의미가 있으므로, 노동조합 전임자인 공무원이라 하여도 정당한 노동조합활동의 범위를 벗어난 경우까지 국가공무원법에 정한 위 의무들이 전적으로 면제된다고 볼 수는 없음. 따라서 노동조합의 전임자로서 파업을 주동하고 파업에 스스로 참가하였으며 다른 조합원의 파업 참가를 선동한 행위는 정당한 노동조합의 활동을 벗어난 것이고, 철도청장이 내린 직장 복귀명령에도 불구하고 복귀시한까지 노조사무실 등 지정된 장소에 복귀하지 아니한 것은 국가공무원법 제57조에 정한 복종의무를 위반한 것임.[대법원 2008.10.9. 선고 2006두 13628 판결]

판례 복종의 의무 위반 사례

1. 교육감이 국가수준 학업성취도 평가의 시험 감독 지시를 거부하고 위 평가가 있은 전날부터 당일에 이르기까지 3일간에 걸쳐 학생들의 등교시간대에 맞추어 학교 정문 앞에서 학업성취도 평가를 반대하는 내용의 피켓을 들고 1인 시위를 한 교사에게 '복종의 의무'를 위반한 것으로 감봉 2월의 징계처분은 객관적으로 명백하게 부당한 것으로서 사회통념상 현저하게 타당성을 잃었다고 할 수는 없음.[대법원 2012.10.11. 선고 2012두10895 판결]

2. 철도기관사로서의 성실의무는 철도의 정상운행에 지장을 초래할 가능성이 높은 집회에 참석하지 아니할 의무에 까지도 미친다고 보아, 철도의 정상운행에 지장을 초래할 가능성이 높은 집회에 참석하지 못하도록 한 지방철도청장의 명령은 정당한 직무상의 명령임.[대법원 1997.2.11. 선고 96누2125 판결]

3. 법률상 허용되지 아니하는 목적을 위한 집회에 참석하지 말라는 학교장의 교사에 대한 명령은 감독자의 지위에서 교육에 전심전력하여야 할 교원에게 발하여지는 정당한 직무상의 명령이므로 교사가 이에 복종하지 않음은 의무를 위반한 것임.[대법원 1992.6.26. 선고 91누11780 판결]

4. 구청 입지심의회 위원장인 부구청장이 아파트부지에 대한 입지심의 및 사업계획승인업무를 처리함에 있어 특별시가 기왕에 부여하였던 기부채납조건을 배제한 것은 특별시장의 각 지시공문 등에 위반한 징계사유에 해당함.[대법원 1995.3.3. 선고 93누6775 판결]

판례 복종의 의무 위반이 아니라고 한 사례

노동조합 전임자의 지위에 있다고 하여 국가공무원법 제57조 및 지방공무원법 제49조의 복종의무가 전적으로 면제되는 것은 아니나, 공무원노동조합 전임자에게 민중의례 실시를 금지한 명령은 복종의무를 발생시키는 직무상의 명령으로 볼 수 없어 징계사유로 삼을 수 없음.[대법원 2013.9.12. 선고 2011두 20079 판결]

(라) 직장 이탈 금지(법 제58조)

① 공무원은 소속 상관의 허가나 정당한 사유가 없으면 직장을 이탈하지 못하며, 근무시간에 소속 직장 안에서 직무수행에 최선을 다해야 하고 근무시간이 지난 후에 비로소 직장을 떠날 수가 있음. 이 의무는 근무시간 중에 성립하는 것이나 시간외 근무명령이 있는 경우에도 성립함.

② "직장"은 공무원이 소속되어 근무하고 있는 공간개념으로서의 부서라고 보아야 할 것임.

③ 이 의무의 위배는 징계사유가 될 뿐만 아니라 형법상 직무유기죄를 구성함.(형법 제122조)

④ 수사기관이 공무원을 구속하고자 할 때에는 현행범을 제외하고는 미리 그 소속 기관의 장에게 통보하여야 하는데, 이는 공무원이 구속되어 직무를 수행하기 곤란한 경우 결원보충을 미리 준비하고 해당 공무원의 직무상 인계인수 등을 차질 없이 행할 수 있도록 할 필요가 있기 때문임.

⑤ 공무원이 사직원을 제출하였더라도 사직원이 수리되어 면직되기 전에 무단결근한 경우와 법정연가일수의 범위 내에서 연가신청을 하였더라도 행정기관장의 허가가 있기 전에 근무지를 이탈하는 경우도 직장 이탈 금지 의무에 위반되는 행위로 징계사유가 됨.

⑥ 수사회피 목적으로 공무원이 직장을 이탈한 후 검찰에 자진 출두하여 무혐의 결정을 받았더라도 이는 직장 이탈 금지 의무의 위반으로 징계사유가 됨.

⑦ 직위해제 처분을 받은 공무원은 단순히 그 보직이 해제된 것에 불과하고, 공무원관계가 종료된 것은 아니어서 출근의무가 당연히 면제된다고 볼 수 없음. 다만, 직위해제 사유와 목적 등을 종합적으로 고려하여 필요한 경우 임용권자는 자택대기를 명할 수도 있을 것임.

판례 수사회피 목적의 직장이탈 후 무혐의 판결을 받은 경우

세무공무원이 검찰에서 뇌물수수혐의로 수사를 개시하자 3개월 남짓 직장을 무단이탈하였다면 비록 그와 같은 혐의가 없어서 검찰의 부당한 수사를 모면하기 위한 것이었다고 할지라도 이는 헌법 제12조제2항 소정의 형사상 자기에게 불리한 진술을 강요당하지 않을 권리를 실현하기 위한 정당하고도 부득이한 행위라고 볼 수 없으며, 또한 원고가 그 후 검찰에 자진출두하여 무혐의 결정을 받았더라도 원고의 직장이탈의 경위와 기간 및 공무원의 징계처분제도의 목적 등에 비추어 보면 원고에 대한 해임처분이 재량의 한계를 넘거나 남용한 처분에 해당한다고 볼 수 없음.[대법원 1990.10.12. 선고 90누3737 판결]

판례 사직원 수리전의 무단결근

1. 사직원을 제출하였다 하더라도 임용권자에 의하여 수리되어 면직될 때까지는 근무의무가 있는데 원고가 사직원이 수리되어 면직되지 아니한 상태에서 수뢰혐의로 구속될 것을 두려워하여 출근치 아니한 것은 공무원으로서 직장이탈금지의무에 위반한 것임.[대법원 1985.6.25. 선고 85누52 판결]

2. 근무발령을 받고도 3일간 지연부임 하였을 뿐더러 지연부임한 당일 가정사정을 이유로 제출한 사직원이 수리되기 전에 귀가하여 무단이탈한 행위에 대하여 '파면' 처분한 것은 정당하다고 봄.[대법원 1971.3.23. 선고 71누7 판결]

판례 연가신청에 대한 허가 전 근무지 이탈의 경우

공무원이 그 법정 연가일수의 범위 내에서 연가를 신청하였다고 할지라도 그에 대한 소속 행정 기관의 장의 허가가 있기 이전에 근무지를 이탈한 행위는 특단의 사정이 없는 한 국가공무원법 제58조에 위반되는 행위로서 징계사유가 됨.[대법원 1996.6.14. 선고 96누2521 판결], [대법원 1987.12.8. 선고 87누657 판결]

판례 허가 없는 무단결근은 근무지 이탈

총파업 행위의 목적 내지 경위를 고려하더라도, 소위 전국공무원노동조합의 결의에 따른 이 사건 총파업 참가를 위하여 소속 학교장의 허가 없이 무단결근을 한 행위는 지방공무원법 제50조 제1항에 의하여 금지되는 '무단직장이탈행위'에 해당함.[대법원 2007.5.11. 선고 2006두19211 판결]

출장중 근무지 이탈 사례

공무원이 출장 중 점심시간대를 훨씬 지난 시각에 근무장소가 아닌 유원지에 들어가 함께 출장근무 중이던 동료 여직원에게 성관계를 요구한 것은 직장 이탈금지에 해당함.[대법원 1998.2.27. 선고 97누18172 판결]

판례 직위해제 기간중의 출근의무 여부

1. 국가공무원법상 직위해제는 일반적으로 공무원이 직무수행능력이 부족하거나 근무성적이 극히 불량한 경우, 공무원에 대한 징계절차가 진행중인 경우, 공무원이 형사사건으로 기소된 경우 등에 있어서 당해 공무원이 장래에 있어서 계속 직무를 담당하게 될 경우 예상되는 업무상의 장애 등을 예방하기 위하여 일시적으로 당해 공무원에게 직위를 부여하지 아니함으로써 직무에 종사하지 못하도록 하는 잠정적인 조치로서의 보직의 해제를 의미.[대법원 2003.10.10. 선고 2003두5945 판결]

2. 징계의결 요구 중인 자에 대한 직위해제의 경우에는 대기명령 또는 교육훈련에 대하여는 아무런 규정도 두지 않고 있으나, 근로자가 직위해제를 당한 경우 단순히 직위의 부여가 금지된 것일 뿐이고 근로자와 사용자의 근로관계가 당연히 종료되는 것은 아니라고 할 것이므로 대기발령을 받지 않았다거나 교육훈련 또는 특별한 연구과제를 부여받지 않았다고 하여 당연히 출근의무가 소멸되는 것이 아니라고 판단.[대법원 2003.5.16. 선고 2002두8138 판결]

3. 국가공무원법 제73조의3제1항제3호에 의한 직위해제는 중징계 의결이 요구 중인 공무원이 계속 직위를 보유하고 직무를 수행한다면 공무집행의 공정성과 그에 대한 국민의 신뢰를 저해할 구체적인 위험이 생길 우려가 있으므로 이를 사전에 방지하고자 하는데 그 주된 목적이 있음.[대법원 2014.10.30. 선고 2012두25552 판결]

(마) 친절·공정의 의무(법 제59조)

① 공무원은 국민전체에 대한 봉사자로서 공사(公私)를 분별하고, 인권을 존중하며 친절·공정하고 신속·정확하게 업무를 처리해야 함.

② 국민화합을 이루고 민주행정을 펴나감에 있어서는 특히 친절과 공정이 요구되므로 이는 단순한 도덕상 의무가 아니라 법적 의무임.

③ 행정절차 안내를 문의하는 민원인에 대하여 절차설명을 추상적이고 막연하게 하여 이를 이해하지 못한 민원인이 재차 문의하자 답변을 아니 하거나 반말로 함으로써 민원을 야기하는 경우 등이 친절·공정의 의무위반에 해당되어 징계사유가 될 수 있음.

(바) 종교중립의 의무(법 제59조의2)

① 공무원은 직무를 수행할 때 종교 등에 따른 차별 없이 공정하게 업무를 처리하여야 하고, 소속 상관이 종교와 관련하여 중립적인 직무수행을 저해하는 지시를 한 경우에는 이에 따르지 않을 수 있음.

② 헌법이 보장하는 종교의 자유와 평등권 침해를 예방하고 정교분리의 원칙에 따른 정부와 종교의 바람직한 역할구분 및 협력관계를 재정립하여 국가발전과 국민화합에 기여하고자 하는 취지에서 공무원은 종교 편향 없이 직무를 수행하도록 법적의무를 부여한 것이고, 이에 위반될 경우 징계사유가 됨.

판례 군종장교의 종교중립의무 위반 여부

1. 군대 내에서 군종장교는 국가공무원인 참모장교로서의 신분뿐 아니라 성직자로서의 신분을 함께 가지고 소속 종단으로부터 부여된 권한에 따라 설교·강론 또는 설법을 행하거나 종교의식 및 성례를 할 수 있는 종교의 자유를 가지는 것이므로, 군종장교가 최소한 성직자의 신분에서 주재하는 종교활동을 수행함에 있어 소속종단의 종교를 선전하거나 다른 종교를 비판하였다고 할지라도 그것만으로 종교적 중립을 준수할 의무를 위반한 직무상의 위법이 있다고 할 수 없음.[대법원 2007.4.26. 선고 2006다87903 판결]

2. 오늘날 종교적인 의식 또는 행사가 하나의 사회공동체의 문화적인 현상으로 자리 잡고 있으므로, 어떤 의식, 행사, 유형물 등이 비록 종교적인 의식, 행사 또는 상징에서 유래되었다고 하더라도 그것이 이미 우리 사회공동체 구성원들 사이에서 관습화된 문화요소로 인식되고 받아들여질 정도에 이르렀다면, 이는 정교분리원칙이 적용되는 종교의 영역이 아니라 헌법적 보호가치를 지닌 문화의 의미를 갖게 됨. 이와 같이 이미 문화적 가치로 성숙한 종교적인 의식, 행사, 유형물에 대한 국가 등의 지원은 일정 범위 내에서 전통문화의 계승·발전이라는 문화국가원리에 부합하며 정교분리원칙에 위배되지 않음.[대법원 2009.5.28. 선고 2008두16933 판결]

(사) 비밀 엄수의 의무(법 제60조)

① 공무원은 재직(在職) 중은 물론 퇴직(退職) 후에도 직무상 알게 된 비밀을 엄수(嚴守)하여야 함.

② "직무상 비밀"은 자신이 처리하는 직무에 관한 비밀뿐만 아니라 직무와 관련하여 알게 된 비밀도 포함됨.

③ 공무원이 지켜야 할 비밀은 공무원의 직무상 소관범위에 속하는 비밀사항 뿐만아니라 공무원이 직무를 수행하는 과정에서 알게 된 모든 비밀적인 업무 내용 즉 행정 내부에서 생산된 것은 물론 행정객체인 개인과 법인의 비밀적인 사항까지 포함됨.

④ 공무원이 퇴직 후에 비밀을 누설할 경우 징계책임을 물을 수는 없으나 형사책임은 물을 수 있고, 공무원 재임용도 거부할 수 있으므로 「공무원 직무관련범죄 고발 지침」에 따라 고발하여야 할 것임.

⑤ 이 의무의 위반은 징계사유가 될 뿐 아니라 법령에 의한 직무상 비밀을 누설한 경우에는 형사상의 피의사실공표죄, 공무상비밀누설죄를 구성함.(형법 제126조 및 제127조)

⑥ 또한, 공무원은 이 의무를 지는 까닭에 법원 기타 법률상의 권한을 가진 관청의 증인 또는 감정인이 되어 직무상의 비밀에 대하여 신문을 받는 때에는 소속공무소(소속 관청) 또는 감독관공서(감독 관청)의 승낙(동의)을 받아야 함.(형사소송법 제147조, 민사소송법 제306조) 따라서, 소속 관서장의 허가를 받지 아니한 사항에 대하여는 증언을 거부할 수 있음.

⑦ 전자우편이나 SNS의 경우에는 단기간내에 광범위한 사람들에게 급속하게 전파될 수 있는 특징이 있으므로 공무원이 업무자료를 송·수신할 경우에는 정부에서 공식적으로 인정하는 방법으로만 하여야 하며, 전자우편 등 사용시 공무와 사적 사항을 명확하게 구분하여야 할 것임.

⑧ 공직자는 공직을 이용하거나 업무처리 중 알게 된 비밀을 이용하여 사적 이익을 추구하거나 개인이나 기관·단체에 부정한 특혜를 주어서는 아니 되며, 재직 중 취득한 정보를 부당하게 사적으로 이용하거나 타인으로 하여금 부당하게 사용하게 한 경우에는 "성실 의무" 위반 및 "비밀 엄수의 의무" 위반에 해당할 수 있음.

⑨ 직무와 관련된 비밀을 누설하거나 직무와 관련한 정보를 이용한 경우에는 부당 이득 여부와 무관하게 "비밀 엄수의 의무"위반에 해당함.

| 판례 | 직무상 비밀의 정의 |

1. 국가공무원법상 직무상 비밀이라 함은 국가 공무의 민주적, 능률적 운영을 확보하여야 한다는 이념에 비추어 볼 때 해당 사실이 일반에 알려질 경우 그러한 행정의 목적을 해할 우려가 있는지 여부를 기준으로 판단하여야 하며, 구체적으로는 행정기관이 비밀이라고 형식적으로 정한 것에 따를 것이 아니라 실질적으로 비밀로서 보호할 가치가 있는지, 즉 그것이 통상의 지식과 경험을 가진 다수인에게 알려지지 아니한 비밀성을 가졌는지, 또한 정부나 국민의 이익 또는 행정목적 달성을 위하여 비밀로서 보호할 필요성이 있는지 등이 객관적으로 검토되어야 함.[대법원 1996.10.11. 선고 94누7171 판결]

2. 형법 제127조는 공무원 또는 공무원이었던 자가 법령에 의한 직무상 비밀을 누설하는 것을 구성요건으로 하고 있는바, 여기서 법령에 의한 직무상 비밀이란 반드시 법령에 의하여 비밀로 규정되었거나 비밀로 분류 명시된 사항에 한하지 아니하고, 정치, 군사, 외교, 경제, 사회적 필요에 따라 비밀로 된 사항은 물론 정부나 공무소 또는 국민이 객관적, 일반적인 입장에서 외부에 알려지지 않는 것에 상당한 이익이 있는 사항도 포함하나, 실질적으로 그것을 비밀로서 보호할 가치가 있다고 인정할 수 있는 것이어야 함.[대법원 2018. 2. 13. 선고 2014도11441 판결]

3. 공무상비밀누설죄는 기밀 그 자체를 보호하는 것이 아니라 비밀의 누설에 의하여 위협받는 국가의 기능을 보호하기 위한 것임.[대법원 2009.6.11. 선고 2009도2669 판결]

판례 직무상 비밀엄수의무 위반 불인정 사례

이 사건 보고서의 내용 중 ○○○○○의 자료는 이미 국회에 제출되어 공개된 것이고, 개별법인의 비업무용 부동산 보유 실태 역시 오늘날과 같은 고도 정보사회에 있어서 일반인에게 알려지지 않은 비밀인지 의문일 뿐 아니라, 나아가 위 감사보고서는 감사자료로 분류된 이상 최종적으로 종결된 것이지 이를 중간단계에 있는 내부보고용 문서라고 볼 수 없어 특별한 사정이 없는 한 이에 기초한 추후의 감사를 전제로 하여 비밀로서 보호할 필요도 인정되지 않으므로 결국 이 사건 보고서는 그 내용이나 성격으로 보아 국가공무원법 제60조 소정의 직무상 비밀에 해당하지 아니함.[대법원 1996.10.11. 선고 94누7171 판결]

판례 직무상 비밀엄수의무 위반 인정 사례

1. 수사경찰관이 고소인에게 수사방향을 미리 알려 추가고소를 하도록 종용한 경우[대법원 1985.10.22. 선고 85누250 판결]

2. 유흥접객업소 퇴폐영업행위특별단속반원에 편입되어 그 단속계획을 알게 되자 고고클럽주인에게 미성년자출입 등 퇴폐행위특별단속계획을 사전에 전화로 알려 주어 단속 당일에 고고클럽의 영업을 아니 하게 하였다면, 위와 같은 비위는 경찰공무원법 소정의 징계사유에 해당함.[대법원 1983.4.26. 선고 83누9 판결]

3. 세무공무원이 제3자를 고용하여 고정보수를 지급하면서 1년 여에 걸쳐 그의 공적 업무를 처리하게 하였다면 이는 국가공무원법 제56조(성실 의무), 제60조(비밀 엄수의 의무)에 위배되므로 이를 이유로 한 징계 파면 처분은 타당함.[대법원 1981.7.28. 선고 81누33 판결]

4. FTA 관련 문건의 내용은 미국과의 자유무역협정 체결 협상을 위한 협상전략과 분야별 쟁점에 대한 대응방향 등을 담고 있는 것으로서, 그와 같은 내용이 일반에 알려진 공지의 사실에 해당하는 것으로 볼 수 없고, 또한 그 내용이 공개될 경우 협상상대방인 미국으로서는 우리나라의 우선 관심사항과 구체적인 협상전략을 미리 파악하여 보다 유리한 조건에서 협상에 임할 수 있게 되는 반면, 우리나라로서는 당초 준비한 협상전략이 모두 노출됨으로 인하여

불리한 지위에서 협상에 임할 수밖에 없게 되어, 당초의 협상목표를 달성하지 못하게 되는 결과를 불러올 우려가 있었던 점 등을 종합해 보면, 적어도 이 사건 문건 중 그 판시와 같은 기재 부분은 정부나 공무소 또는 국민이 객관적, 일반적인 입장에서 외부에 알려지지 않는 것에 상당한 이익이 있는 사항으로서, 실질적으로 비밀로서 보호할 가치가 있는 직무상 비밀에 해당한다고 판단함.[대법원 2009.6.11. 선고 2009도2669 판결]

5. 검사가 수사의 대상, 방법 등에 관하여 사법경찰관리에게 지휘한 내용을 기재한 수사지휘서는 당시까지 진행된 수사의 내용뿐만 아니라 향후 수사의 진행방향까지 가늠할 수 있게 하는 수사기관의 내부문서임. 수사기관이 특정 사건에 대하여 내사 또는 수사를 진행하고 있는 상태에서 수사지휘서의 내용이 외부에 알려질 경우 피내사자나 피의자 등이 증거자료를 인멸하거나 수사기관에서 파악하고 있는 내용에 맞추어 증거를 준비하는 등 수사기관의 증거 수집 등 범죄수사 기능에 장애가 생길 위험이 있음. 또한 수사지휘서의 내용이 누설된 경로에 따라서는 사건관계인과의 유착 의혹 등으로 수사의 공정성과 신뢰성이 훼손됨으로써 수사의 궁극적인 목적인 적정한 형벌권 실현에 지장이 생길 우려도 있음.
그러므로 수사지휘서의 기재 내용과 이에 관계된 수사상황은 해당 사건에 대한 종국적인 결정을 하기 전까지는 외부에 누설되어서는 안 될 수사기관 내부의 비밀에 해당함.[대법원 2018. 2. 13. 선고 2014도11441 판결]

(아) 청렴의 의무(법 제61조)

① 공무원은 직무와 관련하여 직접적이든 간접적이든 사례·증여 또는 향응을 주거나 받을 수 없으며, 직무상의 관계가 있든 없든 그 소속 상관에게 증여하거나 소속 공무원으로부터 증여를 받아서는 아니 됨.

② 이 규정의 취지는 공무원이 직무와 관련하여 사전에 부정한 청탁을 받고 직무상 부정행위를 하는 것을 방지하려는데 그치는 것이 아니고, 사전에 부정한 청탁이 있었는지의 여부나 금품수수의 시기 등을 가릴 것이 없이 공무원의 직무와 관련한 금품 수수행위를 방지하여 공무원의 순수성과 직무행위 불가매수성(不可買收性)을 보호하여 공무원의 직무집행의 적정성을 보장하려는 것으로 이 의무의 위반은 징계사유가 될 뿐 아니라 형사상의 증·수뢰죄를 구성함.(형법 제129조, 제132조)

③ 여기서 "직무"란 자신의 담당업무는 물론, 타인 소관범위 내에 속하는 업무도 자신의 영향력을 행사하여 공정한 업무처리를 저해할 수 있는 한 이에 포함됨.

④ "직무와 관련하여"라 함은 해당 공무원이 직무의 결정권을 갖고 있지 않더라도 그 직무행위와 밀접한 관계가 있는 경우 및 사실상 관리하는 직무행위도 포함됨.

⑤ 영득의 의사로 금품을 수수한 후 이를 반환하였다 하더라도 청렴의 의무 위반에는 영향이 없으며, 한편 적극적으로 상대방에게 금품을 요구하여 그 대가로 직무와 관련된 불법적인 이익을 줄 것을 제안한 경우 돈을 받지 않았다 하더라도 징계책임을 물을 수 있음.

⑥ 공무원의 금품수수 행위가 직무상 관련이 없다 하더라도 공무원으로서 지켜야 할 성실의무를 저버리고 공무원의 품위를 손상하는 행위를 저지른 것으로서 징계사유에 해당함.

판례 | 청렴의 의무에 있어 직무관련성

공무원은 직무에 관련하여 직접 또는 간접을 불문하고 사례, 증여 또는 향응을 수수할 수 없다고 규정하였는바, 그 취지는 공무원이 직무에 관하여 사전에 부정한 청탁을 받고 직무상 부정행위를 하는 것을 방지하려는 데에 그치는 것이 아니고, 사전에 부정한 청탁이 있었는지의 여부나 금품수수의 시기 등을 가릴 것 없이 공무원의 직무와 관련한 금품수수행위를 방지하여 공무원의 순결성과 직무행위불가매수성을 보호하고 공무원의 직무집행의 적정을 보장하려는 데에 있음.[대법원 1992.11.27. 선고 92누3366 판결]

판례 | 금품수수후 반환한 경우

뇌물을 받는다는 것은 영득의 의사로 금품을 받는 것을 말하므로, 뇌물인지 모르고 받았다가 뇌물임을 알고 즉시 반환하거나 또는 증뢰자가 일방적으로 뇌물을 두고 가므로 나중에 기회를 보아 반환할 의사로 어쩔 수 없이 일시 보관하다가 반환하는 등 영득의 의사가 없었다고 인정되는 경우라면 뇌물을 받았다고 할 수 없다. 그러나 피고인이 먼저 뇌물을 요구하여 증뢰자로부터 돈을 받았다면 피고인에게는 받은 돈 전부에 대한 영득의 의사가 인정됨.[대법원 2017. 3. 22. 선고 2016도21536 판결]

판례 | 청렴의 의무에 있어 직무의 범위

1. 형법 제132조 소정의 알선수뢰죄에 있어서 "공무원이 그 지위를 이용하여"라 함은 다른 공무원이 취급하는 사무처리에 법률상이거나 사실상으로 영향을 줄 수 있는 관계에 있는 공무원이 그 지위를 이용하는 경우에는 여기에 해당하고 그 사이에 반드시 상하관계, 협동관계, 감독권한 등의 특수한 관계에 있음을 요하지는 않음.[대법원 1995.1.12. 선고 94도2687 판결]

2. 지방공무원법 제53조제1항에서 "직무에 관련하여"라 하는 데는 해당 공무원이 직무의 결정권을 갖고 있지 않더라도 그 직무행위와 밀접한 관계가 있는 경우 및 사실상 관리하는 직무행위도 포함됨.[대법원 1992.11.27. 선고 92누3366 판결]

3. 수뢰죄에 있어서 직무라는 것은 공무원이 법령상 관장하는 직무행위 뿐만 아니라 그 직무에 관련하여 사실상 처리하고 있는 행위 및 결정권자를 보좌하거나 영향을 줄 수 있는 직무행위도 포함됨.[대법원 1983.3.22. 선고 83도113 판결]

판례 **향응수수액의 인정범위**

피고인이 일정 기간 사이에 룸싸롱 등에서 수회에 걸쳐 술값 등 접대 명목으로 일정 금액 상당의 향응을 제공받았다면, 이러한 경우 피고인의 수뢰액을 인정함에 있어서는 먼저 피고인의 접대에 요한 비용과 향응 제공자가 소비한 비용액을 가려내어 피고인의 접대에 요한 비용을 피고인의 수뢰액으로 인정하여야 하고 만일 각자에 요한 비용액이 불명일 때에는 이를 평등하게 분할한 액을 가지고 피고인의 수뢰액으로 인정하여야 할 것임.[대법원 1995.1.12. 선고 94도2687 판결]

판례 **금품수수에 대한 징계처분의 적정성 판단기준**

공무원에 대한 징계처분이 사회통념상 현저하게 타당성을 잃었는지 여부는 구체적인 사례에 부딪혀 수행직무의 특성, 징계의 원인된 비위사실의 내용과 성질, 징계에 의하여 달성하려는 행정목적, 징계양정의 기준 등 여러가지 요소를 종합하여 판단하여야 할 것이며, 특히 금품수수의 경우는 수수액수, 수수경위, 수수시기, 수수 이후 직무에 영향을 미쳤는지 여부 등이 고려되어야 할 것임.[대법원 1991.7.23. 선고 90누8954 판결]

판례 **금품 제공의 뇌물성 판단 기준**

1. 뇌물은 공무원의 직무행위에 대한 위법한 대가로서, 정치자금의 명목으로 금품을 주고받았고 정치자금법에 정한 절차를 밟았다고 할지라도, 정치인의 정치활동 전반에 대한 지원의 성격을 갖는 것이 아니라 공무원인 정치인의 특정한 구체적 직무행위와 관련하여 금품 제공자에게 유리한 행위를 기대하거나 또는 그에 대한 사례로서 금품을 제공함으로써 정치인인 공무원의 직무행위에 대한 대가로서의 실체를 가진다면 뇌물성이 인정됨.

2. 이때 금품 제공의 뇌물성을 판단할 때 상대방의 지위와 직무권한, 금품 제공자와 상대방의 종래 교제상황, 금품 제공자가 평소 기부를 하였는지와 기부의 시기·상대방·금액빈도, 제공한 금품의 액수, 금품 제공의 동기와 경위 등을 종합적으로 고려하여야 함.[대법원 2017. 3. 22. 선고 2016도21536 판결]

사교적 의례의 형식을 빌어 금품을 수수한 경우

공무원이 그 직무의 대상이 되는 사람으로부터 금품 기타 이익을 받은 때에는 그것이 그 사람이 종전에 공무원으로부터 접대 또는 수수 받은 것을 갚는 것으로서 사회상규에 비추어 볼 때에 의례상의 대가에 불과한 것이라고 여겨지거나, 개인적인 친분관계가 있어서 교분상의 필요에 의한 것이라고 명백하게 인정할 수 있는 경우 등 특별한 사정이 없는 한 직무와의 관련성이 없는 것으로 볼 수 없고, 공무원의 직무와 관련하여 금품을 수수하였다면 비록 사교적 의례의 형식을 빌어 금품을 주고받았다고 하더라도 그 수수한 금품은 뇌물이 됨.[대법원 2000.1.21. 선고 99도4940 판결]

판례 금품수수에 있어 징계사유의 동일성

1. 단일하고도 계속된 범의 아래 동종의 범행을 일정기간 반복하여 행하고 그 피해법익도 동일한 경우에는 각 범행을 통틀어 포괄일죄로 볼 것이고, 수뢰죄에 있어서 단일하고도 계속된 범의 아래 동종의 범행을 일정기간 반복하여 행하고 그 피해법익도 동일한 것이라면 돈을 받은 일자가 상당한 기간에 걸쳐 있고, 돈을 받은 일자 사이에 상당한 기간이 끼어 있다 하더라도 범행을 통틀어 포괄일죄로 볼 것임.[대법원 2000.1.21. 선고 99도4940 판결]

2. 수개의 수뢰행위가 동일한 상대방과의 사이에서 단일한 범의에 의하여 계속되고 또 피해법익도 동일하다면 이를 포괄일죄로 보아야 함.[대법원 1981.5.1. 선고 80도2832 판결]

판례 소속상관에 대한 금품제공

부하직원에 대한 인사청탁과 함께 금품을 전달한 행위는 공무원의 기강을 문란케 하는 비행으로서 공무원으로서의 청렴의무에 위배됨.[대법원 1992.11.27. 선고 92누1100 판결]

판례 직무와 무관한 금품수수

공무원으로서 관내의 사업자로부터 금품을 수수하는 행위는 설사 그것이 직무상 관련이 없다 하더라도 공무원으로서 지켜야 할 성실의무를 저버리고 공무원의 품위를 손상하는 행위를 저지른 것으로서 징계사유에 해당함.[대법원 1985.5.14. 선고 84누575 판결]

(자) 영예 등의 제한(법 제62조)

① 공무원은 외국정부로부터 영예나 증여를 받을 경우에는 대통령의 허가를 받아야 함.

② "외국정부"는 우리나라와의 국교수립 여부에 관계없이 국제법상 주권을 가진 독립된 국가의 정부를 말함.

> ※ 공직자윤리법(제15조 및 제16조)과 동 시행령(제28조)은 공무원(가족포함)이 직무와 관련하여 외국 또는 외국인(단체 포함)으로부터 받은 100달러 또는 10만원 이상의 선물에 한하여 신고하고 해당선물은 인도하도록 규정하고 있음.

(차) 품위 유지의 의무(법 제63조)

① 공무원은 직무의 내외를 불문하고 그 품위가 손상되는 행위를 하여서는 아니 됨.

② "품위"라 함은 주권자인 국민의 수임자로서의 직책을 맡아 수행해 나가기에 손색이 없는 인품을 말하는 것이며, 공무원으로서 갖추어야 할 품위에는 사적인 행위까지 포함.

❖ **품위손상 유형(예시)**

도박, 강·절도, 사기, 폭행, 성추행, 성매매, 음주운전, 마약류 소지 및 투여 등

③ 일반적으로 국가가 공무원에 대하여 징계권을 행사할 수 있는 것은 공직을 원활하게 수행하는데 필요한 범위 내에서 규율과 질서를 유지하기 위한 데에 그 근거가 있으므로, 공무원의 사생활에서의 비행은 공직수행에 직접 관련이 있거나 공직의 사회적 평가를 훼손할 염려가 있는 경우에 한하여 정당한 징계사유가 될 수 있는 것임.

④ "직무의 내외"를 불문하므로 음주운전·성매매·불건전한 이성교제·도박·폭행·마약투여 등과 같이 비위사실이 공무집행과 관련된 것이 아니더라도 공무원으로서의 체면 또는 위신을 손상한 때에는 징계사유에 해당된다 할 것임.

판례 품위 유지의 의무의 범위

공무원의 비위사실이 공무집행과 관련된 것이 아니라 그 소속 노동조합지부의 직무와 관련된 것이라 하여도 공무원으로서의 체면 또는 위신을 손상한 때에 해당하면 국가공무원법상의 징계사유에 해당함.[대법원 1982.7.13. 선고 80누198 판결]

국가공무원법 제63조가 명확성의 원칙과 과잉금지의 원칙에 위배되는지 여부

국가공무원법 제63조의 규정 내용과 의미, 입법 취지 등을 종합하면, 국가공무원법 제63조에 규정된 품위유지의무란 공무원이 직무의 내외를 불문하고, 국민의 수임자로서의 직책을 맡아 수행해 나가기에 손색이 없는 인품에 걸맞게 본인은 물론 공직사회에 대한 국민의 신뢰를 실추시킬 우려가 있는 행위를 하지 않아야 할 의무라고 해석할 수 있고, 수범자인 평균적인 공무원이 구체적으로 어떠한 행위가 여기에 해당하는지를 충분히 예측할 수 없을 정도로 규정의 의미가 모호하다거나 불분명하다고 할 수 없으므로 위 규정은 명확성의 원칙에 위배되지 아니하고, 또한 적용범위가 지나치게 광범위하거나 포괄적이어서 공무원의 표현의 자유를 과도하게 제한한다고 볼 수 없으므로, 위 규정이 과잉금지의 원칙에 위배된다고 볼 수 없음.[대법원 2017. 4. 13. 선고 2014두8469 판결]

공무원으로서의 품위의 범위

1. '품위'라 함은 주권자인 국민의 수임자로서의 직책을 맡아 수행해 나가기에 손색이 없는 인품을 말하는 것이므로 공무원이 모든 국민에게 보장된 기본권을 행사하는 행위를 하였다 할지라도 그 권리행사의 정도가 권리를 인정한 사회적 의의를 벗어날 정도로 지나쳐 주권자인 국민의 입장에서 보아 바람직스럽지 못한 행위라고 판단되는 경우라면 공무원의 그와 같은 행위는 그 품위를 손상하는 행위에 해당한다고 할 것임.[대법원 1987.12.8. 선고 87누657 판결]

2. 국민으로부터 널리 공무를 수탁하여 국민 전체를 위해 근무하는 공무원의 지위를 고려할 때 공무원의 품위손상행위는 본인은 물론 공직사회에 대한 국민의 신뢰를 실추시킬 우려가 있으므로 지방공무원법 제55조는 국가공무원법 제63조와 함께 공무원에게 직무와 관련된 부분은 물론 사적인 부분에 있어서도 건실한 생활을 할 것을 요구하는 '품위유지의무'를 규정하고 있고, 여기에서 품위라 함은 주권자인 국민의 수임자로서의 직책을 맡아 수행해 나가기에 손색이 없는 인품을 말한다고 할 것임.[대법원 1998.2.27. 선고 97누18172 판결]

품위 유지의 의무 위반 사례

1. 감사원 공무원이 허위의 사실을 기자회견을 통하여 공표한 것이 감사원의 명예를 실추시키고 공무원으로서 품위를 손상한 행위로서 국가공무원법이 정하는 징계사유에 해당된다고 한 사례.[대법원 2002.9.27. 선고 2000두2969 판결]

2. 여객이 역 구내에서 유실물을 습득하였다고 신고한 물건을 보관하면서 그 내용물의 일부를 횡령한 역무원의 행위는 철도유실물취급요령에 위반될 뿐만 아니라 형사상으로도 횡령죄에 해당하고 신문에 보도되는 등으로 사회적 물의까지 따른 경우는 품위손상에도 해당함.[대법원 1997.1.24. 선고 96누15763 판결]

3. 교육공무원이 자신의 지도를 받았던 학생의 논문을 표절하여 연구결과보고서를 제출하였고, 학생들의 학위논문을 지도하면서 타인의 실험결과를 본인들이 직접 실험을 하여 얻은 결과인 것 같이 하여 논문을 작성하도록 한 행위는 국가공무원법상의 성실의무와 품위유지의무에 위반한 것임.[대법원 1996.4.26. 선고 95누3848 판결]

4. 사실혼관계의 파탄이라는 사실만으로서는 단순한 개인적인 사생활의 영역에 속하는 문제로서 징계의 대상이 되는 비위에 해당되지 아니한다고 하겠으나 사실혼의 파탄이 자신의 비인격적, 비윤리적인 처신으로 말미암은 것이고, 그러한 구체적인 처신 및 사실혼 파탄에 이르게 된 불미스러운 경위가 소속 직원 및 인근 주민들에게까지 알려져 그들로부터 많은 지탄을 받게 되었다면 이러한 행위는 이미 개인의 사생활의 영역을 벗어나 국가공무원법 제63조 소정의 품위유지의무 위반행위에 해당함.[대법원 1992.2.14. 선고 91누4904 판결]

5. 공무원이 다방을 경영하던 여자와 정을 통하여 오던 중 서로 욕설을 하며 싸움을 하다가 그 여자에게 20일간의 치료를 요하는 상해를 입게 하고, 그 여자로부터 형사고소를 당하자 부모와 상의하기 위하여 소속 상관의 허가 없이 직장을 떠나 고향으로 내려간 경우는 직장 이탈 금지 및 품위 유지의 의무 위반에 해당함.[대법원 1990.3.13. 선고 89누8040 판결]

6. 도박행위를 일선에서 적발하고 단속, 독려하여야 할 지위에 있는 ○○공무원이 더군다나 도박행위를 근절하라는 국무총리의 특별지시가 있었음에도 종전에 근무하던 관내의 여자를 낀 주민 등과 어울려 도박행위를 상습적으로 해오다 구속되고 유죄판결이 선고되어 확정된 경우 그에 대한 해임처분은 사건의 경위나 ○○공무원의 성실의무, 품위유지의무 등에 비추어 비록 그가 과거 근무기간중 7회의 내무부장관표창을 받는 등의 참작사유가 있다 하더라도 그 징계양정은 상당함.[대법원 1984.8.21. 선고 84누399 판결]

7. 공무원이 외부에 자신의 상사 등을 비판하는 의견을 발표하는 행위는 그것이 비록 행정조직의 개선과 발전에 도움이 되고, 궁극적으로 행정청의 권한행사의 적정화에 기여하는 면이 있다고 할지라도, 국민들에게는 그 내용의 진위나 당부와는 상관없이 그 자체로 행정청 내부의 갈등으로 비춰져, 행정에 대한 국민의 신뢰를 실추시키는 요인으로 작용할 수 있고, 특히 발표 내용 중에 진위에 의심이 가는 부분이 있거나 표현이 개인적인 감정에 휩쓸려 지나치게 단정적이고 과장된 부분이 있는 경우에는 그 자체로 국민들로 하여금 공무원 본인은 물론 행정조직 전체의 공정성, 중립성, 신중성 등에 대하여 의문을 갖게 하여 행정에 대한 국민의 신뢰를 실추시킬 위험성이 더욱 크므로, 그러한 발표행위는 공무원으로서의 체면이나 위신을 손상시키는 행위에 해당함.[대법원 2017. 4. 13. 선고 2014두8469 판결]

(카) 영리 업무 및 겸직 금지(법 제64조)

① 공무원은 공무 외에 영리를 목적으로 하는 업무에 종사하지 못하며 소속 기관장의 허가 없이 다른 직무를 겸할 수 없음.

② "영리 업무"란 계속적으로 재산상의 이득을 취하는 행위를 말함. 따라서 재산상 이득을 얻었다고 하더라도 행위의 "계속성"이 없으면 영리업무가 아님.

③ 공로연수, 휴직, 징계처분기간(정직 또는 강등) 중에 있는 공무원도 공무원 신분을 보유하고 있는 이상 영리 업무 금지 및 겸직허가에 관한 규정을 적용 받음.

❖ 영리를 목적으로 하는 업무

공무원은 다음 각호의 어느 하나에 해당하는 업무에 종사함으로써 공무원의 직무상의 능률의 저해, 공무에 대한 부당한 영향, 국가의 이익과 상반되는 이익의 취득 또는 정부에 대한 불명예스러운 영향을 초래할 우려가 있는 경우에는 이에 종사할 수 없음.(국가공무원 복무규정 제25조 및 지방공무원 복무규정 제10조)

1. 공무원이 상업, 공업, 금융업 또는 그 밖의 영리적인 업무를 스스로 경영하여 영리를 추구함이 뚜렷한 업무

2. 공무원이 상업, 공업, 금융업 또는 그 밖에 영리를 목적으로 하는 사기업체(私企業體)의 이사·감사 업무를 집행하는 무한책임사원·지배인·발기인 또는 그 밖의 임원이 되는 것

3. 공무원 본인의 직무와 관련 있는 타인의 기업에 대한 투자

4. 그 밖에 계속적으로 재산상 이득을 목적으로 하는 업무

④ 공무원이 영리 업무에 해당되지 아니하는 다른 직무를 겸직하고자 할 때에는 소속 기관의 장(고위공무원단에 속하는 공무원의 경우에는 임용제청권자, 3급 이하 공무원의 경우 등에는 임용권자)의 사전허가를 받아야 하고, 소속 기관의 장도 담당 직무 수행에 지장이 없는 경우에 한하여 허가할 수 있음.(국가공무원 복무규정 제26조)

⑤ 공무원이 지속적으로 강의료 등의 대가를 받고 타 기관에 강의(이하 "외부강의"라 함)를 하는 것도 「국가공무원 복무규정」 제25조에 따라 공무원의 직무상 능률의 저해, 공무에 대한 부당한 영향, 국가의 이익과 상반되는 이익의 취득 또는 정부에 대한 불명예스러운 영향을 초래할 우려가 있는 경우에는 금지됨.

⑥ 영리업무는 국가공무원 복무규정 제25조 제1호에서 제4호까지 업무가 무조건 금지되는 것은 아니며, 그 업무에 종사함으로써 공무원의 직무 전념·능률의 저해, 공무에 대한 부당한 영향, 국가의 이익과 상반되는 이익의 취득 또는 정부에 대한 불명예스러운 영향을 초래할 우려가 있는 경우에 그러한 업무에 종사하는 것이 금지됨.(국가공무원 복무·징계 관련 예규)

판례 영리행위가 아닌 사례

공무원으로서 겸직이 금지되는 영리 업무는 영리적인 업무를 공무원이 스스로 경영하여 영리를 추구함이 현저한 업무를 의미하고 공무원이 여관을 매수하여 제3자에게 임대하여 경영케 하는 것은 영리업무 종사하는 경우라 할 수 없음.[대법원 1982.9.14. 선고 82누46 판결]

질의회신 겸직허가의 판단기준

어떤 업무가 금지되는 영리업무인지 또는 겸직을 허가할 것인지의 여부는 해당 공무원이 소속된 기관의 장이, 해당 공무원이 하고자 하는 업무의 내용과 성격, 담당직무의 내용과 성격 및 영리업무 금지와 겸직허가 제도의 취지를 종합적으로 고려하여 개별적·구체적으로 판단하여야 함.

(타) 정치 운동의 금지(법 제65조)

① 공무원은 정당 그 밖의 정치단체의 결성에 관여하거나 이에 가입할 수 없고 선거에서 특정 정당 또는 특정인을 지지하거나 반대하기 위한 행위를 하여서는 아니 되며, 다른 공무원에게 이에 위배되는 행위를 하도록 요구하거나, 정치적 행위에 대한 보상 또는 보복으로서 이익 또는 불이익을 약속하여서는 아니 됨.

❖ 금지되는 정치적 행위

법 제65조의 규정에 있어서의 정치적 행위는 다음 각호의 어느 하나에 해당하는 정치적 목적을 가진 것을 말함.(국가공무원 복무규정 제27조)

1. 정당의 조직, 조직의 확장 그 밖에 그 목적달성을 위한 것.
2. 특정 정당 또는 정치단체를 지지하거나 반대하는 것.
3. 법률에 따른 공직선거에서 특정의 후보자를 당선하게 하거나 낙선하게 하기 위한 것.

03

❖ 정치적 행위의 한계

정치적 행위의 한계는 위와 같은 정치적 목적을 가지고 다음 각호의 어느 하나에 해당하는 행위를 함을 말함.(국가공무원 복무규정 제27조)

1. 시위운동을 기획·조직·지휘하거나 이에 참가하거나 원조하는 행위.

2. 정당이나 그 밖의 정치단체의 기관지인 신문과 간행물을 발행·편집·배부하거나 이와 같은 행위를 원조하거나 방해하는 행위.

3. 특정 정당 또는 정치단체를 지지 또는 반대하거나 공직선거에서 특정 후보자를 지지 또는 반대하는 의견을 집회나 그 밖에 여럿이 모인 장소에서 발표하거나 문서·도서·신문 또는 그 밖의 간행물에 싣는 행위.

4. 정당이나 그 밖의 정치단체의 표지로 사용되는 기·완장·복식 등을 제작·배부·착용하거나 착용을 권유 또는 방해하는 행위.

5. 그 밖에 어떠한 명목으로든 금전이나 물질로 특정 정당 또는 정치단체를 지지하거나 반대하는 행위.

② 이는 공무원이 국민전체에 대한 봉사자이기 때문에 그 정치적 중립성을 유지할 수 있도록 하기 위한 것임.(헌법 제7조제2항)

※ 다만, 대통령령으로 정하는 일부 정무직, 별정직 공무원에 대하여서는 정치 운동의 금지에 관한 국가공무원법의 규정이 적용되지 않으며(법 제3조제2항, 국가공무원법제3조3항의공무원의범위에관한규정 제2조), 정당법 제22조제1항제1호 단서에 의하여 정당의 당원이 될 수 있는 공무원(국회의원, 지방의회의원 외의 정무직공무원은 제외)은 공직선거법에 의한 선거운동이 가능함.

> **참고** **국가공무원법제3조제3항의공무원의범위에관한규정 제2조(범위)**
>
> 1. 대통령, 2. 국무총리, 3. 국무위원, 4. 국회의원, 5. 처의 장, 6. 각 원·부·처의 차관, 8. 정무차관, 9. 제1호 내지 제3호·제5호 및 제6호에 규정된 공무원의 비서실장 및 비서관과 전직대통령의 비서관, 10. 국회의장·국회부의장 및 국회의원의 비서실장·보좌관·비서관 및 비서와 교섭단체의 정책연구위원
>
> **정당법 제22조(발기인 및 당원의 자격)**
>
> 대통령, 국무총리, 국무위원, 국회의원, 지방의회의원, 선거에 의하여 취임하는 지방자치단체의 장, 국회 부의장의 수석비서관·비서관·비서·행정보조요원, 국회 상임위원회·예산결산특별위원회·윤리특별위원회 위원장의 행정보조요원, 국회의원의 보좌관·비서관·비서, 국회 교섭단체대표의원의 행정비서관, 국회 교섭단체의 정책연구위원·행정보조요원과 「고등교육법」 제14조(교직원의 구분)제1항·제2항에 따른 교원*은 정당에 가입할 수 있음
>
> * 학교의 장으로서 총장 또는 학장, 교수·부교수 및 조교수

③ 공무원(「국가공무원법제3조제3항의공무원의범위에관한규정」에 따른 공무원은 제외한다)은 집단·연명으로 또는 단체의 명의를 사용하여 국가의 정책을 반대하거나 국가정책의 수립·집행을 방해해서는 아니 됨.

판례 **정치행위의 금지**

공무원이 특정 정당의 후보자에 대해서 선거운동 등의 특단의 행위를 하였다고 인정되는 경우에는 관계 선거법에 의하여 처벌되어야 함은 물론 징계사유가 됨.[대법원 1968.12.11. 선고 67수5 판결]

판례 **정치행위의 금지위반 사례**

1. 교원이 한일협정 비준을 집단적으로 반대하는 성명을 발표하는데, 주도적 역할을 하였다면 이는 교원이 정치운동을 한 경우에 해당됨.[대법원 1967.1.24. 선고 66다2282 판결]

2. 국가공무원인 원고가 민주회복국민선언대회에 정치인 등 70여명과 함께 참석하여 반정부투쟁 등으로 말미암아 구속당하고 있는 인사들의 사면, 석방 등을 집단적으로 주장하고 범국민적 운동을 벌인다는 취지 아래 민주회복국민회의(가칭)을 발족하기로 하는 내용의 이른바 국민선언을 채택하고 원고도 이에 서명한 사실과 민주회복국민회의의 창립총회가 개최되어 그 기구가 구성된 사실이 인정되고, 원고의 이와 같은 행위는 정치단체의 결성에 관여하면서 이에 가입하여 정치적 행위를 한 것으로 이는 국가공무원법 제56조, 제65조, 복무규정 제27조에 위반하여 징계사유에 해당됨.[대법원 1981.12.22. 선고 80누499 판결]

3. 국가공무원법 제65조제1항은 "공무원은 정당이나 그 밖의 정치단체의 결성에 관여하거나 이에 가입할 수 없다."라고 정하고 있고, 제2항은 "공무원은 선거에서 특정 정당 또는 특정인을 지지하거나 반대하기 위한 다음의 행위를 하여서는 아니 된다."라고 정하면서 제5호에서 "타인에게 정당이나 그 밖의 정치단체에 가입하게 하거나 가입하지 아니하도록 권유 운동을 하는 것"을 금지하고 있다. 공직선거법은 '선거'에 관한 정의규정을 별도로 두고 있지는 않으나, 2005. 8. 4. 법률 제7681호로 개정하면서 제6장의2를 신설하여 정당의 후보자 추천을 위한 당내경선에 관한 규정을 두고 있다. 한편 지방공무원법은 국가공무원법과 마찬가지로 공무원의 정치운동을 금지하는 규정을 두고 있는데, 제57조제2항제5호는 "타인에게 정당이나 그 밖의 정치단체에 가입하게 하거나 가입하지 아니하도록 권유하는 것"을 금지하고 있음.
위와 같은 국가공무원법, 지방공무원법, 공직선거법 등의 체계와 내용, 국가공무원법이 공무원의 정치적 중립성을 선언한 취지에 비추어 보면, 정당의 후보자 선출을 위한 당내경선도 국가공무원법 제65조제2항에서 금지하는 '선거'의 범위에 포함되고, 국가공무원이 타인에게 정당이나 그 밖의 정치단체에 가입하게 하거나 가입하지 않도록 권유하는 것을 넘어서 조직적·계획적으로 위와 같은 행위를 해야만 위 규정에 위반되는 것은 아니며, 위와 같은 행위를 하면서 반드시 공무원의 지위를 이용해야만 하는 것도 아님.[대법원 2018. 5. 11. 선고 2018도4075 판결]

정당의 창당발기인으로 참여 가능 여부

📋 공무원이 정당의 창당발기인으로 참여가 가능한지 여부

📋 정당의 창당발기인으로 참여하는 행위는 공무원으로서 금지되는 정치적 행위에 해당됨. 다만 정당법 제22조에서 정한 공무원은 정당의 창당발기인으로 참여가 가능함.

(파) 집단 행위의 금지(법 제66조)

① "공무원인 근로자는 법률이 정하는 자에 한하여 단결권, 단체교섭권 및 단체행동권을 가진다"라는 헌법 제33조제2항 규정에 의거하여 공무원법은 공무원의 노동운동이나 그 밖에 공무 이외의 일을 위한 집단행위를 모두 금지하고, 다만 사실상 노무에 종사하는 공무원과 대통령령으로 정하는 공무원에 대하여는 집단행위금지에 대한 예외를 인정하였음.

② "사실상 노무에 종사하는 공무원"의 구체적인 범위는 국가공무원 복무규정 제28조에, 법 제3조제3항의 "대통령령으로 정하는 공무원"은 국가공무원법제3조제3항의 공무원의범위에관한규정 제2조에 규정되어 있음.

❖ 사실상 노무에 종사하는 공무원(국가공무원 복무규정 제28조)

과학기술정보통신부 소속 현업기관의 작업 현장에서 노무에 종사하는 우정직공무원(우정직공무원의 정원을 대체하여 임용된 일반임기제공무원 및 시간선택제일반임기제공무원을 포함한다)으로서 다음 각 호의 어느 하나에 해당하지 아니하는 공무원으로 한다.

1. 서무·인사 및 기밀 업무에 종사하는 공무원

2. 경리 및 물품출납 사무에 종사하는 공무원

3. 노무자 감독 사무에 종사하는 공무원

4. 「보안업무규정」에 따른 국가보안시설의 경비 업무에 종사하는 공무원

5. 승용자동차 및 구급차의 운전에 종사하는 공무원

※ 위 3호의 "노무자"는 법 제66조 및 국가공무원 복무규정 제28조 본문에서의 "노무에 종사하는 공무원"과 달리 공무원, 민간인 구분 없이 현업에 종사하는 모든 자를 의미함.

③ 집단행위는 "동창회, 친목회, 학회, 토론회, 연설회 등 회합이나 회(會)" 등을 통한 단체적 행위 전반을 그 목적과 내용에 관계없이 전부 포함한다고 볼 것이 아니라 어떠한 단체의 구성이나 단체적 행동이 그 목적과 행위의 내용에 비추어 공무원의 복무에 관한 질서유지에 유해하거나 그 밖에 공무원으로서의 품위를 손상하는 등 공익을 해치는 특별한 사정이 있는 경우의 집단적 행위를 뜻하는 것임.

④ 집단적 행위의 유형은 공무원이 공무원의 신분과 관계있는 일로서 정부시책에 대하여 연명에 의한 집단 의사표시로부터 구체적인 행동(집단적 연가사용·초과 또는 당직근무 거부·집단적인 조퇴 등)을 포괄하는 것으로서 공무 수행을 저해하는 일체의 행위를 의미함.

판례 집단행위의 금지 의무 규정 이유

국가공무원법이 제66조제1항에서 "공무원은 노동운동이나 그 밖에 공무 외의 일을 위한 집단행위를 하여서는 아니 된다."고 하여 공무원의 언론·출판의 자유와 집회·결사의 자유를 제한하고 공무원에 대하여 공무 외의 일을 위한 집단행위를 금지하고 있는 것도 공무원의 집단행동이 공무원 집단의 이익을 대변함으로써 국민전체의 이익추구에 장애가 될 소지가 있기 때문이고, 이는 국민전체의 봉사자라는 공무원의 특수한 신분에서 나오는 의무의 하나를 규정한 것이라고 할 것임.[헌법재판소 2007.8.30. 2003헌바51 결정]

판례 국가공무원법 제66조제1항에 규정된 '집단행위'에 해당하기 위한 요건

공무원들의 어느 행위가 국가공무원법 제66조제1항에 규정된 '집단행위'에 해당하려면, 그 행위가 반드시 같은 시간, 장소에서 행하여져야 하는 것은 아니지만, 공익에 반하는 어떤 목적을 위한 다수인의 행위로서 집단성이라는 표지를 갖추어야만 한다고 해석함이 타당하다. 따라서 여럿이 같은 시간에 한 장소에 모여 집단의 위세를 과시하는 방법으로 의사를 표현하거나 여럿이 단체를 결성하여 그 단체 명의로 의사를 표현하는 경우, 실제 여럿이 모이는 형태로 의사표현을 하는 것은 아니지만 발표문에 서명날인을 하는 등의 수단으로 여럿이 가담한 행위임을 표명하는 경우 또는 일제 휴가나 집단적인 조퇴, 초과근무 거부 등과 같이 정부활동의 능률을 저해하기 위한 집단적 태업 행위로 볼 수 있는 경우에 속하거나 이에 준할 정도로 행위의 집단성이 인정되어야 국가공무원법 제66조 제1항에 해당한다고 볼 수 있음.[대법원 2017. 4. 13. 선고 2014두8469 판결]

판례 국가공무원법 제66조제1항이 금지하는 공무 외의 일을 위한 집단행위의 의미 등

국가공무원법 제66조제1항은 "공무원은 노동운동이나 그 밖에 공무 외의 일을 위한 집단 행위를 하여서는 아니 된다. 다만, 사실상 노무에 종사하는 공무원은 예외로 한다."라고 규정하고 있다. 국가공무원법이 위와 같이 '공무 외의 일을 위한 집단행위'라고 다소 포괄적이고 광범위하게 규정하고 있다 하더라도, 이는 공무가 아닌 어떤 일을 위하여 공무원들이 하는 모든 집단행위를 의미하는 것이 아니라, 언론·출판·집회·결사의 자유를 보장하고 있는 헌법 제21조제1항, 공무원에게 요구되는 헌법상의 의무 및 이를 구체화한 국가공무원법의 취지, 국가공무원법상의 성실의무 및 직무전념의무 등을 종합적으로 고려하여 '공익에 반하는 목적을 위한 행위로서 직무전념의무를 해태하는 등의 영향을 가져오는 집단적 행위'라고 해석됨.

위 규정을 위와 같이 해석한다면 수범자인 공무원이 구체적으로 어떠한 행위가 여기에 해당하는지를 충분히 예측할 수 없을 정도로 적용 범위가 모호하다거나 불분명하다고 할 수 없으므로 위 규정이 명확성의 원칙에 반한다고 볼 수 없고, 또한 위 규정이 적용 범위가 지나치게 광범위하거나 포괄적이어서 공무원의 표현의 자유를 과도하게 제한한다고 볼 수 없으므로, 과잉금지의 원칙에 반한다고 볼 수도 없음.[대법원 2017. 4. 13. 선고 2014두8469 판결]

판례 금지되는 노동운동

지방공무원법 제58조제1항에서 금지한 '노동운동'은 헌법과 지방공무원법과의 관계 및 우리 헌법이 근로삼권을 집회, 결사의 자유와 구분하여 보장하면서도 근로삼권에 한하여 공무원에 대한 헌법적 제한규정을 두고 있는 점에 비추어 단결권, 단체교섭권, 단체행동권을 의미하고, 제한되는 단결권은 종속근로자들이 사용자에 대하여 근로조건의 유지, 개선 등을 목적으로 조직한 경제적 결사인 노동조합을 결성하고 그에 가입, 활동하는 권리를 말한다고 할 것임.[대법원 2004.10.15. 선고 2004도5035 판결]

판례 공무외의 집단적 행위

1. 국가공무원법 제66조제1항에서 금지하고 있는 "공무외의 집단적 행위"라 함은 공무원으로서 직무에 관한 기강을 저해하거나 기타 그 본분에 배치되는 등 공무의 본질을 해치는 특정목적을 위한 다수인의 행위로써 단체의 결성단계에는 이르지 아니한 상태에서의 행위를 말하며, 장관주재의 정례조회에서의 집단퇴장행위는 공무원으로서 직무에 관한 기강을 저해하거나 기타 그 본분에 배치되는 등 공무의 본질을 해치는 다수인의 행위라 할 것이므로 비록 그것이 건설행정기구의 개편안에 관한 불만의 의사표시에서 비롯되었다 하더라도 공무외의 집단적 행위에 해당되어 주도적 역할을 한 공무원에 대하여 정직1월 처분을 한 것은 적정한 것으로 보여짐.[대법원 1992.3.27. 선고 91누9145 판결]

2. 지방공무원법 제58조제1항 본문은 "공무원은 노동운동 기타 공무 이외의 일을 위한 집단행위를 하여서는 아니 된다."고 규정하고 있는바, 여기서 '공무 이외의 일을 위한 집단행위'라고 함은 공무에 속하지 아니하는 어떤 일을 위하여 공무원들이 하는 모든 집단적 행위를 의미하는 것이 아니라 언론·출판·집회·결사의 자유를 보장하고 있는 헌법 제21조제1항과 지방공무원법의 입법 취지, 지방공무원법상의 성실의무와 직무전념의무 등을 종합적으로 고려하여 '공익에 반하는 목적을 위하여 직무전념의무를 해태하는 등의 영향을 가져오는 집단적 행위'를 말함.[대법원 2004.10.15. 선고 2004도5035 판결]

3. 장교 2명이 그들을 포함한 장교 5명의 명의로 명예선언이란 의식행사를 가지고 기자회견을 한 행위는 군인복무규율 제38조가 금지하고 있는 군무외의 집단행위에 해당함.[대법원 1991.4.23. 선고 90누4839 판결]

4. 전국○○○노동조합의 지역본부 소속 공무원들이 자치단체의 행정대집행 등을 규탄하기 위한 목적의 집회에 단체로 참가한 행위는 지방공무원법 제58조제1항이 금지하는 '노동운동 기타 공무 이외의 일을 위한 집단행위'에 해당함.[대법원 2008.3.14. 선고 2007도11044 판결]

판례 파업 참가의 경우

전국○○○협의회의 투쟁활동에 동조하여 불법적인 단체행동에 적극 가담하거나 철도운행을 방해한 철도청 소속 공무원을 징계파면 한 것은 징계권 남용에 해당하지 않음.[대법원 1996.6.14. 선고 96누2521 판결]

판례 노동조합 참가

국가공무원이 전국 ○○○ 노동조합을 위하여 집단적 행위를 하였다면 그것이 비록 교육의 구조적 모순을 바로잡기 위한데서 비롯되었다 하더라도 집단행위금지조항에 위배됨.[대법원 1990.9.11. 선고 90도1356 판결]

판례 집단적 의사표시

지방공무원 복무조례개정안에 대한 의견을 표명하기 위하여 전국○○○노동조합 간부 10여 명과 함께 시장의 사택을 방문한 위 노동조합 시지부 사무국장에게 지방공무원법 제58조에 정한 집단행위 금지의무를 위반하였다는 등의 이유로 징계권자가 파면처분을 한 사안에서, 그 징계처분이 사회통념상 현저하게 타당성을 잃거나 객관적으로 명백하게 부당하여 징계권의 한계를 일탈하거나 재량권을 남용하였다고 볼 수 없음.[대법원 2009.6.23. 선고 2006두16786 판결]

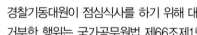

판례 집단적 식사거부

경찰기동대원이 점심식사를 하기 위해 대기중 부식이 나쁘다는 이유로 그 중 8~9명이 점심식사를 거부한 행위는 국가공무원법 제66조제1항이 금지하고 있는 집단적 행위에 해당한다 할 것이고 위 집단적 행위를 선동 내지 주도한 자에 대한 파면처분은 적절하다 할 것임.[대법원 1985.7.9. 선고 84누787 판결]

(2) 직무상 의무 위반 및 직무태만 행위

● 공무원의 담당업무와 관련된 각종 법령이나 훈령에서 부과되어 있는 의무를 공공이익과 복리증진에 기여하도록 적극·타당하게 수행하지 않은 경우와 당연히 해야할 직무를 성실하게 수행하지 않은 경우를 말함.

● 이 경우 본인의 고의·과실 유무와 직접 관계없이 성립하며, 행위자뿐만 아니라 감독자에게도 감독의무를 태만히 한 구체적 사실이 인정되면 징계책임을 물을 수 있음.

판례 직무상 의무 위반 및 직무태만 인정 사례

1. 호적담당공무원이 호적부에 변조사실이 있음을 알고도 즉시 적절한 조치를 취하지 아니하여 허위내용의 호적등본 2통이 발급되게 한 경우라면, 그에 대한 징계해임처분은 적법하고 재량권의 남용 또는 일탈의 위법이 없음.[대법원 1991.10.22. 선고 91누3598 판결]

2. 국외이주신고서를 접수하면 주민등록표 이동사유란에 연필로 기재된 국외이주신고 사유는 국외이주신고 자체가 적법하게 철회되거나 또는 국외이민 출국자명단 통보에 따라 국외이주신고 사유를 주서하기 위해 삭제하는 경우 외에는 본인의 요구가 있다 하여도 함부로 삭제할 수 없는 것이 명백함에도 신고인의 요청에 의하여 위 연필로 기재된 부분을 지우고 주민등록표 등본과 인감증명을 발급한 행위는 공무원으로서 지켜야 할 성실의무와 직무상의 의무를 위배함.[대법원 1984.10.23. 선고 84누428 판결]

3. 서류내용의 충분한 검토 및 실지조사 없이 고액의 세금을 환급받게 한 세무공무원에 대한 해임처분은 적법함.[대법원 1984.1.24. 선고 83누610 판결]

4. 교도관인 원고가 검방 검신을 소홀히 하여 수용자가 은닉 휴대하고 있는 척추보호용 요대를 발견하지 못한 결과 요대 사이에 들어있는 철심 4개를 빼내어 칼을 만들어 휴대하고 있다가 계호직원을 위협하여 도주한 경우라면, 검방 검신을 형식적으로 소홀히 한 직무태만에 대해 파면처분은 징계재량권의 한계를 일탈하였다고 볼 수 없음.[대법원 1983.6.28. 선고 83누38 판결]

5. 거액(29,790,180원)의 정부양곡 대금횡령행위가 원고들(지방농림기원, 지방행정주사보)이 정부양곡 수매사무 처리과정에서 가장 중요한 업무인 양곡검수 및 입고증 작성업무를 수행하지 아니하고, 보관창고주에게 일임한 직무태만에 기인하였다면, 이를 이유로 한 해임처분은 비례의 원칙을 벗어난 과중한 징계처분이라고 할 수 없음.[대법원 1983.2.22. 선고 82누505 판결]

6. 현역병이 군대생활에 적응하지 못하여 휴가중 자살하였는데, 상급자가 하급자에게 징계·훈계권을 행사함에 있어 허용되는 정도를 넘은 선임병들의 위법한 폭언, 질책 등의 가혹행위 및 사병들에 대한 교육 및 생활지도를 통하여 부대 내의 가혹행위를 예방하고 군생활에 잘 적응하지 못하는 사병들을 관리 하면서 군생활 적응을 도움으로써 자살·탈영 등의 사고를 미연에 방지하였어야 하는 소속 지휘관들의 직무태만행위와 위 자살 사이에 상당인과관계가 존재함.[서울중앙지방법원 2006.7.20. 선고 2005가합111439 판결]

(3) 직무의 내외를 불문한 체면 또는 위신 손상행위

● 공무원의 외부행위가 주권자인 국민의 수임자로서 또는 국민전체의 봉사자로서 공직의 체면·위신을 손상하는데 직접적인 영향이 있는 행위를 함으로써 사회일반 통념상 비난 가능성을 갖고 있는 경우 형사책임 유무에 불구하고 징계사유에 해당됨.

판례 형사상 책임이 없는 행위에 대한 징계사유 인정

국가공무원법 제78조제1항제3호가 정하는 징계사유인 직무의 내외를 불문하고 그 체면 또는 위신을 손상하는 행위를 한 때라 함은 공무원의 신분상의 의무로서의 품위 유지의 의무에 반하는 것으로 주권자인 국민의 수임자로서 또는 국민에의 봉사자인 직책을 다하는 공직자로서 공직의 체면, 위신을 손상하는데 직접적인 영향이 있는 행위를 한 때를 말하는 것이므로 이와 같은 의무위반의 행위가 있었다면 비록 그것이 형사상 책임이 없는 것이라고 하더라도 형사책임의 유무에 불구하고 징계사유가 된다고 할 것임.[대법원 1985.4.9. 선고 84누654 판결]

판례 노조 결성을 위한 불법집회에 참석한 행위

○○○의 결성을 위한 불법집회에 참석하여 머리띠를 두르고 구호를 외치는 등의 집단행동을 한 것은 교육자로서의 체면과 위신을 손상한 경우에 해당한다 할 것이므로 위와 같은 행위는 같은 국가공무원법 제63조 소정의 품위 유지의 의무에 위반이 됨.[대법원 1992.6.26. 선고 91누11780 판결]

판례 공무집행과 무관한 비위사실의 징계사유 인정여부

공무원의 비위사실이 공무집행과 관련된 것이 아니라 그 소속 노동조합지부의 직무와 관련된 것이라 하여도 공무원으로서의 체면 또는 위신을 손상한 때에 해당하면 국가공무원법상의 징계사유에 해당됨.[대법원 1982.7.13. 선고 80누198 판결]

(4) 기타 유의사항

● 의무위반행위로 인해 징계처분을 받고도 또다시 의무를 이행하지 않는 경우 다시 징계할 수 있음.

● 주의·경고 등은 국가공무원법 소정의 징계벌이 아니므로 이를 다시 징계사유에 포함하더라도 일사부재리의 원칙에 위배되는 것은 아님.

● 징계처분의 취소를 구하는 행정소송에서 징계사유가 될 수 없다고 판결한 경우 동일한 사유로 행정청이 다시 징계처분을 한 것은 확정판결에 저촉되는 행정처분으로서 취소판결의 기속력이나 확정판결의 기판력에 저촉되어 허용될 수 없음.

판례 징계사유중 일부가 인정되지 않는 경우 징계처분의 효력유무

수개의 징계사유 중 일부가 인정되지 않더라도 인정되는 다른 일부 징계사유만으로도 당해
징계처분의 타당성을 인정하기에 충분한 경우에는 그 징계처분을 유지하여도 위법하지
아니함.[대법원 1991.11.22. 선고 91누4102 판결]

판례 징계처분후 동일사유로 재징계 가능여부

교육공무원이 36권의 학교도서를 차용하고 그 중 34권을 아직도 반환하지 않은 경우, 위 사실로
인하여 전에 징계처분을 받았다 하더라도 그 징계처분으로 인하여 차용도서의 반환의무가 면제되는
것이 아니므로 그 사유를 들어 다시 징계사유로 할 수 있음.[대법원 1962.8.30. 선고 62누65
판결]

판례 징계사유가 될 수 없다고 판결한 사유와 동일한 사유를 내세워 재징계 처분할 수 있는지

징계처분의 취소를 구하는 소에서 징계사유가 될 수 없다고 판결한 사유와 동일한 사유를 내세워
행정청이 다시 징계처분을 한 것은 확정판결에 저촉되는 행정처분을 한 것으로서, 위 취소판결의
기속력이나 확정판결의 기판력에 저촉되어 허용될 수 없음.[대법원 1992.7.14. 선고 92누2912
판결]

판례 사면된 행위와 징계사유

사면된 행위에 연결된 비위행위는 별도의 징계원인이 되는 비위라고 볼 수 없음.[대법원
1983.6.14. 선고 83누3 판결]

판례 서면경고의 행정처분 불인정 이유

1. 공무원이 소속 장관으로부터 받은 "직상급자와 다투고 폭언하는 행위 등에 대하여 엄중
   경고하니 차후 이러한 사례가 없도록 각별히 유념하기 바람"이라는 내용의 서면에 의한
   경고가 국가공무원법상의 징계의 종류에 해당하지 아니하고, 근무충실에 관한 권고행위 내지
   지도행위로서 그 때문에 공무원으로서의 신분에 불이익을 초래하는 법률상의 이익이 없다고 본
   사례.[대법원 1991.11.12. 선고 91누2700 판결]

2. 주의·경고 등은 국가공무원법 소정의 징계벌이 아니므로 주의를 받은 사실을 징계사유에 다시
   포함시켰더라도 위법이라 할 수 없음.[대법원 1981.12.8. 선고 80누469 판결.]

질의회신 | 벌금형이 징계사유에 해당되는지 여부

문 공무원이 사기죄에 해당되어 약식명령으로 벌금 1백만원을 선고받은 경우 반드시 징계의결을 요구해야 하는 지 여부

답 공무원 비위사건 처리규정 제4조(수사기관이 통보한 공무원 범죄사건 처리기준)에 따르면, 기소유예 결정, 공소 제기 결정 및 그 밖의 결정을 통보 받은 경우에는 반드시 징계의결 요구를 하도록 되어 있음.

질의회신 | 수사기관에서 "아동학대보호사건송치", "가정보호사건송치"로 처분한 경우

문 수사기관에서 "아동학대보호사건 송치", "가정보호사건송치"와 같이 형사벌로 처분하지 않고, 새로운 유형으로 처분되어 오는 경우에도 비위사건처리규정에 따라 처리해야 하는지 여부?

답 1. 보안처분은 범죄에 대한 사회보전의 방법으로 형벌만으로는 불충분하거나 부적당한 경우에 이를 보충하고 대체하는 의미에서 범죄적 위험자 또는 범죄행위자에 대하여 과하는 범죄예방처분을 의미함.

2. 보호처분은 보안처분의 일종으로 「아동학대범죄의 처벌 등에 관한 특례법」, 「소년법」, 「가정폭력범죄의 처벌 등에 관한 특례법」, 「성매매알선 등 행위의 처벌에 관한 법률」 등에 규정되어 있음.

3. 따라서, "아동학대보호사건송치", "가정보호사건송치"와 같은 보호처분은 「공무원 비위사건 처리규정」 제4조의제3호 중 "그 밖의 결정"에 해당되므로 관할 징계위원회에 징계의결요구를 하여야 함.

4. 다만, 징계양정과 관련해서는 비위의 정도, 과실의 경중 등을 참작하여 관할 징계위원회에서 개별적으로 판단하여 의결하여야 함.

질의회신 | 경고처분 후 징계처분 가능 여부

문 비위에 대해 서면경고 후 이것이 징계사유에 해당함을 인지한 경우 징계의결 요구가 가능한지?

답 경고는 국가공무원법 제79조에서 정하고 있는 징계의 종류에 해당하지 않음. 따라서, 징계사유에 해당하는 비위가 발생했을 경우 서면경고를 하였다 하더라도 징계사유가 되는 이상 징계요구권자는 관할 징계위원회에 징계의결요구를 하여야 함.

다. 징계사유의 승계

- 공무원(특수경력직공무원 및 지방공무원을 포함한다)이었던 사람이 다시 공무원으로 임용된 경우에 재임용 전에 적용된 법령에 따른 징계 사유는 그 사유가 발생한 날부터 국가공무원법에 따른 징계 사유가 발생한 것으로 봄.(법 78조제2항)

- 즉, 징계에 관한 규정의 적용을 받는 국가공무원이 다시 국가공무원으로 임용되었을 경우에는 동법 제78조의 규정에 따라 징계의결을 요구하여야 함.

- 또한 지방공무원, 경찰공무원, 교육공무원 등이 국가공무원법의 징계에 관한 규정의 적용을 받는 공무원으로 임용되었을 경우 임용 이전에 종전의 신분을 규율하는 법령상의 징계사유가 있었을 경우에는 이를 국가공무원법상의 징계사유로 보고 법 제78조의 규정에 따라 징계의결을 요구하여야 함.

판례 파견공무원의 징계시 적용되는 법령

지방공무원으로 임용되어 근무하다가 파견되어 국가공무원으로 근무 중 징계사유가 발생한 경우 동인이 지방자치단체인 ○○시 소속공무원으로서의 신분을 보유하고 있었다고 인정하여야 하므로 동인에 대하여 지방공무원법상의 소정 법조를 적용하여 징계처분을 한 것은 적법함.[대법원 1986.11.25. 선고 86누528 판결]

04

징계의 종류 및 효력

✏️ 가. 징계의 종류

● 징계의 종류에는 파면, 해임, 강등, 정직, 감봉, 견책이 있음.(법 제79조)

> **참고**
> ● **법관징계법상 징계종류** : 정직(1월~1년), 감봉(1월~1년), 견책
> ● **검사징계법상 징계종류** : 해임, 면직, 정직(1월~6월), 감봉(1월~1년), 견책
> ● **군인사법상 징계종류**
>   – 장교·준사관 및 부사관 : 중징계⟨파면, 해임, 강등, 정직(1월~3월)⟩,
>   경징계⟨감봉(1월~3월), 근신(10일이내), 견책⟩
>   – 병 : 강등, 군기교육(15일 이내), 감봉(1월~3월), 휴가단축(1회 5일 이내, 총15일
>   이내), 근신(15일 이내), 견책

● 파면·해임은 공무원신분을 완전히 해제함을 내용으로 하는 배제징계이고, 강등·
정직·감봉·견책은 공무원의 신분을 보유하면서 신분상·보수상 이익의 일부를 제한
함을 내용으로 하는 교정징계임.

● 징계의결 요구권자는 중징계(파면·해임·강등·정직) 또는 경징계(감봉·견책)로 구분
하여 관할 징계위원회에 제출하여야 함.(영 제7조제6항)

● 견책(譴責)은 전과(前過)에 대해 훈계하고 회개하는 처분으로 이와 유사한 명칭의
훈계·경고·계고·주의 등은 문책의 성격을 가진 교정수단인 점에서는 견책과 유사하
나 징계종류는 아님.

행정규칙에 의한 "불문경고"의 성격

1. 「국가공무원법」 제79조에서는 징계의 종류로 파면·해임·강등·정직(停職)·감봉·견책(譴責)만을 규정하고 있는 점, 「공무원 인사기록·통계 및 인사사무 처리 규정」 제9조제1항제1호에서 인사 및 성과기록 중 징계처분의 기록말소의 제한기간을 규정하면서 징계인 강등, 정직, 감봉, 견책과 달리 "불문(경고)"에 대해서는 규정하지 않고 있는 점 등을 볼 때, "불문(경고)"는 징계의 종류에 포함되지 않는다고 할 것임.[법제처 11-0747, 2012.2.9.]

2. "불문경고"는 법률상의 징계처분은 아니나 위 처분을 받지 아니하였다면 차후 다른 징계처분이나 경고를 받게 될 경우 징계감경사유로 사용될 수 있었던 표창공적의 사용 가능성을 소멸시키는 효과와, 1년 동안 인사기록카드에 등재됨으로써 그 동안은 표창대상자에서 제외시키는 효과 등이 있다는 이유로 항고소송의 대상이 되는 행정처분에 해당함.[대법원 2002.7.26. 선고 2001두3532 판결]

최하위 계급 공무원의 강등 적용 여부

최하위 계급의 공무원인 경우 1계급 아래로 내릴 계급이 없어 법령상 강등의 효력이 완전하게 발생할 수 없더라도, 강등이라는 징계처분이 인사 및 성과 기록에 반영되면 그 후 징계처분의 기록 말소 및 승급기간의 특례 등에 있어 정직과는 다른 규정이 적용되어 강등처분의 실익이 있다고 할 것임. 따라서, 「고등교육법」 제14조에 해당하는 교원 및 조교가 아닌 경력직 국가공무원으로서 계급구조상 최하위 계급의 공무원은 「국가공무원법」 제79조의 징계의 종류 중 강등의 징계처분 대상에서 제외되지 않음.[법제처 11-0033, 2011.3.3.]

✎ 나. 징계의 효력

● 징계의 종류별 효력은 다음과 같음.

(1) 배제징계

● 공무원신분을 완전히 해제함을 내용으로 하는 파면과 해임은 그 효력을 법 제80조에서 규정하지 않고 법 제33조(결격사유), 공무원연금법 제65조 및 같은 법 시행령 제61조에서 처분효과를 정하고 있음.

징계의 종류	효력
파면	• 공무원관계로부터 배제하고 5년간 공직재임용 제한 • 퇴직급여액 1/2 감액(재직기간이 5년 미만인 자는 1/4감액) 　퇴직수당 1/2감액
해임	• 공무원관계로부터 배제하고 3년간 공직재임용 제한 • 금품·향응수수, 공금횡령·유용으로 해임된 경우 퇴직급여 및 퇴직수당의 1/4 감액(단, 재직기간이 5년 미만 재직자는 퇴직급여 1/8감액)

(2) 교정징계

(가) 신분·인사·복무상의 효력

효력종류	신분·인사·복무상의 효력		
	승진	경력평정	연가
강등	• 1계급 내림+정직 3월 • 처분기간(3월)에는 신분은 보유, 직무에 종사하지 못함. • 처분기간(3월)+18개월은 승진소요최저연수에서 제외하고 승진임용 및 특별승진임용을 제한 　(법 제78조의2제1항 각 호의 어느 하나에 해당하는 사유로 인한 징계처분과 소극행정, 음주운전, 성폭력, 성희롱 및 성매매에 따른 징계처분의 경우에는 각각 6개월을 가산)	실제직무에 종사하지 않은 처분기간(3월)은 제외	처분일수는 연가일수에서 제외

효력종류	신분·인사·복무상의 효력		
	승진	경력평정	연가
정직 (1~3월)	• 처분기간(1~3월)에는 신분은 보유, 직무에 종사하지 못함. • 정직처분기간 + 18개월은 승진소요최저연수에서 제외하고 승진임용 및 특별승진임용을 제한 (법 제78조의2제1항 각 호의 어느 하나에 해당하는 사유로 인한 징계처분과 소극행정, 음주운전, 성폭력, 성희롱 및 성매매에 따른 징계처분의 경우에는 각각 6개월을 가산)	실제직무에 종사하지 않은 처분기간(1~3월)은 제외	처분일수는 연가일수에서 제외
감봉 (1~3월)	• 감봉처분기간(1~3월) + 12개월은 승진소요최저연수에서 제외하고 승진임용 및 특별승진임용을 제한 (법 제78조의2제1항 각 호의 어느 하나에 해당하는 사유로 인한 징계처분과 소극행정, 음주운전, 성폭력, 성희롱 및 성매매에 따른 징계처분의 경우에는 각각 6개월을 가산)		
견책	• 6개월은 승진소요최저연수에서 제외하고 승진임용 및 특별승진임용을 제한 (법 제78조의2제1항 각 호의 어느 하나에 해당하는 사유로 인한 징계처분과 소극행정, 음주운전, 성폭력, 성희롱 및 성매매에 따른 징계처분의 경우에는 각각 6개월을 가산)		
근거규정	공무원임용령 제31조, 제32조 및 제35조의 2	공무원 성과평가 등에 관한 규정 제25조	국가공무원 복무규정 제17조

(나) 보수상의 효력

효력 종류	보수상의 효력			
	보수	승급	수당	기타
강등	• 강등된 후의 보수를 기준으로 3개월간 보수는 전액 삭감	• 처분기간(3월) + 18개월간 승급 제한 ※법 제78조의2제1항 각 호의 어느 하나에 해당하는 사유로 인한 징계처분과 소극행정, 음주운전, 성폭력, 성희롱 및 성매매에 따른 징계처분의 경우에는 각각 6개월을 가산	• 3개월간 정근수당 가산금, 가족수당, 가족수당 가산금, 자녀학비보조수당 및 주택수당은 수당액 전액 감액 • 대우공무원이 강등된 경우에는 다시 대우공무원이 될 때까지 대우공무원 수당을 전액 지급하지 않음. • 정근수당 지급대상 기간 중에 강등처분을 받은 경우에는 정근수당을 지급하지 않음. • 월중에 강등처분을 받거나 복직한 경우, 특수지근무수당, 위험근무수당, 특수업무수당, 업무대행수당, 군법무관수당, 관리업무수당, 정액급식비 및 직급보조비는 실제 근무한 실적에 따라 일할계산하여 지급 • 월중에 강등처분을 받거나 복직한 경우 시간외수당·야간근무수당·휴일 근무수당은 실제 근무한 실적에 따라 지급 • 명절휴가비 : 지급기준일(설날, 추석) 현재 강등에 따라 직무에 종사하지 않은 경우 지급 하지 않음. • 연가보상비 : 정직일수를 연가일수에서 공제후 지급	• 정근수당 및 정근수당가산금지급시 징계처분기간(1~3월) + 승급제한기간(강등·정직 18월, 감봉 12월, 견책 6월) 은 근무연수에 산입되지 않음. • 모범공무원수당은 징계처분 후 다음 달부터 수당을 지급하지 않음 • 징계처분의 집행이 종료한 날부터 징계기록말소기간이 경과한 후 각각의 승급제한(강등·정직 18월, 감봉 12월, 견책 6월) 기간을 승급기간에 산입함. ※징계처분기간은 산입되지 아니함

51

효력 종류	보수상의 효력			기타
	보수	승급	수당	
정직 (1~3월)	• 처분기간중 보수 전액 삭감	• 처분기간(1~3월) + 18개월간 승급 제한 ※법 제78조의2제1 항 각 호의 어느 하나에 해당하는 사유로 인한 징계처분과 소극행정, 음주운전, 성폭력, 성희롱 및 성매매에 따른 징계처분의 경우에는 각각 6개월을 가산	• 처분기간(1~3월) 동안 대우공무원수당, 정근수당가산금, 가족수당, 가족수당 가산금, 자녀학비보조수당 및 주택수당액의 수당액 전액 감액 • 정근수당의 지급대상 기간중에 정직처분을 받은 경우에는 정근수당을 지급하지 않음. • 월중에 정직처분을 받거나 복직한 경우, 특수근무지수당, 위험근무수당, 특수업무수당, 업무대행수당, 군법무관수당, 관리업무수당, 정액급식비 및 직급보조비는 실제 근무한 일수에 따라 일할계산하여 지급 • 시간외수당·야간근무수당·휴일근무수당은 실제 근무한 실적에 따라 지급 • 명절휴가비 : 지급기준일 (설날, 추석) 현재 정직중인 경우 지급하지 않음. • 연가보상비 : 정직일수를 연가일수에서 공제후 지급	

04

효력 종류	보수상의 효력			
	보수	승급	수당	기타
감 봉 (1~3월)	• 처분기간 중 보수의 1/3 감액 • 연봉적용자는 연봉월액 40% 감액	• 처분기간(1~3월) + 12개월 승급제한 ※법 제78조의2제1항 각 호의 어느 하나에 해당하는 사유로 인한 징계처분과 소극행정, 음주운전, 성폭력, 성희롱 및 성매매에 따른 징계처분의 경우에는 각각 6개월을 가산	• 처분기간(1~3월) 동안 대우공무원수당, 정근수당 가산금, 가족수당, 가족수당 가산금, 자녀학비보조수당, 주택수당액의 1/3 감액 • 정근수당의 지급대상 기간 중에 감봉처분을 받은 경우에는 정근수당을 지급하지 않음. • 특수근무지수당, 위험근무수당, 특수업무수당, 업무대행수당 및 군법무관수당액의 1/3 감액 • 시간외근무수당·야간근무수당·휴일근무수당 및 관리업무수당 전액 지급	
견 책		• 6개월 승급제한 ※법 제78조의2제1항 각 호의 어느 하나에 해당하는 사유로 인한 징계처분과 소극행정, 음주운전, 성폭력, 성희롱 및 성매매에 따른 징계처분의 경우에는 각각 6개월을 가산	• 수당 등을 전액지급함, 다만, 정근수당 지급대상 기간 중에 견책처분을 받은 경우에는 정근수당을 지급하지 않음	
근거 규정	• 법 제80조　　• 공무원보수규정　　• 공무원수당 등에 관한 규정 • 모범공무원규정			

※'강등'제도는 2008.12.31. 국가공무원법 개정으로 2009. 4. 1.부터 시행

※국가공무원법 개정(2015.12.24., 법률 제13618호)으로 강등·정직에 대해서는 처분기간 중 보수를 전액삭감 (2016.6.25. 시행)

❖ 공무원임용령 개정(2017.12.29.) / 공무원보수규정 개정(2018.1.18.)

법 제78조의2제1항 각호(징계부가금 부과대상 비위), 성폭력, 성희롱 및 성매매에 따른 징계처분의 경우 승진임용·승급제한기간 각각 6개월 가산

※ 2017.12.28.이전에 발생한 징계사유는 승진임용제한기간 3개월 가산

※ 2018.1.17.이전에 발생한 징계사유는 승급제한기간 3개월 가산

❖ 공무원임용령, 공무원보수규정 개정(2019.11.5.)

소극행정 및 음주운전에 따른 징계처분의 경우 승진임용·승급제한기간 각각 6개월 가산

※ 2019.11.4.이전에 발생한 징계사유는 승진임용·승급제한기간 3개월 가산

(3) 징계의결 요구중인 자에 대한 제한

(가) 승진임용의 제한(공무원임용령 제32조)

● 징계처분 요구 또는 징계의결 요구, 징계처분, 직위해제, 휴직(법 제71조제1항제1호에 따른 휴직 중 「공무원 재해보상법」에 따른 공무상 질병 또는 부상으로 인한 휴직자를 제35조의2제1항제4호 또는 제5호에 따라 특별승진임용 하는 경우는 제외한다) 또는 시보임용 기간 중에 있는 경우

※ 징계처분으로 승진임용 제한기간 중에 있는 사람이 휴직하는 경우 징계처분에 따른 남은 승진임용 제한기간은 복직일부터 계산함.

(나) 전보제한

● 징계위원회에 회부중인 공무원에 대한 타 기관으로의 전보는 징계절차가 종료된 후에 실시하도록 함.

(다) 의원면직 제한

● 임용권자 또는 임용제청권자는 공무원이 퇴직을 희망하는 경우에는 징계사유가 있는지 여부 등을 감사원과 검찰·경찰 등 조사 및 수사기관의 장에게 확인하여야 함.(국가공무원법 제78조의4제1항)

● 퇴직을 희망하는 공무원이 파면, 해임, 강등 또는 정직에 해당하는 징계사유가 있거나 다음 각 호의 어느 하나에 해당하는 경우(제1호·제3호 및 제4호의 경우에는 해당 공무원이 파면·해임·강등 또는 정직의 징계에 해당한다고 판단되는 경우에 한정한다) 소속 장관 등은 지체 없이 징계의결등을 요구하여야 하고, 퇴직을 허용하여서는 아니 됨.(국가공무원법 제78조의4제2항)

1. 비위와 관련하여 형사사건으로 기소된 때

2. 징계위원회에 파면·해임·강등 또는 정직에 해당하는 징계 의결이 요구 중인 때

3. 조사 및 수사기관에서 비위와 관련하여 조사 또는 수사 중인 때

4. 각급 행정기관의 감사부서 등에서 비위와 관련하여 내부 감사 또는 조사 중인 때

- 공무원이 의원면직을 신청할 경우 인사담당관은 다음 각 호의 각각에 해당하는지 여부를 서명으로 확인하여야 함.(비위면직(파면·해임)자 공직 재임용 제한에 관한 규정 제9조)

1. 형사사건으로 기소 중인지 여부

2. 징계의결 요구 중인지 여부

3. 비위조사 중인지 여부

4. 그 밖의 면직사유[가사, 전업(轉業), 질병 등 구체적으로 기재]

(라) 명예퇴직수당 지급제한 대상

- 명예퇴직수당 지급 신청일 현재 다음 각 호의 어느 하나에 해당하는 사람은 명예 퇴직수당 지급대상에서 제외함.(국가공무원 명예퇴직수당 등 지급 규정 제3조)

1. 법 제83조제3항에 따라 수사기관의 수사 결과가 통보되어 징계의결을 요구하여야 하는 사람

2. 감사원 등 관계 행정기관의 장으로부터 징계처분이 요구되어 있는 사람

3. 징계위원회에 징계의결이 요구되어 있는 사람

4. 징계처분으로 승진임용 제한 기간 중에 있는 사람

5. 형사사건으로 기소 중인 사람

6. 감사원 등 감사기관과 검찰·경찰 등 수사기관에서 비위조사 중 또는 수사 중인 사람 등

(마) 국내위탁교육·국외훈련의 제한·중단

- 훈련대상자로 선발된 자 또는 훈련중인 자에 대하여 징계절차가 진행될 때는 소속 기관의 장은 그 사실을 훈련주관기관의 장에게 통보하여야 하며, 훈련주관기관의 장은 징계가 확정될 때까지 파견을 제한할 수 있으며, 훈련 중인 자의 징계가 확정 된 때에는 훈련중단조치를 할 수 있음.(공무원 인재개발 업무처리지침 IX, X)

(바) 정부포상 추천제한

● 상훈법 및 동법시행령에 의한 훈·포장, 정부표창규정에 의한 대통령표창 및 국무총리 표창, 모범공무원규정에 의한 모범공무원 선발 등의 추천에서 제외됨.(2022년도 정부포상업무지침)

1. 감사조사 또는 수사 중이거나, 형사사건으로 기소 중인 자

2. 형사처분

   가. 공무원 재직 중의 행위로 인해 벌금형 이상의 형사 처분을 받은 자

   - 다만, 재직 중 1회에 한해 200만원 미만의 벌금형을 받은 자는 공적이 현저하게 탁월한 경우 포상추천 가능하나,
   - 「공무원 징계령 시행규칙」 제4조제2항(제1~6호)에 따라 감경이 제한되는 비위(주요비위)에 해당하는 범죄로 인하여 형사 처분을 받은 경우, 형벌의 종류 및 횟수에 관계없이 추천 제외(선고유예를 받은 경우 포함)

   ※ (주요비위) 공무원징계령시행규칙 제4조제2항(징계를 감경할 수 없는 경우)
     1. 국가공무원법 제78조의2제1항
     1의2. 국가공무원법 제78조의2제1항 각 호의 어느 하나에 해당하는 비위를 신고하지 않거나 고발하지 않은 행위
     2. 성폭력범죄의 처벌 등에 관한 특례법 제2조에 따른 성폭력범죄
     3. 성매매알선 등 행위의 처벌에 관한 법률 제2조제1항제1호에 따른 성매매
     4. 양성평등기본법 제3조제2호에 따른 성희롱
     5. 도로교통법 제44조제1항에 따른 음주운전 또는 같은 조 제2항에 따른 음주측정에 대한 불응
     6. 공직자윤리법 제8조의2제1항 또는 제22조에 따른 등록의무자에 대한 재산등록 및 주식의 매각·신탁과 관련한 의무 위반

3. 징계의 진행 또는 처분

   가. 징계절차가 진행 중인 자 또는 관계행정기관의 징계처분 요구 중인 자

   나. 징계 또는 불문경고(징계위원회 의결에 의한 불문경고에 한함) 처분을 받은 자

   - 다만, 경징계(감봉·견책, 군인의 경우 감봉·근신·견책)가 사면되었거나, 불문경고가 사면 또는 말소된 자로서 공적이 현저하게 탁월한 경우에는 포상추천이 가능하나,
   - 공무원 징계령 시행규칙 제4조제2항(제1~6호)에 따라 감경이 제한되는 비위(주요비위)를 저지른 자는 경징계 또는 불문경고가 사면 또는 말소되더라도 추천 불가능

4. 국가공무원법 제2조(공무원의 구분) 제3항제1호 및 지방공무원법 제2조제3항제1호의 특수경력직공무원 중 선거에 의해 취임하는 공무원

5. 「상훈법」 제8조 및 「정부 표창 규정」 제19조 등에 따라 정부포상이 취소된 적이 있는 자

6. 추천일 당일 국세기본법, 관세법 또는 지방세징수법에 따른 체납 중에 있는 자

7. 사회적 물의 등 유발
   부도덕한 행위 등으로 사회적 물의를 야기하거나, 언론보도 또는 소송·민원 제기 등의 논란이 있어 정부포상이 합당치 않다고 판단되는 자

(4) 징계처분을 받은 자에 대한 기타 제한

(가) 명예퇴직수당 지급 제한

- 명예퇴직수당 지급 신청일 현재 징계처분으로 승진임용 제한기간 중에 있는 사람은 명예퇴직수당 지급대상에서 제외됨.(국가공무원 명예퇴직수당 등 지급 규정 제3조)

(나) 교육훈련 대상자 선발 제한

- 징계처분을 받은 자는 그 처분이 종료한 날로부터 1년이상이 경과하여야 훈련대상 자로 선발될 수 있음.(공무원 인재개발법 시행령 제32조 및 제43조)

(다) 모범공무원수당 지급 제한

- 모범공무원으로 선발된 사람이 징계처분을 받았을 때에는 그 사유가 발생한 날이 속하는 달의 다음 달부터 모범공무원수당을 지급하지 아니함.(모범공무원 규정 제 8조의2)

(라) 정부포상의 제한

- 재직 및 퇴직공무원 포상대상자 선정시 재직중 징계 및 불문경고 처분을 받은 자 는 추천에서 제외됨.(2022년도 정부포상업무지침)

- 재직공무원 포상은 징계·불문경고 처분이 사면 또는 말소된 경우에 추천할 수 있으 나, 주요비위(음주운전, 금품·향응수수, 공금횡령·유용, 성폭력, 성매매, 성희롱 등) 로 인한 징계·불문경고 처분은 사면 또는 말소되더라도 포상 추천 불가

판례 **당연퇴직과 징계처분의 효력**

국가공무원법상 당연퇴직은 결격사유가 있을 때 법률상 당연히 퇴직하는 것이지 공무원관계를 소멸시키기 위한 별도의 행정처분을 요하는 것이 아니며, 당연퇴직의 인사발령은 법률상 당연히 발생하는 퇴직사유를 공적으로 확인하여 알려주는 이른바 관념의 통지에 불과하고 공무원의 신분을 상실시키는 새로운 형성적 행위가 아니므로 행정소송의 대상이 되는 독립한 행정처분이라고 할 수 없음.[대법원 1995.11.14. 선고 95누2036 판결]

판례 **사면과 징계처분의 효력**

사면에 의하여 징계의 효력이 상실됨은 별론으로 하고, 비록 사면이 있었다고 하더라도 당해 징계처분의 기성의 효과에는 아무런 변경도 있을 수 없는 법리이므로 특단의 사정이 없는 한 위 사면 사실만으로써 징계처분이 변경취소될 수는 없음.[대법원 1996.2.9. 선고 95누8065 판결]

📝 다. 징계효력의 승계

(1) 공무원(특수경력직공무원 및 지방공무원을 포함한다)이었던 사람이 다시 공무원이 된 경우에는 재임용 전에 적용된 법령에 따라 받은 징계처분은 그 처분일부터 국가공무원법에 따른 징계처분을 받은 것으로 봄.(법 제80조제7항)

- 즉, 지방공무원, 교육공무원, 경찰공무원, 별정직공무원 등이 징계처분을 당하여 그 처분이 종료되기 전 또는 그 처분의 효력이 종료되기 전에 국가공무원으로 임용된 경우에는 종전의 신분에서 받은 징계처분은 국가공무원으로서 받은 징계처분으로 보아 그 처분의 잔여부분 및 효력의 잔여부분을 집행하거나 부과하여야 함.

❖ 징계효력의 승계 예시

감봉3월의 처분을 받고 1월만 집행된 지방공무원이 면직 후 동일자로 국가공무원으로 재임용된 경우에는 2월간의 봉급과 수당을 감액 지급하여 그 징계처분을 집행종료하고 그 집행이 종료된 날로부터 12월간 승진·승급할 수 없음.

(2) 징계에 관하여 이 영에 따른 공무원과는 다른 법률의 적용을 받는 공무원이 이 영에 따른 공무원이 된 경우 종전의 신분에서 받은 강등처분과 근신·군기교육이나 그밖에 이와 유사한 징계처분의 효력은 다음과 같음.(공무원임용령 제32조제2항)

징계 처분	효력
강등처분	처분종료일부터 18개월간 승진 · 승급 제한
근신 · 군기교육 또는 이와 유사한 징계처분	처분종료일부터 6개월간 승진 · 승급 제한

| 참고 | 강등·정직기간 중의 보수 전액 삭감 |

● **국가공무원법 제80조(징계의 효력)**

제80조(징계의 효력) ① 강등은 1계급 아래로 직급을 내리고(고위공무원단에 속하는 공무원은 3급으로 임용하고, 연구관 및 지도관은 연구사 및 지도사로 한다) 공무원신분은 보유하나 3개월간 직무에 종사하지 못하며 그 기간 중 보수는 전액을 감한다. 다만, 제4조제2항에 따라 계급을 구분하지 아니하는 공무원과 임기제공무원에 대해서는 강등을 적용하지 아니한다.

② 제1항에도 불구하고 이 법의 적용을 받는 특정직공무원 중 외무공무원과 교육공무원의 강등의 효력은 다음 각 호와 같다.

1. 외무공무원의 강등은 「외무공무원법」 제20조의2에 따라 배정받은 직무등급을 1등급 아래로 내리고(14등급 외무공무원은 고위공무원단 직위로 임용하고, 고위공무원단에 속하는 외무공무원은 9등급으로 임용하며, 8등급부터 6등급까지의 외무공무원은 5등급으로 임용한다) 공무원신분은 보유하나 3개월간 직무에 종사하지 못하며 그 기간 중 보수는 전액을 감한다.

2. 교육공무원의 강등은 「교육공무원법」 제2조제10항에 따라 동종의 직무 내에서 하위의 직위에 임명하고, 공무원신분은 보유하나 3개월간 직무에 종사하지 못하며 그 기간 중 보수는 전액을 감한다. 다만, 「고등교육법」 제14조에 해당하는 교원 및 조교에 대하여는 강등을 적용하지 아니한다.

③ 정직은 1개월 이상 3개월 이하의 기간으로 하고, 정직 처분을 받은 자는 그 기간 중 공무원의 신분은 보유하나 직무에 종사하지 못하며 보수는 전액을 감한다.

05

징계부가금 제도

 ## 가. 징계부가금의 의의 및 성격

(1) 징계부가금의 의의

- 금품비리 특히 형사처벌이 되지 않는 소액 금품비리의 경우에는 징계만으로는 적절한 제재가 될 수 없어 징계의 실효성을 확보하기 위하여 도입한 제도임.

(2) 징계부가금의 성격

- 공무원의 의무 위반에 대하여 공무원관계의 목적을 달성하기 위하여 국가가 사용자로서의 지위에서 징계와 함께 부과하는 금전적 제재로서 징계와 유사한 행정처분으로써 징계벌에 해당함.

판례 징계부가금의 성격

 징계부가금은 공무원의 업무질서를 유지하기 위하여 공금의 횡령이라는 공무원의 의무위반 행위에 대하여 지방자치단체가 사용자의 지위에서 행정절차를 통해 부과하는 행정적 재재임. 비록 징계부가금이 제재적 성격을 지니고 있더라도 이를 두고 헌법 제13조제1항에서 금지하는 국가형벌권 행사로서의 '처벌'에 해당한다고 볼 수 없으므로 심판대상조항은 이중처벌금지원칙에 위배되지 않음.[헌법재판소 2015.2.26. 2012헌바435 결정]

(3) 징계부가금의 대상

● 직무관련성 유무와 상관없이 법 제78조의2제1항에 해당하는 비위는 징계부가금 대상이 됨.

● 금전, 물품, 부동산, 향응 또는 영 제17조의2제1항 각호에서 정하는 재산상의 이익을 취득하거나 제공한 경우(법 제78조의2제1항제1호)

❖ **영 제17조의2제1항 각호에서 정하는 재산상의 이익**
  1. 유가증권, 숙박권, 회원권, 입장권, 할인권, 초대권, 관람권, 부동산 등의 사용권 등 일체의 재산상 이익
  2. 골프 등의 접대 또는 교통·숙박 등의 편의 제공
  3. 채무면제, 취업제공, 이권(利權)부여 등 유형·무형의 경제적 이익

● 다음 각 목에 해당하는 것을 횡령(橫領), 배임(背任), 절도, 사기 또는 유용(流用)한 경우(법 제78조의2제1항제2호)

가. 「국가재정법」에 따른 예산 및 기금
나. 「지방재정법」에 따른 예산 및 「지방자치단체 기금관리기본법」에 따른 기금
다. 「국고금 관리법」 제2조제1호에 따른 국고금
라. 「보조금 관리에 관한 법률」 제2조제1호에 따른 보조금
마. 「국유재산법」 제2조제1호에 따른 국유재산 및 「물품관리법」 제2조제1항에 따른 물품
바. 「공유재산 및 물품 관리법」 제2조제1호 및 제2호에 따른 공유재산 및 물품

● 금전, 물품, 부동산, 향응 또는 영 제17조의2제1항 각호에서 정하는 재산상의 이익을 취득하려고 하였으나 미수에 그친 경우에는 징계의 대상이 되더라도 징계부가금 대상이 되지는 않음.

● 금전, 물품, 부동산, 향응 또는 영 제17조의2제1항 각호에서 정하는 재산상의 이익을 제공하거나 반환한 경우에는 징계부가금 부과 대상이 되나, 징계부가금 부과·감면 의결시 반드시 고려.

● 국가공무원법 등에 따라 징계부가금 부과 의결이 있은 후에는 청탁금지법상의 과태료를 부과하지 아니하며, 과태료가 부과된 후에는 징계부가금 부과를 의결하지 않음.(청탁금지법 제23조제6항)

나. 징계부가금 부과절차

(1) 징계부가금 부과의결 요구

- 징계의결등 요구권자는 소속 공무원의 금전, 물품, 부동산, 향응 또는 영 제17조 의2제1항 각호에서 정하는 재산상의 이익을 취득하거나 제공한 경우, 법 제78조의 2제1항제2호 각 목에 해당하는 것을 횡령, 배임, 절도, 사기 또는 유용한 비위로 징계의결 요구시 관할 징계위원회에 금전 또는 재산상 이득(금전이 아닌 재산상 이 득의 경우에는 금전으로 환산한 금액)의 5배 내에서 징계부가금 부과의결을 동시 에 요구.(정수인 배수를 정하여 요구)해야 함.(법 제78조의2제1항)

징계부가금 처리기준(공무원 비위사건처리규정 별표 6)

비위의 정도 및 과실 여부 / 비위의 유형	비위의 정도가 심하고 고의가 있는 경우	비위의 정도가 심하고 중과실이거나, 비위의 정도가 약하고 고의가 있는 경우	비위의 정도가 심하고 경과실이거나, 비위의 정도가 약하고 중과실인 경우	비위의 정도가 약하고 경과실인 경우
1.「국가공무원법」 제78조의2제1항 제1호의 행위	금품비위 금액 등의 4 ~ 5배	금품비위 금액 등의 3 ~ 4배	금품비위 금액 등의 2 ~ 3배	금품비위 금액 등의 1 ~ 2배
2.「국가공무원법」 제78조의2제1항 제2호의 행위	금품비위 금액 등의 3 ~ 5배	금품비위 금액 등의 2 ~ 3배	금품비위 금액 등의 2배	금품비위 금액 등의 1배

※ 비고

1. "금품비위금액 등"이란 「국가공무원법」 제78조의2제1항 각 호의 어느 하나에 해당하는 행위로 취득하거나 제공한 금전 또는 재산상 이득(금전이 아닌 재산상 이득의 경우에는 금전으로 환산한 금액을 말한다)을 말한다.
2. 징계부가금 배수는 정수(整數)를 기준으로 한다.
3. 「국가공무원법」 제78조의2제1항제1호의 행위가 「부정청탁 및 금품등 수수의 금지에 관한 법률」 제8조제2항을 위 반한 경우로서 그 비위의 정도가 약하고 경과실인 경우에는 금품비위금액등의 2배의 징계부가금 부과를 요구한다.

- 징계부가금 배수는 정수를 원칙으로 함. 다만, 징계위원회는 징계부가금 감면 의 결의 경우에는 정수로 하지 아니할 수 있음.(공무원징계령시행규칙 별표 1의6)

- 징계의결등 요구권자가 징계부가금 부과 의결 요구를 누락하여 관할 징계위원회에 서 징계의결 전까지 징계의결등 요구권자에게 보정 요구한 경우에는 징계의결등 요

구권자는 관할 징계위원회의 보정 요구에 응하여야 함.

- 징계부가금 부과 의결시 확정 판결 전임에도 불구하고 그 가액(환수금, 가산징수금 등)을 임의로 고려하여 조정 또는 감면된 금액으로 요구하지 아니함.

(2) 징계부가금 부과의결

- 징계위원회가 법 제78조의2제1항에 따라 징계부가금 부과 의결을 요구받은 때에는 같은 항 각 호의 어느 하나에 해당하는 행위로 취득하거나 제공한 금전 또는 재산상 이득액(금전이 아닌 재산상 이득의 경우에는 금전으로 환산한 금액을 말하며, 이하 "금품 등 이득액"이라 한다)의 5배 내에서 징계부가금의 부과 의결을 할 수 있음.(영 제17조의2제2항)

- 징계부가금 부과 의결을 하기 전에 징계등 혐의자가 법 제78조의2제1항 각 호의 어느 하나에 해당하는 행위로 다른 법률에 따라 형사처벌을 받거나 변상책임 등을 이행(몰수나 추징을 당한 경우를 포함한다) 또는 다른 법령에 따른 환수나 가산징수 절차에 따라 환수금이나 가산징수금을 납부하여 같은 조 제2항에 따라 징계위원회가 징계부가금을 조정하여 의결할 때에는 벌금, 변상금, 몰수, 추징금, 환수금 또는 가산징수금에 해당하는 금액과 징계부가금의 합계액이 금품 등 이득액의 5배를 초과하지 않는 범위 내에서 부과 의결하여야 함.(법 제78조의2제2항, 영 제17조의2제3항)

- 벌금 외의 형을 선고 받은 경우 형의 종류, 형량 및 실형, 집행유예 또는 선고유예 여부 등을 종합적으로 고려하여 징계부가금을 조정 의결하여야 함.(법 제78조의2제2항, 영 제17조의2제6항)

- 처분권자(대통령이 처분권자인 경우에는 처분제청권자)는 제4항 단서에 따라 관할 세무서장에게 징계부가금 징수를 의뢰한 후 체납일부터 5년이 지난 후에도 징수가 불가능하다고 인정될 때에는 관할 징계위원회에 징계부가금 감면의결을 요청할 수 있음.(법 제78조의2제5항)

- '10.3.22.이후 발생한 금품 및 향응 수수, 공금 횡령·유용의 경우에만 징계부가금 부과 가능.

징계부가금은 비리 공무원을 제재하고 부당이득을 환수하기 위하여 공금을 횡령한 공무원에게 횡령액의 5배 내에서 부과하는 것으로서 입법목적의 정당성과 수단의 적절성이 인정되고 공금 횡령은 공무원의 윤리를 훼손하고 공직기강에 큰 해악을 미치므로 이를 방지할 필요성이 매우 높음. 징계부가금은 형사처벌되지 않고 주로 경징계에 그치게 되어 부당이득을 환수할 수 없었던 소액 횡령에 효과적으로 대응할 수 있게 하며, 개별 횡령행위의 위법 정도에 비례하는 상당한 금액의 범위에서 부과되고, 공무원이 형사처벌되거나 변상책임 등을 이행한 경우 벌금, 변상금에 해당하는 금액과 징계부가금의 합계액이 횡령액의 5배를 초과하지 않는 범위 내에서 조정·감면되므로 침해의 최소성이 인정됨. 지방공무원법 제69조의2 징계부가금조항으로 인해 공무원이 입게 되는 불이익은 공금횡령 제재 및 부당이득 환수라는 공익에 비하여 크다고 할 수 없으므로 법익의 균형성도 인정됨. 따라서 과잉금지원칙에 위배되지 않음.[헌법재판소 2015.2.26. 2012헌바435 결정]

(3) 징계부가금 부과처분

● 징계위원회는 징계의결등(징계부가금 감면 의결 포함)을 하였을 때에는 지체 없이 징계등 의결서의 정본(正本)을 첨부하여 징계의결등의 요구자에게 통보하여야 함.(영 제18조)

● 징계처분권자는 징계등 의결서 또는 징계부가금 감면 의결서를 받은 날부터 15일 이내에 징계처분 등을 하여야하고, 징계처분 등을 할 때에는 징계처분등의 사유설명서에 징계등 의결서 또는 징계부가금 감면의결서 사본을 첨부하여 징계처분 등의 대상자에게 교부하여야 함.(영 제19조)

● 징계처분 등의 처분권자가 징계처분 등의 대상자에게 징계처분등의 사유설명서를 교부할 때에는 징계부가금 금액을 분명하게 적은 납부고지서 또는 감면된 징계부가금 금액을 분명하게 적은 감면 납부고지서를 함께 교부하여야 함.(영 제19조의2제1항)

(4) 징계부가금 납부

● 징계부가금 부과 의결을 받은 자는 60일 이내에 징계부가금 처분권자가 지정하는 금융기관 등을 통해 납부하여야 하고, 납부기간 내에 이를 납부하지 않으면 징계부가금 처분권자가 국세강제징수의 예에 따라 직접 징수할 수 있고, 체납액 징수가 사실상 곤란하다고 판단되는 경우에는 징수 대상자의 주소지를 관할하는 세무서장에게 징수를 위탁함.(법 제78조의2제4항, 영 제19조의2제2항제3항)

● 처분권자는 장기 체납이 발생하지 않도록 체납관리를 철저히 하여야 함.

📝 다. 징계부가금 감면절차

(1) 징계부가금 감면의결 요구

- 징계의결등 요구권자는 징계부가금 부과의결을 받은 자가 징계부가금 부과의결 후 법원판결이 확정되거나 변상책임 등을 이행한 경우 또는 환수금이나 가산징수금을 납부한 경우 징계부가금 부과의결 받은 자의 신청을 받거나(임의적 절차) 징계부가금 부과 의결을 받은 자에 대한 법원의 판결이 확정되거나 변상책임 등이 이행 된 것 또는 환수금이나 가산징수금이 납부된 것을 안 경우에는 징계위원회에 징계부가금 감면의결을 요구하여야 함.(영 제17조의2제4항)

(2) 징계부가금 감면의결

- 징계위원회는 벌금액, 변상금, 몰수, 추징금, 환수금 또는 가산징수금에 해당하는 금액과 징계부가금의 합계액이 금품비위금액 등의 5배를 초과하지 않는 범위 내에서 감면 의결하여야 함.(법 제78조의2제2항, 영 제17조의2제5항)

- 벌금 외의 형을 선고 받은 경우 형의 종류, 형량 및 실형, 집행유예 또는 선고유예 여부 등을 종합적으로 고려하여 징계부가금을 감면 의결하여야 함.(법 제78조의2 제2항, 영 제17조의2제6항)

(3) 징계부가금 감면처분 및 납부

- 징계부가금 부과처분 및 납부와 동일하나, 징계부가금 처분 대상자가 징계부가금을 납부한 후에 감면 납부고지서를 받은 경우에는 징계처분권자는 그 차액을 대상자에게 환급하여야 하고, 징계부가금을 납부하기 전에 감면 납부고지서를 받은 경우에는 징계부가금 처분 대상자는 감면된 징계부가금을 납부하여야 함.(영 제19조의2)

판례	뇌물수수액의 산정 방법

피고인이 증뢰자와 함께 향응을 하고 증뢰자가 이에 소요되는 금원을 지출한 경우 이에 관한 피고인의 수뢰액을 인정함에 있어서는 먼저 피고인의 접대에 요한 비용과 증뢰자가 소비한 비용을 가려내어 전자의 수액을 가지고 피고인의 수뢰액으로 하여야 하고 만일 각자에 요한 비용액이 불명일 때에는 이를 평등하게 분할한 액을 가지고 피고인의 수뢰액으로 인정하여야 할 것이고, 피고인이 향응을 제공받은 자리에 피고인 스스로 제3자를 초대하여 함께 접대를 받은 경우에는, 그 제3자가 피고인과는 별도의 지위에서 접대를 받는 공무원이라는 등의 특별한 사정이 없는 한 그 제3자의 접대에 요한 비용도 피고인의 접대에 요한 비용에 포함시켜 피고인의 수뢰액으로 보아야 함.[대법원 2001.10.12. 선고 99도5294 판결]

06

징계사유의 시효

가. 시효제도의 의의

* 징계시효제도는 공무원에게 징계사유가 있더라도 그에 따른 징계절차를 진행하지 않거나 못한 경우 그 사실상태가 일정기간 계속되면 사용자가 징계권을 행사하지 않으리라는 당사자의 기대를 보호하는 한편, 그 상태를 존중함으로써 법적 안정성을 보장하려는데 목적이 있음.

> **판례** 징계시효제도의 취지
>
> 징계시효제도는 공무원에게 징계사유가 발생하더라도 징계권자가 그에 따른 징계절차를 진행하지 않거나 못한 상태가 일정기간 계속되면, 그것의 적법 또는 타당성을 묻지 않고 그 상태를 존중하여 징계를 하지 못하게 함으로써 징계권 행사에 제한을 가하려는 것으로서, 공무원의 신분을 보호하여 공직의 안정성을 보장하는 제도임.[헌법재판소 2012.6.27. 2011헌바226 결정]

나. 징계시효 기간

(1) 징계의결의 요구는 징계사유가 발생한 날부터 다음의 구분에 따른 기간이 지나면 하지 못함.(법 제83조의2 제1항)

- 징계 등 사유가 다음 각 목의 어느 하나에 해당하는 경우 : 10년[1]

  가. 「성매매알선 등 행위의 처벌에 관한 법률」 제4조에 따른 금지행위
  나. 「성폭력범죄의 처벌 등에 관한 특례법」 제2조에 따른 성폭력범죄
  다. 「아동·청소년의 성보호에 관한 법률」 제2조제2호에 따른 아동·청소년대상 성범죄
  라. 「양성평등기본법」 제3조제2호에 따른 성희롱

- 징계 등 사유가 제78조의2제1항 각 호의 어느 하나에 해당하는 경우 : 5년

- 그 밖의 징계 등 사유에 해당하는 경우 : 3년

> **참고** **국가공무원 징계시효 연혁(개정일 기준)**
> - '63. 6. 1. 「공무원 징계령」에 비위유형에 관계없이 1년으로 징계시효 신설
> - '63.10.23. 「공무원 징계령」의 징계시효 연장(1년→2년)
> - '73. 2. 5. 「국가공무원법」 징계시효 2년 신설
> - '91. 5.31. 금품·향응 수수 및 공금횡령·유용 시효연장(2년→3년)
> - '08.12.31. 금품·향응 수수 및 공금횡령·유용 시효연장(3년→5년)
> - '12. 3.21. 일반 비위에 대한 징계시효 연장(2년→3년)
> - '21. 6. 8. 성비위 징계시효 연장(3년→10년) ※ '21.12.9. 시행

(2) "징계사유가 발생한 날"이란 비위행위가 종료된 때를 의미함.

- 따라서 국고금을 횡령한 자가 이를 변상하지 아니하고 있더라도 이는 횡령의 결과인 위법상태가 지속되고 있는 것에 불과하므로 징계사유가 발생한 날은 횡령행위가 있은 날임.

- 그리고 징계시효기간이 경과한 다음 검찰 수사결과 범죄사실이 밝혀져 그 후 신문에 게재되었더라도 그때에 새로운 징계사유가 발생한 것이라고 볼 수 없으므로 징계책임도 물을 수 없음.

- 비위행위가 계속적으로 행하여진 일련의 행위라면 징계의결요구사유 중에 징계시효기간이 경과한 것이 일부 있다 할지라도 징계시효의 기산점은 일련의 행위 중 최종의 것을 기준하여야 함.

---

1) '21.12.9. 시행 이후 징계사유에 대해서 10년, 이전 징계사유는 3년

따라서 공무원임용과 관련하여 부정한 청탁과 함께 뇌물을 공여하고 공무원으로 임용되었다면 공무원의 신분을 취득하기까지의 일련의 행위가 국가공무원법상의 징계사유에 해당한다 할 것이므로 징계사유의 기산점도 공무원으로 임용된 때로부터 기산하여야 함.

● 또한 법 제78조제1항의 각호의 행위가 단일하고도 계속된 범의 아래 일정기간 반복하여 행한 것이라면, 비록 그 행위 중 일부가 징계시효기간이 도과했더라도 그 시효 도과된 부분도 모두 포괄하여 징계하여야 할 것임.

(3) 공무원의 직무태만행위에 대한 징계책임은 의무위반행위, 즉 직무태만행위가 최종적으로 발생한 때로부터 발생한다고 할 것임. 즉 업무를 정당하게 처리하여야 할 기한을 넘긴 때로부터 징계사유가 발생한 것으로 시효를 기산하여야 할 것임.

(4) 징계양정의 과다를 이유로 법원의 판결에 의하여 그 처분이 취소된 후 처분청이 새로이 징계종류를 경감하여 징계의결을 요구한 때에는 이는 새로운 징계의결의 요구가 아니고 이미 적법하게 요구된 징계의결의 내용을 수정한 것이므로 징계시효기간 계산은 당초 징계의결요구한 시점을 기준으로 함.

(5) 징계시효기간의 계산은 징계의결요구일로부터 역산하며, 일단 징계의결을 요구하면 시효는 정지되는 바, 이때의 징계의결요구일은 징계의결요구서가 관할 징계위원회에 도달(접수)된 때를 말함.

 판례 징계시효의 기산

징계시효는 원칙적으로 징계사유가 발생한 때부터 기산되는 것이지(대법원 2019.10.18. 선고 2019두40338 판결 참조), 징계권자가 징계사유를 알게 되었을 때부터 기산된다고 볼 수 없다(대법원 2014.10.30. 선고 2012두25552 판결 참조).[대법원 2022.3.11. 선고 2021두56190 판결]

 판례 징계사유가 발생한 날의 의미

국고금을 횡령한 자가 이를 변상하지 아니하고 있더라도 이는 횡령의 결과인 위법상태가 지속되고 있는 것에 불과하므로 '징계사유가 발생한 날'은 횡령행위가 있은 날이라고 할 것이고, 횡령한 금원을 변상한 날이라고 볼 수 없음.[대법원 1990.4.10. 선고 90누264 판결]

판례 신문에 게재된 범죄사실이 이미 징계시효가 완성된 경우

지방공기업이 비교적 장기간에 걸쳐 징계권 행사를 게을리 하여 징계시효가 완성된 후에 근로자로서도 이제는 지방공기업이 징계권을 행사하지 않으리라는 기대를 갖게 된 상태에서 지방공기업이 새삼스럽게 징계권을 행사하는 것은 신의칙에도 반하는 것임. 징계사유의 기산점은 원칙적으로 징계사유가 발생한 때이고, 청렴의 의무 위반에 대한 징계시효기간이 경과한 이후에 언론에 보도 되었다고 동일한 사건에 대해 품위유지의무 위반이라고 징계권을 행사하는 것은 신의칙에 반하는 것임.[대법원 2008.7.10. 선고 2008두2484 판결]

판례 일련의 행위시 징계사유기산일

1. 비위행위가 모두 소송사건에 관련하여 계속적으로 행하여진 일련의 행위라면 설사 그 중에 본건 징계의결 시 징계시효가 경과 한 것이 있다 할지라도 징계시효의 기산점은 일련의 행위 중 최종의 것을 기준하여야 함.[대법원 1986.1.21. 선고 85누841 판결]

2. 단일하고도 계속된 범의 아래 동종의 범행을 일정기간 반복하여 행하고 그 피해법익도 동일한 경우에는 각 범행을 통틀어 포괄일죄로 볼 것이고, 수뢰죄에 있어서 단일하고도 계속된 범의 아래 동종의 범행을 일정기간 반복하여 행하고 그 피해법익도 동일한 것이라면 돈을 받은 일자가 상당한 기간에 걸쳐 있고, 돈을 받은 일자 사이에 상당한 기간이 끼어 있다 하더라도 각 범행을 통틀어 포괄일죄로 볼 것임.[대법원 2000.1.21. 선고 99도4940 판결]

3. 공무원인 이 사건 피고인들이 1987.7.15.부터 1988.12.28.까지 사이에 전후 17회에 걸쳐 정기적으로 동일한 납품업자로부터 신속한 검수, 검수과정에서의 함량미달 등 하자를 눈감아 달라는 청탁명목으로 계속하여 금원을 교부받아 그 직무에 관하여 뇌물을 수수한 것이라면, 공무원이 직무에 관하여 뇌물을 수수한다는 단일한 범의 아래 계속하여 일정기간 동종행위를 반복한 것이 분명하므로, 뇌물수수의 포괄일죄로 보아 특정범죄가중처벌등에관한법률에 의율하여야 함.[대법원 1990. 9. 25. 선고 90도1588 판결]

판례 임용과 관련된 비위행위에 대한 징계시효기간

국가공무원 임용과 관련하여 부정한 청탁과 함께 뇌물을 공여하고 공무원으로 임용되었다면 그 신분을 취득하기까지의 일련의 행위가 국가공무원법상의 징계사유에 해당되므로 징계시효의 기산점은 뇌물을 공여한 때가 아니라 공무원으로 임용된 때로부터 기산하여야 할 것임.[대법원 1990.5.22. 선고 89누7368 판결]

판례 재징계의결 요구시 징계시효기간의 계산

적법한 시효기간내에 파면처분을 하였으나 행정소송에서 징계양정의 과다를 이유로 그 처분이 취소되자 다시 그 징계종류를 경감하여 징계의결의 요구를 하였다면 이는 징계의결의 새로운 요구가 아니라 이미 적법하게 징계의결이 요구된 징계처분의 내용을 일부 수정하는 것에 불과한 것임.[대법원 1980.8.19. 선고 80누189 판결]

판례 금품수수의 직무관련성 여부와 징계시효

'금품수수'를 한 경우 직무관련성 유무 등과 상관없이 일률적으로 징계시효를 일반적인 징계사유로 인한 경우보다 길게 정한 것은 징계가 가능한 기간을 늘려 징계의 실효성을 제고하고 이를 통해 금품수수 관련 비위의 발생을 억제함으로써 공무원의 청렴성 강화와 공직기강 확립에 기여하려는 합리적인 이유가 있다고 할 것임.[헌법재판소 2012.6.27. 2011헌바226 결정]

판례 징계시효가 만료된 비위행위

1. 징계시효가 경과한 후에 징계의결의 요구가 있고 이에 의한 징계처분은 그 하자가 중대하고 명백하여 당연무효임.[서울고등법원 1977.7.13. 선고 76구588판결]

2. 징계시효가 지난 비위행위라 하더라도 그러한 비위행위가 있었던 점을 징계양정의 판단자료로 삼는 것까지 금하는 것은 아니므로, 그러한 근무내력도 해고처분의 정당성을 판단하는 자료로 삼을 수 있음.[대법원 1995.9.5. 선고 94다52294 판결]

사례 승진과 관련된 비위행위에 대한 징계시효기간

공무원이 인사청탁의 취지로 금품을 제공하고 일정 기간이 지난 후 인사청탁의 결과로 승진을 한 경우 국가공무원법 제83조의2 제1항의 "징계사유가 발생한 날"은 승진을 한 날이 아니라 인사청탁의 취지로 금품을 제공한 날을 의미함.[법제처 08-0428, 2009.1.28]

판례 일련의 비위행위에 있어서 시효

원고의 비위는 모두 소송사건에 관련하여 계속적으로 행하여진 일련의 행위이어서 설사 그중에 이 사건 징계의결시에 2년(현재는 3년)이 경과한 것이 있다 할지라도 그 징계시효의 기산점은 위 일련의 행위중 적어도 최종으로 위 문서따위를 만들어준 1983.2.23이나 그후 물의를 빚은 사실등을 기준하여야 한다 할 것이다. 같은 취지에서 원심이 위 비위사실에 대한 이른바 징계시효는 완성되지 아니하였다고 한 조처는 정당함.[대법원 1986. 1. 21. 선고 85누841 판결]

| 사례 | 미변제한 채무에 대한 징계시효 |

소청인의 채무관련 징계사유는 2000. 6월경 ○○은행 용두동지점에서 6,700만원을 대출받은 후 이자를 갚지 않아 총 71,013,212원에 대해 2004. 6. 17. 서울중앙지방법원으로부터 채권가압류 결정으로 봉급을 가압류 당하였다는 것과 2001. 5월경부터 2003. 10월경까지 은행 등에 채무를 지고, 이를 갚지 않아 징계 당시까지 총 97,013,212원의 채무과다로 물의를 야기한 비위에 대한 것으로, 소청인이 징계시효 도과를 주장하는 2000. 6월경의 6,700만원, 2001. 5월경의 1,000만원, 2002. 3월경의 1,000만원의 채무는 현재에도 미변제 상태로 지속되고 있으므로 징계사유에 해당.(소청 2004-578)

| 사례 | 금품수수한 직원의 감독책임에 대한 시효 |

소속 직원의 금품수수 및 범인도피 범죄행위에 대하여 소청인이 1차 감독상의 책임을 져야 하는 직무태만의 징계시효는 2년('19년 현재 3년)을 적용해야 함.(소청 2013-13)

| 사례 | 서류은닉으로 연결된 비위에 대한 징계시효 기산점 |

징계사유가 되는 소청인의 비위행위는 배당된 사건을 범죄정보관리시스템상 기록을 조작하고 권한 없이 허위로 사건을 종결처리 한 후 관련 서류를 집에 가져가 은닉한 일련의 행위라고 볼 수 있고, 서류은닉 행위가 2012. 3. 15. ○○청 감사에서 적발될 때까지 계속 이어졌으며, 서류은닉으로 연결된 비위에 대한 징계시효 기산점은 은닉서류가 적발된 2012. 3. 15.로 보는것이 타당함.(소청 2012-385)

✐ 다. 징계시효에 관한 특례

(1) 감사원 조사 또는 수사기관의 수사 중인 사건

- 감사원에서 조사 중임을 사유로 또는 검찰, 경찰 등 수사기관에서 수사 중임을 사유로 징계절차를 진행하지 못하여 3년(법 제78조의2제1항 각 호의 어느 하나에 해당하는 경우에는 5년, 법 제83조의2제1항제1호에 따른 성비위인 경우에는 10년)이 경과하거나, 그 잔여기간이 1월 미만인 경우에는 징계시효 기간은 그 조사나 수사의 종료통보를 받은 날로부터 1월이 경과한 날에 만료되는 것으로 봄.(법 제83조의2제2항)

● "조사종료의 통보를 받은 날"이라 함은 법 제83조제3항 및 감사원 감사사무 처리 규칙 제28조, 감사원법 제32조제1항에 의한 징계요구를 한 때에는 조사종료의 통보를 한 것으로 보고, 소속 장관 등이 감사원법 제36조제2항의 규정에 의한 재심의를 청구한 경우에는 당해 재심의 사건에 대한 감사원의 처리결과 통보를 받은 날을 조사종료통보를 받은 날로 봄.

❖ 다만, 감사원에서 조사 중인 사건이더라도 조사개시통보가 없는 경우에는 징계의결의 요구 기타 징계절차를 진행하지 못할 사유가 없으므로 법 제83조의2제2항의 적용을 받지 아니함

● 징계의결요구하여야 할 사건에 대해 수사기관의 수사로 말미암아 징계절차를 중지한 경우 "수사의 종료의 통보를 받은 날"이라 함은 수사가 종료한 날 즉, 수사기관으로부터 수사의 종료통보문(공무원범죄처분결과통보)을 받은 날을 말하는 것이지 수사된 사건에 대한 판결이 확정된 날을 말하는 것은 아님.

판례 징계시효개시 관련 "수사가 종료한 날"의 의미

공무원에 대하여 징계의결을 요구하여야 할 사건이 수사로 말미암아 징계절차를 밟지 않고 중지한 경우에 "그 사유가 종료한 날"이라 함은 수사가 종료한 날을 말하는 것이지 수사된 사건에 대한 판결이 확정된 날을 말하는 것은 아님.[대법원 1978.10.31. 선고 78누250 판결]

질의 회신 공소시효 도과로 인한 「공소권 없음」 통보에 대한 징계 절차

🔲 검찰청으로부터 공무원 피의사건 처분결과통보서가 접수되었는데 공소시효 도과사유로 '공소권 없음'으로 통보를 받았음. 이 경우 공소시효 경과로 법률상으로 처벌을 할 수 없음이 통보되었음에도 징계의결을 요구하는 것이 적법한 것인지?

🔲 「공무원 비위사건 처리규정」 제4조제2호에서는 「공소권 없음」으로 통보받은 결정의 경우 비위의 정도 및 과실의 경중, 고의성 유무 등 사안에 따라 혐의사실이 인정되는 경우에는 동 규정 별표1 부터 별표4 까지에 따라 징계의결을 요구하도록 규정하고 있음. 또한, 징계벌은 공무원의 의무위반 행위에 대하여 부과하는 처벌로서 형사벌과는 별개로 부과되는 것이 원칙임. 따라서, 공소시효 경과로 인해 「공소권 없음」으로 통보받은 해당 행위가 실제 국가공무원법상의 의무위반으로 인한 징계사유에 해당하는 경우에는 징계의결요구를 하여야 함.(복무, '18.12.27.)

(2) 중앙행정기관의 장이 조사 중인 특정 사건

● 중앙행정기관의 장이 특정사건에 대한 조사 중임을 사유로 징계절차를 진행하지 못하여 시효기간이 만료되거나 시효의 남은 기간이 1개월에 못 미치게 될 때에는 그 시효기간은 조사종료의 통보를 받은 날 또는 공공감사에 관한 법률 제23조제2 항에 따라 처분 요구 또는 조치사항을 통보받은 날(공공감사에 관한 법률 제25조 제1항에 따라 재심의를 신청하였을 때에는 그 결과를 통보받은 날을 말한다)부터 1개월이 경과한 날에 만료되는 것으로 봄.(공공감사에 관한 법률 제24조)

(3) 징계처분에 대한 무효 또는 취소의 결정이나 판결

● 징계위원회의 구성·징계의결등, 그 밖에 절차상의 흠이나 징계양정 및 징계부가금의 과다를 이유로 소청심사위원회 또는 법원에서 징계처분의 무효 또는 취소의 결정이나 판결을 한 때에는 징계사유의 시효기간이 경과하거나 잔여기간이 3월 미만인 경우에도 그 결정 또는 판결이 확정된 날로부터 3월이내에 다시 징계의결을 요구할 수 있음.(법 제83조의2제3항)

06

판례	재징계처분 기한의 법적 성질

행정소송에 의해서 징계처분이 취소된 후에 하는 새로운 징계의결 요구의 성질은 새로운 징계의결의 요구가 아닌 기 징계처분의 내용을 일부 수정하는 것에 불과한 것으로 징계사유가 발생한 날로부터 시효가 도과하더라도 재징계 의결을 요구할 수 있고, 재징계처분 기한 규정의 법적 성질은 신속한 재징계 절차의 진행을 도모하고 그에 따른 후임자의 충원 등 행정작용이 원활히 행해지도록 함으로써 행정법 관계의 장기간에 걸친 불안정 상태를 방지하려는 것을 그 주안으로 하는 훈시규정에 불과한 것임.[대법원 1999.2.5. 선고 97누19335 판결], [대법원 1980.8.19. 선고 80누189 판결]

📝 라. 징계시효 등에 대한 기간계산 방법

(1) 기간계산 방법

● 징계에 관계되는 기간의 계산방법은 관계법령에 특별한 규정이 있는 경우(예컨대 공무원임용령 제6조에 의하면 정직, 해임, 파면, 직위해제, 면직 등은 임용장 또는 임용통지서에 기재된 일자부터 계산하도록 규정되어 있음)를 제외하고는 민법 제

155조 내지 제161조의 규정에 따라 계산함.

◦ "지체 없이"라 함은 법령 등에 따른 정당한 절차를 거치는 기간을 제외하고는 지연
시킬 수 없음을 말함.

◦ 기간을 일, 주, 월 또는 연으로 정한 때에는 기간의 초일은 산입하지 아니하며 기
간말일의 종료로 기간이 만료함.

◦ 기간을 주, 월 또는 연으로 정한 때에는 력(曆)에 의하여 계산하되 주, 월 또는 연
의 처음으로부터 기간을 계산하지 아니한 때에는 최후의 주, 월 또는 년에서 그 기
산일에 해당하는 날의 전일로 기간이 만료함. 월 또는 년으로 정한 경우에 최종의
월에 해당일이 없는 때에는 그 월의 말일로 기간이 만료함.

◦ 기간의 말일이 토요일 또는 공휴일에 해당한 때에는 기간은 그 익일로 만료함.

판례 징계시효기산일

징계요구기간의 계산에 관하여는 특별한 규정이 없으므로 보충적으로 그 계산방법을 규정하고
있는 민법 제155조, 제157조의 규정에 따라 징계사유가 발생한 초일은 기간계산에 산입하지
아니한다고 해설할 것임.[대법원 1972.12.12. 선고 71누149 판결]

(2) 징계에 관계되는 기간

사유	기간
① 징계시효완성 (법 제83조의2제1항)	징계사유발생일로부터 3년(법 제78조의2제1항 각 호의 어느 하나에 해당하는 경우에는 5년, 법 제83 조의2제1항제1호에 따른 성비위인 경우에는 10년)을 경과한 때
② 공무원 임용제한(법 제33조) 　• 해임 　• 파면	• 처분을 받은 때로부터 3년간 • 처분을 받은 때로부터 5년간
② 징계 처분기간(법 제80조) 　• 견책, 해임, 파면 　• 강등 　• 정직 및 감봉	• 처분일 • 처분일로부터 3개월 • 처분일로부터 1월 내지 3월

사유	기간
③ 감사원과 수사기관이 공무원에 대한 조사·수사를 개시 또는 종료한 때(법 제83조제3항)	10일 이내에 소속 기관의 장에게 통보
④ 징계위원회의 구성·징계의결·기타 절차상의 하자나 징계양정의 과다를 이유로 소청심사위원회 또는 법원에서 무효 또는 취소의 결정이나 판결한 때(법 제78조의3제2항, 법 제83조의2제3항)	• 결정 또는 판결이 확정된 날로부터 3월 이내에 재징계의결 요구 • 시효기간이 지나거나 그 남은 기간이 3개월 미만인 경우에도 3개월 이내에 다시 징계의결등 요구 가능
⑤ 감사원, 수사기관의 조사개시 또는 수사개시의 통보로 징계절차를 진행하지 못하여 시효기간이 경과하거나 잔여기간이 1월미만인 경우(법 제83조의2제2항)	조사 또는 수사의 종료통보를 받은 날로부터 1월이 경과한 날에 징계사유의 시효가 완성되는 것으로 봄
⑥ 징계요구권이 없는 행정기관의 장으로부터 징계사유를 통보받은 경우(영 제7조제3항)	타당한 이유가 없는 한 통보받은 날로부터 1월이내에 징계의결 요구
⑦ 징계위원회의 징계의결기한 (영 제9조제1항)	징계의결등 요구서를 접수한 날로부터 보통징계위원회는 30일 이내, 중앙징계위원회는 60일 이내 ※ 위원회의 의결로 그 기간을 30일(중앙징계위원회는 60일)에 한하여 연기가능
⑧ 징계 등 혐의자의 해외체재, 형사사건으로 인한 구속, 여행, 기타사유로 서면심사가 가능한 기간(영 제10조제5항)	징계의결 등 요구서 접수일로부터 50일 이내에 출석할 수 없다고 인정될 때 서면진술 등에 의거 징계의결
⑨ 출석통지기한(영 제10조제1항)	출석통지서를 징계위원회 개최 3일전에 혐의자에게 도달되도록 하여야 함.
⑩ 징계등 혐의자의 소재가 분명하지 아니한 때 (영 제10조제6항)	출석통지서를 관보에 게재하고 게재한 날로부터 10일이 경과함으로써 출석통지서는 송달된 것으로 봄
⑪ 징계의결 결과통보(영 제18조)	의결을 한 때에는 지체 없이 징계의결서 정본을 첨부하여 징계의결요구자에게 통보
⑫ 징계의 처분(영 제19조제1항)	징계의결서를 받은 날로부터 15일 이내에 처분
⑬ 징계의결요구기관의 심사 또는 재심사 청구 (법 제82조제2항, 영 제24조)	징계의결등을 통보받은 날로부터 15일 이내에 법 제82조제2항 각 호의 관할 징계위원회에 심사 또는 재심사 청구

07

징계위원회의 설치 및 구성

📝 가. 징계위원회의 성격

- 공무원의 징계는 반드시 징계위원회의 의결을 거쳐 위원회가 설치된 소속 기관의 장 (직근 상급기관이 없는 징계위원회의 의결에 대하여는 중앙행정기관의 장)이 행함.

  ※ 징계위원회를 두는 이유는 인사권자의 자의적 징계운영을 견제하여 혐의자의 권익을 보호하고 공정한 징계운영을 도모하는데 있음.

- 징계위원회의 성격은 의결기관이라고 하여야 할 것이고, 징계권자는 징계위원회의 의결에 기속되어 징계의결 된 양정을 변경(중한 벌을 과하는 것은 물론 감경조치를 취하는 변경 포함)할 수 없음.

- 즉, 징계위원회의 의결은 일종의 준사법적 행정행위로서 특별한 규정이 있는 경우를 제외하고는 원칙적으로 재의·재심할 수 없으며, 성질상 확정력(불가변력)을 발생시킨다고 보아야 하므로 징계위원회 스스로도 이를 변경할 수 없는 것임.

나. 징계위원회의 종류 및 관할

(1) 종류

● 중앙징계위원회 및 보통징계위원회로 구분함.(영 제2조제1항)

사례	징계관할 위반

국가공무원을 지방공무원의 징계의결기관인 인사위원회에서 의결한 것은 위법임.(총무처 소청결정 86-52)

(2) 관할

(가) 징계위원회의 관할(영 제2조제2항 내지 제5항)

징계위원회	징계관할
중앙징계위원회	• 고위공무원단에 속하는 공무원, 5급 이상 공무원, 전문경력관 가군, 연구관 및 지도관, 우정2급 이상 공무원, 나급 이상 전문임기제공무원(시간선택제전문임기제공무원을 포함), 5급 이상 일반직 공무원의 보수에 상응하는 별정직 공무원, 수석전문관 및 전문관의 징계 또는 징계부가금(이하 "징계등"이라 함) 사건 • 다른 법령에 따라 중앙징계위원회에서 징계의결 또는 징계부가금 부과 의결을 하는 특정직공무원의 징계등 사건 − 공사급 이상의 직위의 외무공무원 − 경무관 이상의 경찰공무원 − 소방준감 이상의 소방공무원 • 대통령 또는 국무총리의 명령에 의한 감사 결과 국무총리가 징계의결등을 요구한 6급 이하 공무원, 전문경력관 나군 및 다군, 연구사 및 지도사 등의 징계등 사건 등 • 중앙행정기관 소속의 6급이하 공무원 등의 중징계 또는 중징계 관련 징계부가금 요구 사건
보통징계위원회	6급 이하 공무원 등의 징계등 사건 ※ 6급 이하 공무원 등에 대한 중징계요구사건은 중앙행정기관에 설치된 징계위원회(중앙징계위원회 관할사건 제외)

※ 별정직공무원(법 제83조의3, 영 제2조, 별정직공무원 인사규정 제9조의2)

● 별정직 국가공무원에 대한 징계 및 징계부가금 부과 처분에 필요한 사항은 공무원 징계령 및 별정직 공무원 인사규정에서 정하는 바에 따름.

(3) 기타 징계위원회의 종류 및 관할

징계위원회의 종류		관할(징계대상)
법관징계위원회		• 법관 ※ 법관징계법 제4조
검사징계위원회		• 검사 ※ 검사징계법 제4조
헌법 재판소 직원	헌법연구관 징계위원회	• 헌법연구관 ※ 헌법재판소 공무원 규칙 제104조
	고등징계위원회	• 5급 이상 공무원, 연구관, 전문경력관 가군, 나급 이상인 전문임기제 공무원 및 시간제전문임기제 공무원
	보통징계위원회	• 6급 이하 공무원 등
대통령 경호처 직원	고등징계위원회	• 1급 내지 5급 직원 • 6급 이하 직원에 대한 중징계사건 ※ 대통령 등의 경호에 관한 법률 제12조 및 시행령 제30조
	보통징계위원회	• 6급 이하 직원에 대한 경징계사건
감사원 직원	고등징계위원회	• 고위감사공무원단에 속하는 공무원 • 5급 이상 일반직공무원 등 (5급 이상 일반직공무원, 전문경력관 가군, 연구관, 나급 이상 전문임기제공무원, 5급 상당 이상 별정직 공무원) ※ 감사원 징계규칙 제3조
	보통징계위원회	• 6급 이하 공무원 등
경찰 공무원 (경찰청, 해양경찰청)	중앙징계위원회	• 총경 · 경정 > 경무관 이상은 국무총리 소속으로 설치된 징계위원회 ※ 경찰공무원 징계령 제4조
	보통징계위원회	• 해당 징계위원회가 설치된 경찰기관 소속 경감이하의 경찰공무원 • 경정이상 경찰공무원을 장으로 하는 경찰서, 경찰기동대 · 해양경찰서 등 총경 이상의 경찰공무원을 장으로 하는 경찰기관 및 정비창 : 소속 경위 이하의 경찰공무원 • 의무경찰대 및 경비함정 등 경찰청장 또는 해양경찰청장이 지정하는 경감 이상의 경찰공무원을 장으로 하는 경찰기관 : 소속 경사 이하의 경찰공무원

징계위원회의 종류		관할(징계대상)
소방 공무원 징계 위원회	소방청	• 소방청 소속 소방정 이하의 소방공무원 • 소방청 소속기관의 소방정 또는 소방령인 소방공무원(국립소방연구원의 경우 소방정인 소방공무원) • 소방정인 지방소방학교장 > 소방준감 이상은 국무총리 소속으로 설치된 징계위원회 ※ 소방공무원법 제28조, 소방공무원 징계령 제2조
	시·도	• 시·도지사가 임용권을 행사하는 소방공무원
	중앙소방학교 및 중앙119구조본부	• 소속 소방경 이하의 소방공무원
	국립소방연구원	• 소속 소방령 이하의 소방공무원
	지방소방학교· 서울종합방재 센터, 소방서, 119특수대응단 및 소방체험관	• 소속 소방위 이하의 소방공무원
외무 공무원	외무공무원징계 위원회	• 대통령령으로 정하는 공사급 이상의 직위에 재직 중이거나 재직한 외무공무원을 제외한 외무공무원 ※ 외무공무원법 제28조
교육 공무원	대학의 장 징계위원회	• 대학의 장 및 부총장 ※ 교육공무원 징계령 제2조
	특별징계위원회	• 대학의 단과대학장, 국립의 전문대학의 장 및 전문대학에 준하는 각종학교의 장 • 「교육공무원법」 제51조제1항에 따라 징계의결을 요구한 기관의 장이 「국가공무원법」 제82조제2항 또는 지방공무원법 제72조제2항에 따라 청구한 심사 및 재심사 사건의 해당 교육공무원 • 교육부와 그 소속기관에 근무하는 교수·부교수·조교수·장학관·교육연구관 • 일반징계위원회를 설치하지 아니한 학교 또는 교육행정기관에서 근무하는 교육공무원
	일반징계위원회	• 위 징계위원회 관할이 아닌 자 • 시·군·구 교육행정기관 일반징계위원회는 소속교사에 대한 경징계 또는 경징계 관련 징계부가금 부과 사건에 한함.

07

징계위원회의 종류		관할(징계대상)

국가
정보원
직원
	고등징계위원회	• 1급부터 5급까지의 직원 및 전문관
		• 「국가공무원법」 제82조제2항에 따라 청구된 심사 또는 재심사
		• 「공무원 징계령」 제2조제2항제1호의2마목에 따른 나급 이상 전문임기제
		  공무원에 상당하는 임기제직원
		  ※ 국가정보원직원법 시행령 제30조

	보통징계위원회	• 6급 이하의 직원 및 임기제직원

국회
공무원
	중앙징계위원회	• 5급 이상 공무원, 연구관, 전문경력관 가군, 5급 이상 공무원에 상당하
		  는 전문임기제공무원(시간제전문임기제공무원 포함) 및 5급 이상 공무
		  원의 보수에 상응하는 별정직공무원
		  ※ 국회인사규칙 제54조

	보통징계위원회	• 6급 이하 공무원, 연구사, 전문경력관 나군 이하, 6급 이하 공무원에 상
		  당하는 전문임기제공무원(시간제전문임기제공무원 포함), 한시임기제공
		  무원 및 6급 이하 공무원의 보수에 상응하는 별정직공무원

법원 공무원	고등징계위원회	• 일반직 5급이상, 연구관 ※ 법원공무원규칙 제92조
	보통징계위원회	• 일반직 6급 이하, 연구사

선거
관리
위원회
공무원
	고등징계위원회	• 5급 이상 공무원(연구관, 전문경력관 가군, 전문임기제 및 시간제전문
		  임기제 나급 이상 공무원, 5급 이상 공무원의 보수에 상응하는 별정직
		  공무원)
		  ※ 선거관리위원회 공무원규칙 제144조

	보통징계위원회	• 6급 이하 공무원(연구사, 전문경력관 나군 이하 공무원, 전문임기제 및
		  시간제전문임기제 다급 이하 공무원, 한시임기제공무원, 6급 이하 공무
		  원의 보수에 상응하는 별정직공무원)

(4) 징계위원회 관할의 특례

- ‘6급이하공무원 등’에 대한 중징계등 요구사건은 영 제2조제2항제3호·제4호에 따라 중앙징계위원회의 관할로 된 경우 외에는 중앙행정기관에 설치된 징계위원회에서 심의·의결함.(영 제2조제4항)

- 2명 이상이 관련된 징계등 사건으로서 관련자의 관할 징계위원회가 다를 때에는 관련자의 관할 징계위원회 중 최고 상급기관에 설치된 징계위원회(관련자가 중앙징계위원회의 관할로 된 경우에는 중앙징계위원회)에서 심의·의결함.(영 제2조제5항)

❖ 다수인 관련사건으로 병합 심리·의결하여 징계처분한 후 법원의 취소확정판결에 따라 당초의 관련사건이 분리되어 하위직위자(또는 상위직위자)에 대해서만 재징계를 하게 된 경우 해당 임용권자가 새로이 양정을 지정하여 징계의결요구를 하여야 하므로 일반원칙에 따라 본래의 관할 징계위원회에서 심리·의결하여야 함.

❖ 또한 국가공무원과 지방공무원이 관련된 사건이거나 동일 사건에 관련된 다수인이 소속 중앙행정기관을 달리하는 경우에는 다수인 관련사건으로 볼 수 없으므로 징계의결요구권자별로 관할 징계위원회에 징계의결 요구하여야 함.

 다수인 관련사건의 징계관할 예시(1)

- **단독사건의 경우**
  - 7급 ⇒ 중앙행정기관 보통징계위원회 관할
  - 6급 ⇒ 1차 소속기관 보통징계위원회 관할

- **다수인 관련사건의 경우**
  가장 상급기관에 설치된 징계위원회인 중앙행정기관에 설치된 보통징계위원회에서 관할

- 소속을 달리하는 동일직급의 공무원이 관련된 징계사건으로 관할 징계위원회가 대등할 때에는 그 바로 위 상급기관(바로 위 상급기관이 서로 다른 경우에는 2단계 위의 상급기관)에 설치된 보통징계위원회에서 심의·의결함.(영 제2조제5항)

예시 **다수인 관련사건의 징계관할 예시(2)**

서울지방국세청 소속의 6급공무원(갑)과 중부지방국세청 소속의 6급 공무원(을)이 경징계 요구된 경우

- **단독사건의 경우**
  - 6급(갑) ⇒ 서울지방국세청 보통징계위원회 관할
  - 6급(을) ⇒ 중부지방국세청 보통징계위원회 관할

- **다수인 관련사건의 경우**
  징계관할이 대등하므로 직근상급기관에 설치된 징계위원회(국세청 보통징계위원회)에서 관할

- 다만, 징계위원회의 의결로서 관련자에 대한 징계를 분리하여 심의·의결하는 것이 타당하다고 인정된 때에는 관련자를 그 관할 징계위원회에 이송할 수 있음.(영 제2조제5항)

- 보통징계위원회가 설치된 행정기관의 장(중앙행정기관의 장은 제외)은 징계등 사건의 내용이 중대하거나 그 기관에 설치된 징계위원회에서는 공정한 의결을 못할 우

려가 있다고 인정할 때에는 바로 위 상급행정기관에 설치된 보통징계위원회에 징계의결등을 요구할 수 있음.(영 제7조제5항)

📝 다. 징계위원회의 설치

(1) 중앙징계위원회

● 국무총리 소속으로 설치함.(영 제3조제1항)

(2) 보통징계위원회

● 중앙행정기관에 설치함. 다만, 중앙행정기관의 장이 필요하다고 인정할 때에는 그 소속기관에도 설치할 수 있음.(영 제3조제2항)

● 보통징계위원회는 징계양정의 공정성, 형평성 차원에서 중앙행정기관에만 설치하는 것을 원칙으로 하나, 예외적인 경우* 중앙행정기관의 장이 소속기관에도 설치함.

* 소속 행정기관(지방청 등)이 전국적으로 산재해 있는 경우 등

- 중앙행정기관의 장이 필요하다고 인정하여 그 소속기관에도 보통징계위원회를 설치하는 경우, 해당 소속기관 보통징계위원회 설치 및 관할 등에 대한 규정을 사전에 마련하여야 함.(영 제3조제3항)

- 보통징계위원회는 징계대상이 될 자보다 상위직급의 공무원이 징계위원회의 위원이 될 수 있도록 관할권을 조정할 수 있음.

- 이 경우 관할에서 제외된 징계대상자는 바로 위의 감독기관의 징계위원회에서 관할함.(영 제3조제4항)

📝 라. 징계위원회의 구성

(1) 중앙징계위원회

- 위원장 1명을 포함하여 17명 이상 33명 이하의 공무원위원과 민간위원으로 구성

  》 민간위원의 수는 위원장을 제외한 위원 수의 2분의 1 이상이어야 함.

- 위원장 : 인사혁신처장

- 공무원 위원은 국무총리가 정하는 직위에 근무하는 사람으로 함.(영 제4조)

  - 고위공무원단 직위 중 「직무분석규정」 제8조제2항에 따른 직무등급 중 가등급에 해당하는 직위
  - 제1호에 상당하는 특정직 공무원으로 보하는 직위

- 민간위원은 다음 각 호의 어느 하나에 해당하는 사람 중에서 국무총리가 위촉(영 제4조)

  》 특정 성(性)이 민간위원 수의 10분의 6을 초과하지 않도록 해야 함.

  - 법관, 검사 또는 변호사로 10년 이상 근무한 사람
  - 대학에서 법학 또는 행정학을 담당하는 부교수 이상으로 재직 중인 사람
  - 공무원으로서 중앙징계위원회 위원으로 임명될 수 있는 직위에 근무하고 퇴직한 사람
  - 민간부문에서 인사·감사 업무를 담당하는 임원급 또는 이에 상응하는 직위에 근무한 경력이 있는 사람
    ☞ 외부 위원의 임기는 3년, 1회에 한하여 연임 가능

※ 간사 : 약간 명(5급 이상 공무원 중에서 인사혁신처장이 임명)(영 제6조)

- 회의는 위원장과 위원장이 회의마다 지정하는 8명의 위원으로 구성하되, 이 중 민간위원이 5명이상 포함되어야 하며, 법 제82조제2항제1호에 따라 재심사를 청구한 사건이 속한 회의는 위원장을 제외한 위원의 과반수가 당초 심의·의결에 참여하지 않은 위원으로 구성되어야 함.

  » 징계 사유가 성폭력범죄, 성희롱에 해당하는 징계 사건이 속한 회의를 구성하는 경우에는 피해자와 같은 성별의 위원이 위원장을 제외한 위원 수의 3분의 1 이상 포함되어야 함.

(2) 보통징계위원회

- 위원장 1명을 포함하여 9명 이상 15명 이하의 공무원위원과 민간위원으로 구성

  » 민간위원의 수는 위원장을 제외한 위원 수의 2분의 1 이상이어야 함.

- 위원장

  » 해당 위원회가 설치된 기관의 장의 다음 순위인 사람(직급을 기준으로 정하되, 같은 직급의 경우에는 직위를 설치하는 법령에 규정된 직위의 순위를 기준으로 정함)이 됨.(영 제5조제2항)

  » 다만, 중앙행정기관에 설치된 보통징계위원회의 위원장은 고위공무원단 또는 이에 상당하는 특정직 공무원 직위 중에서 중앙행정기관의 장이 임명할 수 있음.(영 제5조제2항)

- 공무원 위원은 징계등 대상자보다 상위계급(고위공무원단에 속하는 공무원을 포함)의 소속 공무원 중에서 해당 기관의 장이 임명하되, 특별한 사유가 없으면 최상위인 사람부터 차례로 임명하여야 함.(영 제5조제3항)

  ❖ 공무원 징계령 제5조제3항에서 규정한 보통징계위원회의 위원으로 임명하도록 되어 있는 "징계대상이 될 자보다 상위계급의 소속공무원"에는 국가공무원이나 지방공무원 여하를 구별하지는 않으나 파견중인 자는 징계위원이 될 수 없음.

  ❖ 상위직급자로 징계위원회 구성이 곤란할 경우에는 바로 상위의 행정기관에 설치된 징계위원회로 징계의결요구를 하여야 함.(영 제3조제4항)

- 민간위원은 다음 각 호의 어느 하나에 해당하는 사람 중에서 보통징계위원회가 설치된 행정기관의 장이 위촉(영 제5조제4항)

» 특정 성(性)이 민간위원 수의 10분의 6을 초과하지 않도록 해야 함.

- 법관, 검사 또는 변호사로 5년 이상 근무한 사람
- 대학에서 법학 또는 행정학을 담당하는 조교수 이상으로 재직 중인 사람
- 공무원으로서 20년 이상 근속하고 퇴직한 사람[퇴직 전 5년부터 퇴직할 때까지 소속되었던 적이 있는 중앙행정기관(그 소속기관에 소속되었던 경우를 포함한다) 또는 소속기관(소속 중앙행정기관 또는 소속 중앙행정기관의 다른 소속기관에 소속되었던 경우를 포함한다)의 경우에는 퇴직일부터 3년이 경과한 사람을 말한다]
- 민간부문에서 인사·감사 업무를 담당하는 임원급 또는 이에 상응하는 직위에 근무한 경력이 있는 사람
  ☞ 외부 위원의 임기는 3년, 1회에 한하여 연임 가능

- 회의는 위원장과 위원장이 회의마다 지정하는 6명의 위원으로 구성하되, 이중 민간위원이 4명이상 포함되어야 함.(영 제5조제5항)

※ 간사 : 약간 명(소속 일반직공무원 중에서 해당 기관의 장이 임명)

» 징계 사유가 성폭력범죄, 성희롱에 해당하는 징계 사건이 속한 회의를 구성하는 경우에는 피해자와 같은 성별의 위원이 위원장을 제외한 위원 수의 3분의 1 이상 포함되어야 함.

| 판례 | 징계대상자보다 상위직급의 공무원 |

공무원 징계령 제5조제2항(현행 제5조제3항)에서 규정한 보통징계위원회의 위원으로 임명하도록 되어 있는 "징계대상이 될 자보다 상위급류의 소속공무원"에는 국가공무원이나 지방공무원 여하를 구별할 것이 아님.[대법원 1971.2.23. 선고 70누151 판결]

| 사례 | 징계위원회 구성의 하자 |

징계위원회의 5명의 위원중 1명을 징계등 혐의자와 같은 급류인 자로 임명하여 부적법하게 구성한 바, 이는 중대하고 명백한 하자가 있는 것으로서 동 위원회에서 한 징계의결은 무효임.(총무처 소청결정 96-1054)

(3) 기타 징계위원회의 설치 및 구성

징계위원회		설치	구성
법관징계위원회		대법원	• 위원장 : 대법관중에서 대법원장이 임명 • 위원 : 6명(법관 3인, 변호사 1인, 법학교수 1인, 그 밖에 학식과 경험이 풍부한 사람 1인을 대법원장이 각각 임명) • 예비위원 : 3명(법관 중에서 대법원장이 임명)
검사징계위원회		법무부	• 위원장 : 법무부장관 • 위원 : 8명(법무부차관, 법무부장관이 지명하는 검사 2명, 대한변호사협회장 추천 변호사 1명, 사단법인 한국법학교수회 회장과 사단법인 법학전문대학원협의회 이사장이 추천하는 법학교수 각 1명, 학식과 경험이 풍부한 변호사 자격이 없는 사람 2명 위촉) • 예비위원 : 3명(검사 중에서 법무부장관이 지명)
헌법재판소 직원	헌법연구관 징계위원회	헌법재판소	• 위원장 : 헌법재판소재판관 중에서 헌법재판소장이 임명 • 위원 : 4~6명(사무차장 및 헌법연구관 중에서 헌법재판소장이 임명)
	고등징계위원회		• 위원장 : 사무처장 • 위원 : 4~6명(3급 이상 공무원 중에서 헌법재판소장이 임명)
	보통징계위원회		• 위원장 : 사무차장 • 위원 : 4~6명(4급 이상 공무원 중에서 사무처장이 임명)
대통령경호처 직원	고등징계위원회	대통령경호처	• 위원장 : 차장 • 위원 : 4~6명(3급 이상 직원과 각 호의 사람 중 성별을 고려하여 처장이 임명 또는 위촉)
	보통징계위원회		• 위원장 : 경호지원단장 • 위원 : 4~6명(4급이상 직원과 각 호의 사람 중 성별을 고려하여 처장이 임명 또는 위촉)

징계위원회		설치	구성

감사원 직원	고등징계 위원회	감사원	• 위원장 : 선임감사위원
			• 위원 : 6명(감사원장이 임명 또는 위촉)
			  * 민간위원의 수는 위원장을 포함한 위원수의 1/2이상이 되어야 함.
			
			  – 공무원 위원 : 고위감사공무원 직무등급 중 가등급에 해당하는 직위에 보직된 사람 중에서 감사원장이 임명
			  – 민간위원* : 감사원장이 각 호의 사람 중에서 민간위원을 위촉
			    *1. 법관, 검사 또는 변호사로 10년 이상 근무한 사람
			      2. 법학 또는 행정학 담당 부교수 이상으로 재직자
			      3. 고위감사공무원 직무등급 중 가등급에 해당하는 직위에 근무하고 퇴직한 사람
			      4. 민간부문에서 인사감사 업무 담당 임원급 또는 이에 상응하는 직위에 근무한 경력이 있는 사람

	보통징계 위원회		• 위원장 : 제1사무차장
			• 위원 : 6인(감사원장이 임명 또는 위촉)
			  – 공무원 위원 : 3급 이상 일반직공무원(고위감사공무원단에 속하는 일반직공무원을 포함한다) 중에서 감사원장이 임명
			  ※ 민간위원*의 수는 위원장을 포함한 위원수의 1/2이상이 되어야 함.
			    *1. 법관, 검사 또는 변호사로 5년 이상 근무한 사람
			      2. 법학 또는 행정학 담당 조교수 이상으로 재직중인 사람
			      3. 공무원으로 20년 이상 근속하고 퇴직한 사람
			      4. 민간부문에서 인사감사 업무 담당 임원급 또는 이에 상응하는 직위에 근무한 경력이 있는 사람

경찰 공무원	경찰 공무원 중앙징계 위원회	경찰청 및 해양경찰청	• 위원장 : 위원중 최상위계급 또는 먼저 승진임용된 경찰공무원
			• 위원 : 위원장 포함 11~51명
			  ※ 민간위원*의 수는 위원수의 1/2이상이 되어야 하며, 특정 성별 민간위원이 10분의 6을 초과하지 않도록 함.
			  *1. 법관, 검사 또는 변호사로 10년 이상 근무한 사람
			    2. 경찰 관련 학문을 담당하는 정교수 이상으로 재직 중인 자
			    3. 총경 또는 4급 이상의 공무원으로 근무하고 퇴직한 사람[퇴직 전 5년부터 퇴직할 때까지 근무했던 적이 있는 경찰기관(해당 경찰기관이 소속된 중앙행정기관 및 그 중앙행정기관의 다른 소속기관에서 근무했던 경우를 포함한다)의 경우에는 퇴직일부터 3년이 경과한 사람을 말한다]
			    4. 민간부문에서 인사감사 업무를 담당하는 임원급 또는 이에 상응하는 직위에 근무한 경력이 있는 사람

징계위원회		설치	구성
경찰 공무원	경찰 공무원 보통징계 위원회	시·도 경찰청 등 각 경찰관서	• 위원장 : 위원중 최상위계급 또는 먼저 승진임용된 경찰공무원 • 위원 : 위원장 포함 11~51명 ※ 민간위원*의 수는 위원장을 제외한 위원수의 1/2이상이 되어야 하며, 특정 성별 민간위원이 10분의 6을 초과하지 않도록 함. *1. 법관, 검사 또는 변호사로 5년 이상 근무한 사람 2. 경찰 관련 학문을 담당하는 부교수 이상으로 재직 중인 자 3. 경찰공무원으로 20년 이상 근속하고 퇴직한 사람[퇴직 전 5년부터 퇴직할 때까지 근무했던 적이 있는 경찰기관(해당 경찰기관이 소속된 중앙행정기관 및 그 중앙행정기관의 다른 소속기관에서 근무했던 경우를 포함한다)의 경우에는 퇴직일부터 3년이 경과한 사람을 말한다] 4. 민간부문에서 인사감사 업무를 담당하는 임원급 또는 이에 상응하는 직위에 근무한 경력이 있는 사람
소방공무원 징계위원회		소방청	• 위원장 : 징계위원회가 설치된 기관의 장의 차순위 계급자 • 위원 : 위원장 포함 17~33명 ※ 민간위원*의 수는 위원장을 제외한 위원수의 1/2이상이 되어야 하며, 특정 성별 민간위원이 10분의 6을 초과하지 않도록 함.
		시·도	• 위원장 : 징계위원회가 설치된 기관의 장의 차순위 계급자(다만, 제2조제3항에 따른 징계위원회*가 설치된 기관의 장은 해당 징계위원회의 위원장을 소방준감 이상의 소방공무원 중에서 임명 가능) * 시·도에 설치된 징계위원회 • 위원 : 위원장 포함 9~15명
		중앙소방학교· 중앙119구조본부· 국립소방연구원· 지방소방학교· 서울종합방재센터· 소방서· 119특수대응단 및 소방체험관	
외무공무원 징계위원회		외교부	• 위원장 : 외교부 차관 • 위원 : 4~6명, 외교부장관이 지명하는 실장급 이상 직위에 재직중인 3인 이내의 외무공무원과 각 호의 사람 중 외교부 장관이 위촉하는 3인 이상의 사람
교육 공무원	대학의장 징계 위원회	교육부	• 위원장 : 교육부장관 • 부위원장 : 교육부차관 • 위원 : 5명(과학기술정보통신부 제1차관, 법무부차관, 문화체육관광부 제1차관, 인사혁신처차장, 법제처차장)

징계위원회		설치	구성
교육 공무원	특별징계 위원회	교육부	• 위원장 : 교육부차관 • 위원 : 4~8명, 교육부 소속 실·국장급 공무원과 민간위원을 교육부장관이 임명 ※ 민간위원*의 수는 위원장을 제외한 위원수의 50%이상이 되어야 함. 　*1. 법관, 검사 또는 변호사로 5년 이상 근무한 경력이 있는 사람 　2. 대학에서 법학 또는 행정학을 담당하는 부교수 이상으로 재직 중인 사람 　3. 공무원으로서 고위공무원단 직위에 근무하고 퇴직한 사람(퇴직일로부터 3년이 지난 사람으로 한정) 　4. 교장으로 4년 이상 근무한 경력이 있는 사람
교육 공무원	일반징계 위원회	대학, 시·도 교육행정기관 및 시·군·구 교육행정기관	• 위원장 : 설치기관의 장의 차순위자 • 위원 : 8~14명, 설치기관의 장이 임명 또는 위촉 ※ 민간위원의 수는 위원장을 제외한 위원수의 50%이상이 되어야 함.
국가 정보원 직원	고등징계 위원회 보통징계 위원회	국가정보원	• 위원장 : 차장 또는 기획조정실장 • 위원 : 4~6명, 1급 직위에 보직된 직원 중에서 원장이 임명 • 예비위원 : 1명
국회 공무원	중앙징계 위원회	국회사무처	• 위원장 : 국회사무총장 • 위원 : 6명(국회도서관장, 국회예산정책처장, 국회입법조사처장, 입법차장, 사무차장 및 3급이상 국회공무원중에서 국회의장이 임명한 자)
국회 공무원	보통징계 위원회	국회사무처, 국회도서관 국회예산정책처, 국회입법조사처	• 위원장 : 사무차장, 의회정보실장, 예산분석실장, 정치행정조사실장 • 위원 : 4~6명(4급이상 공무원중 소속기관장이 임명)
법원 공무원	고등징계 위원회	법원행정처	• 위원장 1인과 위원 4인(법관과 법원행정처 실장 및 국장중 대법원장이 임명)
법원 공무원	보통징계 위원회	법원행정처와 각 고등법원	• 위원장 1인과 위원 4인(법관과 4급이상 일반직중 법원행정처장 또는 각 고등법원장이 임명)

징계위원회		설치	구성
선거 관리 위원회 공무원	고등징계 위원회	중앙 위원회	• 위원장 : 사무차장 • 위원 : 6명(3급 이상 공무원 중 중앙위원회위원장이 임명 또는 민간위원 위촉)
	보통징계 위원회	중앙 위원회	• 위원장 : 기획조정실장 • 위원 : 4~7명(4급 이상 공무원 중 사무총장이 임명 또는 민간 위원 위촉)
		시 · 도 위원회	• 위원장 : 시 · 도위원회지도과장 • 위원 : 4~7명(4급 이상 공무원 중 시 · 도위원장이 임명 또는 민간위원 위촉)

마. 징계위원회의 직무

(1) 위원장

◉ 징계위원회의 위원장은 위원회를 대표하고 위원회의 사무를 총괄하며, 회의를 소집하고 그 의장이 됨.(영 제13조)

◉ 위원장은 표결권을 가짐.(영 제13조제3항)

◉ 위원장이 부득이한 사유로 직무를 수행할 수 없을 때에는 위원장이 미리 지정한 위원, 먼저 임명받은 위원의 순서로 그 직무를 대행함.(영 제14조)

(2) 위원

◉ 징계위원회의 구성원으로서 출석한 징계등 혐의자에게 혐의내용에 관하여 심문을 행하고 필요하다고 인정할 때에는 관계인의 출석을 요구하여 심문할 수 있음.(영 제11조)

(3) 간사

◉ 위원장의 명을 받아 징계등에 관한 기록이나 그 밖의 서류의 작성 및 보관에 관한 사무에 종사하며(영 제6조제4항), 사실조사를 행함.(영 제12조제3항)

※ 각급 징계위원회는 징계사건의 접수·처리 상황을 관리하기 위하여 징계등 처리대장*을 갖춰 두어야 함.(영 제25조)
  * 징계등 처리대장은 「공무원 인사기록·통계 및 인사사무 처리 규정」 제37조의2에 따른 전자인사관리시스템으로 작성·유지·보관할 수 있음.(영 제25조제2항)

📝 바. 위원의 제척·기피·회피

(1) 제척

- 징계위원회의 위원 중 징계등 혐의자의 친족 또는 직근 상급자(징계사유가 발생한 기간 동안 직근 상급자였던 사람을 포함)나 그 징계사유와 관계가 있는 사람은 그 징계사건의 심의·의결에 관여하지 못함.(영 제15조제1항)

(2) 기피

- 징계등 혐의자는 위원장 또는 위원 중에서 불공정한 의결을 할 우려가 있다고 인정할 만한 상당한 사유가 있을 때에는 그 사실을 서면으로 밝히고 기피를 신청할 수 있음.(영 제15조제2항)

- 기피신청이 있을 때에는 재적위원 과반수의 출석과 출석위원 과반수의 찬성으로 해당 위원장 또는 위원의 기피여부를 결정하여야 하고, 이 경우에 기피신청을 받은 사람은 그 의결에 참여하지 못함.(영 제15조제4항)

- 동일한 징계등 혐의자로부터 다수위원이 동시에 기피신청을 받은 경우 이때 기피신청을 받은 위원은 자신의 기피결정에만 참석할 수 없는 것이며 기피신청 된 사실만으로 다른 위원에 대한 기피결정에 참가할 수 없는 것은 아님.

(3) 회피

- 징계위원회 위원장 또는 위원은 징계사건과 관련하여 제척 대상이 된다고 판단되면 스스로 해당 징계등 사건의 심의·의결을 회피하여야 하고, 불공정한 의결을 할 우려가 있다고 인정할 만한 상당한 사유가 있을 때는 회피할 수 있음.(영 제15조제3항)

(4) 징계위원회 민간위원의 해촉

- 국무총리 또는 보통징계위원회가 설치된 행정기관의 장은 징계위원회의 위원이 다음 각 호의 어느 하나에 해당하는 경우에는 해당 위원을 해촉(解囑)할 수 있음. 다만, 제4호에 해당하는 경우에는 해촉하여야 함.(영 제5조의3)
  1. 심신장애로 인하여 직무를 수행할 수 없게 된 경우
  2. 직무와 관련된 비위사실이 있는 경우
  3. 직무태만, 품위손상이나 그 밖의 사유로 인하여 위원으로 적합하지 아니하다

고 인정되는 경우

4. 제15조제1항(제척)에 해당하는 데에도 불구하고 회피하지 아니한 경우

5. 위원 스스로 직무를 수행하는 것이 곤란하다고 의사를 밝히는 경우

(5) 임시위원 임명 또는 위촉

- 제척 또는 기피로 위원장을 포함한 위원 5인 이상이 출석할 수 없게 된 때에는 위원 5인 이상이 출석할 수 있도록 그 위원회의 설치기관장에게 임시위원의 임명을 요청하여야 함.

- 이 경우 임시위원을 임명할 수 없을 때에는 그 징계의결의 요구는 철회된 것으로 보고 상급행정기관의 장에게 그 징계의결을 신청하여야 함.(영 제15조제5항)

판례 기피신청에 대한 의결

일반적으로 기피신청은 징계위원 개개인에 대한 것으로서 그 기피신청에 대한 의결 역시 개별적으로 하는 것이므로 수인의 징계위원에 대한 기피신청이 있는 경우에도 기피신청을 당한 각 징계위원은 기피사유가 공통된 원인에 기인한 것이 아닌 한 자신에 관한 의결에만 참여할 수 없을 뿐 다른 사람에 관한 의결에는 참여할 수 있음.[대법원 2000.10.13. 선고 98두8858 판결]

판례 기피신청의 남용

1. 피징계자가 징계위원 전원 또는 대부분에 대하여 동시에 기피신청을 함으로써 징계위원회를 구성할 수 없거나 징계위원회의 결정 자체가 불가능한 경우, 기피신청이 징계절차의 지연을 목적으로 함이 명백한 경우 등에는 신청 자체가 기피신청권의 남용에 해당하여 부적법하므로,

2. 이러한 신청은 허용될 수 없으며, 이러한 경우에는 기피신청의 대상이 된 징계위원이 기피결정에 관여하는 것이 금지되지 않음. 나아가 기피신청이 징계절차의 지연을 목적으로 함이 명백한 경우에 해당하는지는 징계에 이르게 된 경위, 징계위원회 출석 여부 등 피징계자가 징계절차에서 취한 행태, 기피신청의 시기와 횟수, 기피신청으로 주장하는 기피사유의 내용 등을 종합적으로 고려하여 판단하여야 함.[대법원 2015. 11. 27. 선고 2015다34154 판결]

사례 제척사유

1. 징계사건과 관련하여 경고처분을 받은 징계등 혐의자의 직상감독자가 징계위원으로서 징계의결에 참여한 것은 위법한 징계의결이며 이를 근거로 한 징계처분은 무효임.(총무처 소청결정 94-190)

2. 징계사유가 된 사안에 대하여 진정서 접수시 결재하였고 처리과정에서 중간보고를 받는 등 사건처리에 있어서 감독자의 위치에 있던 자가 징계위원으로 참석하여 심의·의결한 징계의결은 명백히 하자있는 위법한 의결임.(총무처 소청결정 93-360)

08

징계의결의 요구

가. 징계의결 요구

- 징계의결요구권자(행정기관의 장)는 소속공무원이 징계사유에 해당하는 비위를 범하였다고 인정한 때에는 관할 징계위원회에 징계의결요구서와 관계증빙자료 등을 첨부하여 징계의결을 요구하여야 함.

- 국가공무원법 등의 규정에 의한 징계사유에 해당하는 이상 징계권자는 당연히 징계권을 행사할 수 있는 것이며, 공무원의 비위행위에 대하여 별도의 징계처분을 규정하고 있다 하여 징계권자의 징계권행사가 배제되거나 제한을 받는 것은 아님.

- 징계의결의 요구는 징계의결요구권이 없는 타 소속 공무원에 대한 징계사유를 징계의결요구권자에게 통보하는 징계사유의 통보와는 구별됨.

판례	징계의결요구권의 행사

국가공무원법상의 징계사유에 해당하는 이상 징계권자는 당연히 국가공무원법에 기한 징계권을 행사할 수 있는 것이며 비위행위자가 소속한 노동조합 임원들의 직무상 부정행위에 대하여 별도의 징계처분을 규정하고 있다하여 징계권자의 징계권행사가 배제되거나 제한을 받아야 한다고 볼 수 없음.[대법원 1982.7.13. 선고 80누198 판결]

판례 징계의결요구의 의무

징계권자이자 임용권자인 지방자치단체장은 소속 공무원의 구체적인 행위가 과연 지방공무원법 제69조제1항에 규정된 징계사유에 해당하는 지 여부에 관하여 판단할 재량은 있지만, 징계사유에 해당하는 것이 명백한 경우에는 관할 인사위원회에 징계를 요구할 의무가 있음.

징계사유의 시효를 정한 지방공무원법 제73조의2 제1항의 규정은 공무원에게 징계사유에 해당하는 비위가 있더라도 그에 따른 징계절차를 진행하지 않았거나 못한 경우 그 사실상태가 일정 기간 계속되면 그 적법·타당성 등을 묻지 아니하고 그 상태를 존중함으로써 공직의 안정성을 보장하려는 취지이지, 임용권자가 징계시효 기간 내에만 징계의결요구를 하면 된다는 취지로는 해석되지 아니하고, 오히려 지방공무원 징계 및 소청규정 제2조제1항, 제6항에서 임용권자는 징계사유에 대한 충분한 조사를 한 후 소속 공무원에게 징계사유가 있다고 인정될 때에는 "지체 없이" 관할 인사위원회에 징계의결을 요구하여야 한다고 규정한 취지에 비추어 볼 때, 임용권자는 징계사유가 발생하면 이에 대한 충분한 조사를 한 다음, 특별한 사정이 없는 한 지체 없이 징계의결요구를 할 직무상 의무가 있음.[대법원 2007.7.12. 선고 2006도1390 판결]

판례 징계의결요구시 고려사항

징계의결 요구권자에게 중징계의결 요구의무가 있는지 여부를 판단하기 위해서는 징계사유 외에도 징계혐의자의 소행·근무성적·공적·개전의 정 등 기타 정상사유들을 종합하여 중징계사유에 해당함이 객관적으로 인정되어야 함.[대법원 2013.12.26. 선고 2011추63 판결]

나. 징계의결요구권자

(1) 공무원 징계령 상의 징계의결요구권자

구분	징계의결요구권자	관할 징계위원회
고위공무원단 소속 공무원, 5급이상 공무원과 연구관 및 지도관 등	소속 장관 (법 제78조제4항, 영 제7조제1항)	중앙징계위원회 (영 제7조제1항)
6급이하 공무원, 연구사 및 지도사 등	소속 기관의 장 또는 소속 상급기관의 장 (법 제78조제4항, 영 제7조제1항)	• 중앙징계위원회 　– 중앙행정기관 소속(본부) 공무원의 중징계요구사건 • 보통징계위원회 : 기타

- 소속 장관의 정의는 징계관련 법령에 별도의 내용이 없으므로 공무원임용령 제2조제3호의 정의에 따름.

- 행정기관의 장은 징계의결등 요구권을 갖지 아니하는 공무원에 대하여 징계등 사유가 있다고 인정할 때에는 징계의결등 요구권을 갖는 행정기관의 장에게 그 징계등 사유를 증명할 수 있는 관계자료를 첨부하여 통보하여야 하고, 징계등 사유를 통보받은 행정기관의 장은 타당한 이유가 없으면 1개월 이내에 관할 징계위원회에 징계의결을 요구하여야 함.(영 제7조)

- 대통령이나 국무총리의 명령에 따른 감사 결과 징계등 사유가 있다고 인정되는 공무원에 대해서는 국무총리가 직접 관할 징계위원회에 징계의결등을 요구할 수 있음.(영 제8조)

- 겸임공무원에 대해서는 본직기관의 장이 징계의결등을 요구하여야 함.(영 제7조제1항, 국가공무원 복무규정 제6조의2)

- 파견공무원 : 파견근무자의 본래 소속 기관의 장.(국가공무원 복무규정 제7조)

- 해외주재관 : 외교부장관.(재외공무원복무규정 제13조)

- 2명 이상이 관련된 징계등 사건은 관련자의 관할 징계위원회 중 최고 상급기관에 설치된 보통징계위원회(관련자가 중앙징계위원회의 관할로 된 경우에는 중앙징계위원회)에 요구하여야 함.(영 제2조제5항)

(2) 기타 징계의결요구권자

징계위원회		관할(징계대상)	징계의결요구권자
법관징계위원회		• 법관	대법원장, 대법관, 법원행정처장, 사법연수원장, 각급 법원장, 법원도서관장
검사징계위원회		• 검사(검찰총장인 검사)	검찰총장(법무부장관)
헌법재판소	헌법연구관 징계위원회	• 헌법연구관	헌법재판소장
	고등징계위원회	• 5급 이상 공무원 등	헌법재판소장
	보통징계위원회	• 6급 이하 공무원 등	사무처장

징계위원회		관할(징계대상)	징계의결요구권자
대통령경호처 직원	고등징계위원회	• 1급 내지 5급 직원 • 6급 이하 직원에 대한 중징계사건	경호처장
	보통징계위원회	• 6급 이하 직원에 대한 경징계사건	
감사원직원	고등징계위원회	• 5급 이상 일반직공무원 등	감사원장
	보통징계위원회	• 6급 이하 공무원 등	사무총장
경찰공무원	중앙징계위원회	• 총경 · 경정	경찰기관의 장
	보통징계위원회	• 해당 징계위원회가 설치된 경찰기관 소속 경감이하의 경찰공무원 • 경정이상 경찰공무원을 장으로 하는 경찰서, 경찰기동대 · 해양경찰서 등 총경 이상의 경찰공무원을 장으로 하는 경찰기관 및 정비창 : 소속 경위 이하의 경찰공무원 • 의무경찰대 및 경비함정 등 경찰청장 또는 해양경찰청장이 지정하는 경감이상의 경찰공무원을 장으로 하는 경찰기관 : 소속 경사 이하의 경찰공무원	
소방공무원징계위원회		• 소방정 이하 소방공무원	징계위원회가 설치된 기관의 장
외무공무원징계위원회		• 외무공무원	외교부장관
교육공무원	대학의 장 징계위원회	• 대학의 장 및 부총장	교육기관 · 교육행정기관 또는 교육연구기관의 장
	특별징계위원회	• 대학의 단과대학장, 국립의 전문대학의 장 및 전문대학에 준하는 각종학교의 장 • 「교육공무원법」 제51조제1항에 따라 징계의결을 요구한 기관의 장이 「국가공무원법」 제82조제2항에 따라 청구한 심사 및 재심사 사건의 해당 교육공무원 • 교육장 • 교육부와 그 소속기관에 근무하는 교수 · 부교수 · 조교수 · 장학관 · 교육연구관 및 시 · 도 교육청에 근무하는 국장이상인 장학관 • 일반징계위원회를 설치하지 아니한 학교 또는 교육행정기관에서 근무하는 교육공무원	

징계위원회		관할(징계대상)	징계의결요구권자
교육공무원	일반징계위원회	• 위 징계위원회 관할이 아닌 자 • 시·군·구 교육행정기관 일반징계위원회는 소속교사에 대한 경징계요구사건에 한함	교육기관·교육행정기관 또는 교육연구기관의 장
국가정보원 직원	고등징계위원회	•1급부터 5급까지의 직원 및 전문관, 나급 이상 전문임기제 공무원	원장 또는 그 위임을 받은 각 부서의 장
	보통징계위원회	•6급 이하의 직원 및 임기제직원	
국회공무원	중앙징계위원회	•5급이상 공무원	임용권자 또는 임용제청권자
	보통징계위원회	•6급이하 공무원	
법원공무원	고등징계위원회	• 일반직 5급이상, 연구관	소속 기관의 장
	보통징계위원회	• 일반직 6급이하, 연구사	
선거관리위원회 공무원	고등징계위원회	•5급 이상 공무원	임용권자 중앙선거관리위원회 위원장
	보통징계위원회	•6급 이하 공무원	

(3) 타 소속 공무원(파견근무자 포함)에 대한 징계사유 통보

● 행정기관의 장은 징계의결등 요구권을 갖지 아니하는 공무원에 대하여 징계사유가 있다고 인정할 때에는 징계의결등 요구권을 갖는 행정기관의 장에게 그 징계사유를 증명할 수 있는 관계 자료를 첨부하여 이를 통보하여야 함.(영 제7조제2항)

❖ 첨부서류

① 감사기관 : 공무원 징계처분 또는 징계부가금 부과처분 요구서, 혐의자·관련자에 대한 문답서 및 확인서 등 조사기록

② 수사기관 : 공무원 범죄처분 결과통보서, 공소장, 혐의자·관련자·관련증인에 대한 신문조서 및 진술서 등 수사기록

③ 기타기관 : 징계등 혐의 사실통보서 및 혐의 사실을 증명할 수 있는 관계 자료

❖ 수사기관에서 수사한 사건의 경우에는 수사기관이 혐의자 소속기관장에게 공무원범죄처분결과 통보시 공소장, 혐의자 및 관련자에 대한 신문조서, 진술서 등 수사기록을 반드시 첨부하도록 할 것

◉ 소속공무원에 대한 징계사유를 통보 받은 행정기관의 장은 타당한 이유가 없는 한 1개월 이내에 관할 징계위원회에 징계의결을 요구하여야 하고, 해당 사건의 처리결과를 징계사유를 통보한 행정기관의 장에게 통보하여야 함.(영 제7조제3항 및 제4항)

📝 다. 징계의결요구 방법

◉ 징계의결등을 요구할 때에는 징계등 사유에 대한 충분한 조사를 한 후에 그 증명에 필요한 관계자료를 첨부하여 관할 징계위원회에 제출하여야 하고, 중징계 또는 경징계로 구분하여 요구하여야 함.(영 제7조제6항)

◉ 다만, 감사원법 제32조 제1항 및 제10항에 따라 감사원장이 징계의 종류를 구체적으로 지정하여 징계요구를 한 경우에는 감사원장이 지정한 징계양정으로 징계의결등을 요구하여야 함.(영 제7조제6항)

◉ 위의 "공무원 징계의결등 요구서를 관할 징계위원회에 제출하여야 한다"의 의미는 징계의결등 요구 의사표시의 효력발생시기가 관할 징계위원회에 징계의결요구서가 접수된 때라는 것이고, 징계시효기간의 계산은 관할 징계위원회에 제출된 날로부터 역산하여야 함.

◉ 징계의결등의 요구권자는 징계의결등 요구와 동시에 위 공무원징계의결등 요구서 사본을 징계등 혐의자에게 송부하여야 함. 다만, 징계등 혐의자가 징계의결등 요구서 수령을 거부하는 경우에는 관할 징계위원회에 그 사실을 증명하는 서류를 첨부하여 문서로 통보하여야 함.(영 제7조 제7항 및 제8항)

❖ 징계등 혐의자에게 징계의결요구서 사본을 송부하는 것은 징계등 혐의자로 하여금 어떠한 사유로 징계에 회부되었는지 사전에 알게 하여 그에 대한 방어 준비를 하게 하려는 것으로 징계위원회에 출석하여 진술할 수 있는 권리와 함께 징계등 혐의자의 방어권을 보장하기 위함에 그 목적이 있음

◉ 행방불명 등으로 인해 징계의결요구사유서 사본 등의 송부가 사실상 어려운 경우에는 혐의자에게 연락을 다수 시도하였던 정황 등에 대한 객관적인 증빙 자료 등을 최대한 확보하도록 함.

판례 징계의결요구서 송부

징계의결요구서 사본을 송부하지 아니한 채 진행된 징계절차는 원칙적으로 위법하며, 징계의결요구서 사본은 징계위원회가 개최되기에 앞서 징계등 혐의자의 방어권 행사에 지장을 주지 않을 만큼의 충분한 시간적 여유를 두고 송부하면 족하고 반드시 징계의결요구와 동시에 송부하여야 하는 것은 아님.[대법원 1993.12.14. 선고 93누14851 판결]

판례 징계의결요구서사본 송부절차없이 한 징계의 효력

공무원징계령 제7조제7항에 의하면 징계의결요구권자는 징계위원회에 징계의결을 요구함과 동시에 공무원징계의결요구서 사본을 징계등 혐의자에게 송부하도록 되어 있는 바, 이 규정의 취지는 징계등 혐의자로 하여금 어떠한 사유로 징계에 회부되었는가를 사전에 알게 함으로서 징계위원회에서 그에 대한 방어 준비를 하게 하려는 것으로 징계위원회에 출석하여 진술할 수 있는 권리와 함께 징계등 혐의자의 방어권 보장을 위한 주요규정으로써 강행규정이므로 징계의결요구서 사본의 송부없이 진행된 징계절차는 징계등 혐의자의 방어권 준비 및 행사에 지장이 없었다거나 징계등 혐의자가 이의 없이 징계위원회에 출석하여 변명하였다는 등의 특단의 사정이 인정되지 않는 이상 위법함.[대법원 1993.6.25. 선고 92누17426 판결]

판례 징계의결요구서사본 송부절차

징계등 혐의자가 징계의결요구서 사본의 수령을 거부하는 경우 징계의결요구권자로서는 규정에 따른 통보절차만 취하면 되고 더 이상 징계등 혐의자에게 징계의결요구서 사본을 송부하는 절차를 밟을 필요는 없음.[대법원 1993.12.14. 선고 93누15045 판결]

 라. 징계의결요구의 특례

(1) 국무총리에 의한 징계의결요구

- 대통령이나 국무총리의 명령에 따른 감사 결과 징계등 사유가 있다고 인정되는 공무원에 대해서는 국무총리가 직접 관할 징계위원회에 징계의결등을 요구할 수 있으며, 그 사실을 소속중앙행정기관의 장에게 통보하여야 함.(영 제8조제1항 및 제2항)

- 국무총리는 직접 징계의결등을 요구하는 것이 적당하지 아니하다고 인정되면 소속 중앙행정기관의 장에게 그 징계등 사유를 통보하며, 이 통보를 받은 행정기관의 장은 지체 없이 관할 징계위원회에 징계의결등을 요구하여야 하고 해당 사건의 처리 결과를 국무총리에게 보고하여야 함.(영 제8조제3항 및 제4항)

징계의결의 요구

08

(2) 감사원으로부터 "파면" 징계요구를 받은 경우의 징계의결요구

- 감사원으로부터의 징계요구 중 "파면" 요구를 받은 소속 장관 또는 임용권자는 그 요구를 받은 날로부터 10일 이내에 관할 징계위원회에 징계의결요구를 하여야 하고, 중앙징계위원회의 의결 결과에 관하여는 인사혁신처장이, 그 밖의 징계위원회의 의결 결과에 관하여는 해당 징계위원회등이 설치된 기관의 장이 그 의결이 있은 날로부터 15일 이내에 감사원에 통보하여야 함.(감사원법 제32조제2항)

(3) 감사원의 감사결과에 대한 재심의 신청시 징계의결요구

- 감사원의 감사결과에 대하여 소속 장관 등이 감사원법 제36조제2항의 규정에 의한 재심의를 청구한 경우에는 해당 징계요구사항에 대한 재심의 결정서를 받은 날이 조사종료통보를 받은 날로 되므로 재심결정이 있은 후 징계의결등을 요구하여야 함.(감사원 감사사무 처리규칙 제28조)

- 다수인관련 사건에서 관련자 중 일부가 감사원의 처분결과에 불복하여 감사원에 재심의 요구한 경우, 감사원의 재심결과 통보시까지 기다린다는 이유로 징계의결요구를 지체함으로써 재심요구하지 않은 다른 공무원에 대한 징계시효가 도과되는 일이 없도록 하여야 함.

  ❖ 감사원에서 조사중인 사건이더라도 조사개시통보가 없는 경우에는 징계등 의결의 요구 기타 징계등 절차를 진행하지 못할 사유가 없으므로 반드시 징계등 의결요구를 함으로써 징계시효기간의 도과로 징계등 요구권을 행사하지 못하는 사례가 없도록 하여야 함.

- 복수의 징계사유 중 어느하나의 사유에 대해서만 재심의 신청을 하였을 경우에는 재심의를 신청한 징계사유에 대해서만 별도로 징계의결등을 요구할 수 있을 것이므로 재심의를 신청하지 않는 징계사유에 대해서는 징계시효의 문제가 발생하지 않도록 감사결과를 통보받은 후 1개월 이내에 징계의결요구 등을 하여야 함.

(4) 법원 등의 취소판결에 따른 재징계 의결요구

- 법령의 적용, 증거 및 사실 조사에 명백한 흠이 있는 경우, 징계위원회의 구성 또는 징계의결등, 그 밖에 절차상의 흠이 있는 경우, 또는 징계양정 및 징계부가금 과다(過多)로 소청심사위원회 또는 법원에서 징계처분 등의 무효 또는 취소(취소명령 포함)의 결정이나 판결을 받은 경우에는 다시 징계 의결 또는 징계부가금

부과 의결을 요구하여야 하고(다만, 징계양정 및 징계부가금이 과다(過多)의 사유로 무효 또는 취소의 결정이나 판결을 받은 감봉·견책처분에 대하여는 징계의결을 요구하지 아니할 수 있음), 이 경우 소청심사위원회의 결정 또는 법원의 판결이 확정된 날부터 3개월 이내에 관할 징계위원회에 징계의결등을 요구하여야 하며, 관할 징계위원회에서는 다른 징계사건에 우선하여 징계의결등을 하여야 함.(법 제78조의3)

- 다만, 이 규정은 재징계 처분을 신속히 행할 것을 요구하는 훈시규정으로 3개월이 지났어도 다시 징계요구 할 수 있다고 보아야 할 것임.

- 또한, 재징계에 따른 징계처분의 효력발생은 재징계 절차에 의한 징계처분일로부터 발생하며, 이때 징계처분일자를 최초 징계처분일로 소급시켜서는 아니 됨.

- 징계위원회의 구성·징계의결등, 그 밖에 절차상의 흠이나 징계양정 및 징계부가금의 과다(過多)를 이유로 소청심사위원회 또는 법원에서 징계처분등의 무효 또는 취소의 결정이나 판결을 한 경우에는 징계의결요구권자는 관할 징계위원회에 다시 징계의결을 요구하여야 하는 바, 이때 제1항(징계시효)의 기간이 지나거나 그 남은 기간이 3개월 미만인 경우에도 그 결정 또는 판결이 확정된 날부터 3개월 이내에는 다시 징계의결등을 요구할 수 있음.(법 제83조의2제3항)

📝 마. 우선심사 신청

(1) 목적

- "징계의결등 요구권자가 신속한 징계절차 진행이 필요하다고 판단하거나 징계혐의자의 퇴직 예정일이 임박하여(2개월 이내) 우선심사를 신청한 경우" 또는 "징계등 혐의자가 혐의사실을 모두 인정하고 우선심사를 신청한 경우"에는 징계위원회에서 다른 징계등 사건에 우선하여 심사할 수 있는 하도록 하여 징계등 혐의자의 불안정한 지위를 조기 해소하고 징계운영의 효율성을 높이고자 도입.(영 제11조의3)

(2) 세부절차

(가) 우선심사 신청서 교부

- 「공무원 징계령」 제7조제7항에 의하여 징계의결등 요구권자가 징계의결등 요구서 사본을 징계등 혐의자에게 송부할 경우에는 「공무원 징계령 시행규칙」 별지 서식의 우선심사 신청서를 함께 교부.

(나) 우선심사 여부를 결정

- 관할 징계위원회는 우선심사 여부를 결정하였을 경우에는 이미 접수된 다른 사건에 우선하여 심사할 수 있음.

  ※ 징계위원회에서 우선심사가 부적당한 사안이라고 결정할 경우에는 신청자(요구권자 또는 혐의자)에게 통보하고 당초 접수순에 따라 심사

바. 성(性)관련 외부 전문가 참여

- 징계등 사유가 성폭력범죄 또는 성희롱일 경우 징계의결 요구시에는 피해자의 피해 상태 등을 반영한 성관련 외부전문가의 의견서를 첨부함.(영 제7조제6항)

- 대상 : 「성폭력범죄의 처벌 등에 관한 특례법」 제2조에 따른 성폭력범죄 및 「양성 평등기본법」 제3조제2호에 따른 성희롱

- 성관련 전문가 : 정신건강의학과의사, 심리학자, 사회복지학자 또는 그 밖의 관련 전문가

  ※ 참고 : 「성범죄 징계위원회 참여 외부전문가 Pool」(여성가족부 권익정책과-4118, '15.11.18.)

사. 징계의결요구시 구비서류

(1) 구비서류 목록

- 징계의결을 요구할 때에는 징계사유에 대한 충분한 조사를 한 후에 그 증명에 필요한 다음의 관계자료를 첨부하여야 함.(영 제7조제6항)

① 공무원 징계의결 또는 징계부가금 부과 의결 요구서(별지 제1호서식)

  * 혐의자가 2인이상인 경우 징계사유부분 각각 기재

② 공무원 인사 및 성과 기록 출력물

  * 최종 상훈관계 등 정리 후 제출요망

③ 확인서(별지 제1호의2서식)

④ 혐의내용을 증명할 수 있는 공문서 등 관계 증거자료

⑤ 혐의내용에 대한 조사기록 또는 수사기록

  • 자체조사건

    – 자체조사결과보고서, 혐의자 및 관련자에 대한 문답서, 자인서 또는 확인서

  • 감사원 통보건

    – 공무원 징계 또는 징계부가금 부과처분 요구서, 혐의자·관련자에 대한 문답서 및 확인서 등
      조사기록

  • 수사기관 통보건

    – 공무원 범죄처분 결과통보서, 공소장, 혐의자·관련자·관계증인에 대한 신문조서 및 진술서 등
      수사기록

  • 그 밖에 다른 기관 통보

    – 징계혐의사실통보서 및 혐의사실을 입증할 수 있는 관계자료(영 제7조제2항)

⑥ 관련자에 대한 조치사항 및 그에 대한 증거자료

⑦ 관계 법규, 지시문서 등의 발췌문

  * 관련조문에 밑줄처리 등

⑧ 성폭력 및 성희롱 징계사건일 경우에는 성관련 외부전문가의 의견서

- 위 증빙자료 중 사본에 대하여는 인증기관의 인증 또는 작성책임자의 원본대조날 인이 있어야 함.

- 성폭력 및 성희롱 징계사건에서 해당 피해자가 관련 사건에 대한 진술을 거부할 경 우에도 이와는 별도로 성관련 외부전문가 의견서는 반드시 첨부하여야 할 것임.

(2) 징계의결요구시 확인사항

- 징계의결등 요구권자가 징계등 혐의자를 관할 징계위원회에 징계의결등을 요구할 때 는 다음 사항을 기재한 확인서(별지제1호의2서식)를 확인·첨부하여야 함.(영 제7조)

(1) 비위유형 : 감경제외 대상인지 여부(시행규칙 제4조제2항)

    ① 금품관련 비위 해당여부(법 제78조의2제1항 각 호의 어느 하나에 해당하는지 여부)

    ② 성폭력·성매매·성희롱 비위 해당여부
- 「성폭력범죄의 처벌 등에 관한 특례법」 제2조에 따른 성폭력범죄
- 「성매매알선 등 행위의 처벌에 관한 법률」 제2조제1항제1호에 따른 성매매
- 「양성평등기본법」 제3조제2호에 따른 성희롱

    ③ 음주운전 비위 해당여부
- 「도로교통법」 제44조제1항에 따른 음주운전 또는 같은 조 제2항에 따른 음주측정에 대한 불응

    ④ 「공직자윤리법」 제8조의2제1항제4호 또는 제22조에 따라 등록의무자에 대하여 재산등록 및 주식의 매각·신탁과 관련한 의무 위반 등으로 징계의결이 요구된 경우인지 여부

(2) 징계부가금 해당여부
- 징계부가금 부과 대상여부 및 형사관계 및 변상책임 이행상황 등

(3) 감경대상 공적 유무 및 감경대상 비위 해당여부 등(시행규칙 제3조의2, 제4조 제1항 및 제3항)

    ① 감경대상 공적
- 「상훈법」에 따른 훈장 또는 포장을 받은 공적
- 「정부표창규정」에 따라 국무총리 이상의 표창(공적에 대한 표창만 해당)을 받은 공적. 다만, 비위행위 당시 「공무원 징계령」 제2조제2항제3호 각 목에 따른 공무원은 중앙행정기관장인 청장(차관급 상당 기관장을 포함) 이상의 표창을 받은 공적
- 「모범공무원규정」에 따라 모범공무원으로 선발된 공적
- ※이 경우 상장 또는 감사장은 제외됨에 유의

    ② 성실·능동적 업무처리과정에서의 과실로 인한 비위 해당여부
- 국가적으로 이익이 되고 국민생활에 편익을 주는 정책 또는 소관 법령의 입법목적을 달성하기 위하여 필수적인 정책 등을 수립·집행하거나, 정책목표의 달성을 위하여 업무처리 절차·방식을 창의적으로 개선하는 등 성실하고 능동적으로 업무를 처리하는 과정에서 발생한 것으로 인정되는 경우
- 국가의 이익이나 국민생활에 큰 피해가 예견되어 이를 방지하기 위하여 정책을 적극적으로 수립·집행하는 과정에서 발생한 것으로서 정책을 수립·집행할 당시의 여건 또는 그 밖의 사회통념에 비추어 적법하게 처리될 것이라고 기대하기가 극히 곤란했던 것으로 인정되는 경우
- ※각 호 모두 해당하는 경우 고의 또는 중과실에 의하지 않은 것으로 추정함.
    1. 징계등 혐의자와 비위 관련 직무 사이에 사적인 이해관계가 없을 것
    2. 대상 업무를 처리하면서 중대한 절차상의 하자가 없었을 것

    ③ 직무와 관련이 없는 사고로 인한 비위 해당여부
- 감경 제외 대상이 아닌 비위 중 직무와 관련이 없는 사고로 인한 비위로서 사회통념에 비추어 공무원의 품위를 손상하지 아니하였다고 인정되는 경우

(4) 혐의자의 평소 행실
- 주의·경고 횟수, 직무수행 태도 등을 구체적으로 기재

(5) 그 밖의 사항 기재

- 규제개혁이나 국정과제의 추진과정에서 발생한 비위 해당여부
- 퇴직 예정일(정년, 계급정년, 근무기간 만료 등)
- 그 밖의 정상 참작사항

판례 징계의결 요구시 공적사항이 제시되지 않은 상태에서 결정한 징계처분의 위법 여부

공무원 징계령 제7조제6항제3호에 의하면, 공무원에 대한 징계의결을 요구할 때는 징계사유의 증명에 필요한 관계 자료뿐 아니라 '감경대상 공적 유무' 등이 기재된 확인서를 징계위원회에 함께 제출하여야 하고, 경찰 공무원 징계양정 등에 관한 규칙 제9조제1항 제2호 및 [별표 10]에 의하면 경찰청장의 표창을 받은 공적은 징계양정에서 감경할 수 있는 사유의 하나로 규정되어 있음. 위와 같은 관계 법령의 규정 및 기록에 비추어 보면, 징계위원회의 심의과정에 반드시 제출되어야 하는 공적(功績) 사항이 제시되지 않은 상태에서 결정한 징계처분은 징계양정이 결과적으로 적정한지 그렇지 않은지와 상관없이 법령이 정한 징계절차를 지키지 않은 것으로서 위법함.[대법원 2012.6.28. 선고 2011두20505 판결]

(3) 증거자료 구비철저

- 증거자료의 구비를 소홀히 한 까닭에 증거보완에 따른 관계기관 질의 등으로 인하여 사건의 신속한 심의 및 처리에 지장을 초래하는 사례가 없도록 하여야 할 뿐만 아니라 자료의 불충분으로 혐의사실을 잘못 심리하는 사례가 없도록 징계사유 적시의 비위사실을 입증할 수 있도록 충분한 증빙자료를 첨부하도록 하여야 함.

(4) 수사기관 등의 증거자료 통보 철저

- 행정기관의 장이 징계의결요구권을 갖지 아니하는 타 기관 소속공무원에 대하여 징계사유가 있다고 인정한 때에는 징계의결요구권을 갖는 행정기관의 장에게 그 징계사유를 입증할 수 있는 증거자료를 첨부하여 이를 통보하여야 함.(영 제7조제2항)

- 이는 각급 행정기관의 징계의결요구권자가 징계의결요구 여부를 판단하게 하고, 또 관할 징계위원회가 심의·의결함에 있어 증거에 입각하도록 하여 혐의자의 불이익을 방지함과 동시에 증거의 불충분으로 인한 행정력의 낭비를 방지하기 위함임.

- 아울러, 징계요구기관의 장이 징계요구 혐의자와 관계되는 증거자료에 대한 열람, 또는 확인을 의뢰할 경우에는 이에 적극 협조토록 함.

아. 징계의결요구서 작성요령

(1) 징계사유서 작성

- 6하 원칙에 의거 비위사실을 구체적으로 기술하되 징계대상자가 2인 이상인 경우 각 혐의자별로 징계사유를 구분하여 작성

> **예시** 징계의결요구사유 예시
>
> - **인적사항 및 담당사무**
>
>   (직명) ○○○(A)는 ○○부터 ○○까지 ○○의 직위에서, ○○○(B)는 ○○부터 ○○까지 ○○ 실무담당자로서 ○○업무 등을 총괄 또는 담당하였던 사람들로서,
>
> - **가. ○○○(A)의 경우**
>
>   **구체적 비위사실 적시**
>
>   ○○업무를 수행함에 있어 ○○처리하여야 함에도 ○○년 ○월 ○일 ○○에서 ○○한 이유로 ○○을 ○○처리한 사실이 있다.
>
> - **나. ○○○(B)의 경우**
>
>   **구체적 비위사실 적시**
>
>   ○○업무를 수행함에 있어 ○○처리하여야 함에도 ○○년 ○월 ○일 ○○에서 ○○한 이유로 ○○을 ○○처리한 사실이 있는 바,
>   혐의자들의 이와 같은 행위는 국가공무원법 제○○조를 위반하여 동 법 78조제1항 제○호에 해당되므로 이에 경(중)징계의결 요구합니다.

(2) 징계요구권자의 의견

- 징계의결등 요구권자가 영 제7조제6항 본문의 규정에 의하여 규칙 제2조 및 제3조에 규정된 제사항을 참작하여 징계의결등 요구권자의 의견을 기재할 때에는 요구하는 징계의 종류를 중징계 또는 경징계로 구분하여 기재하여야 함.

다만, 감사원장이 징계의 종류를 구체적으로 지정하여 징계요구를 한 경우에는 해당 징계의 종류를 기재하여야 함.

- 징계위원회가 징계등 사건을 의결할 때에 참고할 수 있도록 '공무원 징계의결 또는 징계부가금 부과 의결 요구서'에 공무원 징계령 시행규칙 제3조에 따른 별표 2의 규정에 의한 업무의 성질에 따른 업무와의 관련도와 징계등 혐의자의 혐의 당시 직급·비위행위가 공직 내외에 미치는 영향·평소 행실·공적·뉘우치는 정도·기타의 정상 등을 구체적으로 명시하고 관계 증빙자료를 첨부하여야 하며 동 규칙 제4조제3항의 규정을 적용하여 줄 것을 요청할 수 있음.

 예시 **징계의결요구권자의 의견 예시**

징계요구에 적시된 비위는 ○○업무를 수행하는 ○○직공무원으로서, ○○의무를 다하지 못한데 기인한 것이므로 경(중)징계로 징계의결요구하는 것임.

 ## 자. 징계의결요구 및 징계절차의 중지

(1) 조사 및 수사 사실통보

- 감사원과 검찰·경찰 기타 수사기관은 공무원에 대하여 조사나 수사를 개시한 때와 이를 마친 때에는 10일 이내에 소속 기관의 장에게 그 사실을 통보하여야 함.(법 제83조제3항)

- 중앙행정기관의 장은 특정사건에 대한 조사를 개시한 때와 이를 종료한 때에는 10일 이내에 자체감사 대상기관의 장(자체감사기구의 업무를 총괄하고 감사담당자를 지휘·감독하는 사람 및 공공감사에 관한 법률 제6조제1항에 따른 합의제감사기구)에게 그 사실을 통보하여야 함.(공공감사에 관한 법률 제24조제1항)

(2) 진행중지

(가) 감사원에서의 조사

- 소속 기관의 장은 감사원으로부터 소속공무원에 대한 조사개시통보를 받은 날로부터 징계의결의 요구, 그 밖의 징계절차를 진행하지 못함.(법 제83조제1항)

(나) 검찰·경찰 기타 수사기관에서의 수사

- 수사기관으로부터 소속공무원에 대한 수사개시통보를 받으면 징계의결의 요구, 기타 징계절차를 진행하지 아니할 수 있음.(법 제83조제2항)

- 행정기관의 장(징계의결 요구권자)은 수사개시 통보를 받으면 지체 없이 징계의결의 요구나 그 밖에 징계절차의 진행 여부를 결정하고, 그 사실을 징계등 혐의자에게 통보하여야 함.(영 제8조의2)

- "수사의 종료의 통보를 받은 날"이라 함은 "공무원범죄처분결과통보를 받은 날"을 의미하며, 형사사건에 대한 확정판결이 있을 때를 의미하는 것은 아님.

(다) 중앙행정기관의 자체조사

- 중앙행정기관 장으로부터 특정사건에 대한 조사 개시의 통보를 받은 기관·단체의 장은 감사가 진행 중인 특정사건에 대하여는 조사 개시의 통보를 받은 날부터 징계 또는 문책 절차를 진행하지 못함.(공공감사에 관한 법률 제24조제2항)

판례 형사사건 진행중의 징계의결요구 가능여부

공무원에게 징계사유가 인정되는 이상 관계된 형사사건이 아직 유죄로 인정되지 아니하였거나 수사기관에서 이를 수사중에 있다 하여도 징계처분은 할 수 있음.[대법원 1984.9.11. 선고 84누110 판결]

판례 형사사건 진행중의 징계혐의 사실의 인정

징계혐의 사실의 인정은 형사재판의 유죄확정 여부와는 무관한 것이므로 형사재판 절차에서 유죄의 확정판결을 받기 전이라도 징계혐의 사실은 인정될 수 있는 것이며 그와 같은 징계혐의 사실인정은 무죄추정에 관한 헌법 제26조제4항 또는 형사소송법 제275조의2 규정에 저촉된다고 볼 수 없음.[대법원 1986.6.10. 선고 85누407 판결]

판례 형사사건으로 수사중인 때의 의미

형사사건으로 수사중인 때라 함은 형사사건으로 수사종료 시까지 즉 공소제기 시까지를 의미함. [대법원 1971.3.9. 선고 70누160 판결]

📝 차. 징계의결요구의 반려 및 철회

(1) 징계의결요구의 반려

● 징계의결등 요구권자로부터 접수한 징계의결요구가 요건불비 등의 이유가 있을 때 징계위원회가 직권으로 징계의결요구의 효력을 소멸시키는 의사표시를 말함.

> **예시 반려사유(예시)**
>
> ① 해당 징계위원회의 관할이 아닌 경우
>
> ② 징계대상이 아닌 자를 징계요구한 경우
>
> ③ 징계의결이 불필요하게 된 경우
>
> ④ 징계요건이 불비되어 징계심리가 곤란하다고 인정되는 경우 등

(2) 징계의결등 요구의 철회

● 징계의결등 요구는 아무런 하자 없이 적법하게 접수되었으나 그 후 발생된 사정으로 징계의결등 요구권자가 징계의결 전에 징계위원회에 대하여 징계의결등 요구의 효력을 소멸시키는 의사표시를 말함.

● 징계의결등 요구권자가 소속 공무원에 대하여 징계의결등 요구를 하였다가 이를 철회한 경우에도 징계사유가 인정되는 한 다시 징계의결 요구할 수 있음.

> **예시 철회사유(예시)**
>
> ① 징계등 혐의자의 신분변동 등으로 징계위원회 관할이 변경된 경우
>
> ② 징계사유가 변동된 경우
>
> ③ 징계의결이 불필요하게 된 경우(형의 확정으로 인한 당연퇴직, 사망한 경우 등)

(3) 징계의결등 요구 중 징계사유 변동

● 징계의결등 요구중인 공무원의 새로운 비위사실이 드러났을 경우 또는 징계사유가 변동되었을 경우에 징계의결등 요구권자는 징계의결등 요구서를 철회한 다음 다시 징계의결등 요구를 할 수 있음.

● 다만, 행정의 능률적인 수행을 위해서는 징계의결등 요구를 철회함이 없이 징계양정에 있어 중요한 기초가 되는 새로운 혐의사실을 추가 또는 변경하여 징계위원회로 하여금 징계양정을 결정할 수 있도록 함이 보다 합리적일 것임.

● 일반적으로 징계위원회는 징계의결 요구권자에 의하여 징계의결이 요구된 징계사유가 아닌 사유를 들어 징계의결 할 수 없음.

» 따라서, 징계사유가 추가 또는 가중 변경되었을 경우에는 징계의결등 요구서를 철회하고 다시 징계의결등 요구를 하는 것이 원칙이나,

» 징계 사유가 축소되는 등 예외적인 경우 징계의결등 요구권자는 징계위원회 출석 또는 서면의견 진술 등을 통해 철회없이 징계양정 결정이 가능하다고 사료됨.

● 다만, 이 경우에도 새로운 징계혐의사실의 추가 또는 변경으로 징계의결등 요구권자의 의견(경징계→중징계)이 달라짐으로 인해 관할 징계위원회가 변경되는 경우에는 징계의결등 요구를 철회한 후 새로운 관할 징계위원회에 징계의결등을 요구하여야 할 것이나, 철회로 인하여 징계시효기간이 도과되는 등의 특단의 사정이 있는 경우에는 징계등 의결요구를 철회함이 없이 관할 징계위원회로 이송처리토록 하여야 할 것임.

※ 징계사유가 있는 공무원에 대하여 징계처분을 한 후 동건에 관련한 사안 중 새롭고 중대한 사실이 사후에 드러나는 경우에도 동일사건에 대한 징계처분이 확정된 이상 이미 징계처분을 행한 징계사건으로는 다시 징계할 수 없음.

판례	철회 후 징계의결요구

징계권자가 소속 공무원에 대하여 징계요구를 하였다가 이를 철회하고 다시 징계요구를 하는 것을 국가공무원법 및 공무원 징계령상 금지한 조항이 없음.[대법원 1981.1.13. 선고 80누28 판결]

질의 회신	징계처분후 동일건에 관련하여 새롭고 중대한 사실이 드러났을 경우 재징계 가능 여부

🖹 2건의 수사결과(기소유예 및 기소중지) 통보에 대해 징계처분을 완료하였음. 이후 「기소중지」되었던 사건에 대해 재수사가 진행되어 「구약식」으로 통보되었을 경우 다시 징계의결을 요구할 수 있는지

🖹 동일사건에 대한 징계처분이 확정된 이상 다시 징계하기는 어려움.(복무, '17.1.20.)

📝 카. 징계사건 관련 공무원에 대한 신분조치

(1) 타 기관 전보제한

● 징계위원회에 회부중인 공무원은 징계처분으로 인한 신분상의 변동이 예상되므로 징계위원회 관할을 달리하는 기관으로 전보시키거나 징계의결되기 전에 승진시키지 않도록 주의하여야 함.

(2) 의원면직 제한

● 비위의 도가 심한 공무원에 대하여는 경징계 요구하고 단순히 사표수리만으로 처리하는 일이 없도록 하고, 비위행위가 형사사건에 해당하는 경우에는 징계요구와 함께 수사기관에 고발하여 형사책임을 추궁하도록 조치하여야 함.(법 제78조의4, 공무원 비위사건 처리규정 제5조)

● 징계위원회에 회부중인 공무원이 사직원을 제출함으로써 의원면직 조치 하고자 할 때에는 관할 징계위원회의 징계의결이 있기 전에 하도록 함.

● 이 경우에도 징계등 혐의자에 대한 징계의결요구양정이 중징계 상당의 책임이 있다고 인정되는 자에 대하여는 징계제도의 취지에 비추어 의원면직이 당연히 제한된다고 보아야 할 것임.

08

09

징계위원회의 심의절차

✍ 가. 사실조사

- 징계위원회가 징계혐의 사실에 대하여 필요하다고 인정할 때에는 소속직원으로 하여금 사실조사를 하게 하거나 특별한 학식, 경험이 있는 자에게 검정 또는 감정을 의뢰할 수 있고, 소속직원으로 하여금 사실조사를 하게 하기 위하여 필요하다고 인정할 때에는 징계등 혐의자에게 출석을 명할 수 있음.(영 제12조제3항 및 제4항)

✍ 나. 징계등 혐의자의 출석

(1) 출석통지서 송부

- 징계위원회가 징계등 혐의자에게 혐의내용에 관한 심문을 행하고 진술의 기회를 부여하기 위하여 징계등 혐의자의 출석을 명할 때에는 출석통지서(영 별지 제2호 서식)에 의하여야 함.

(가) 직접 송부

- 징계위원회가 징계등 혐의자에게 직접 출석통지서를 송부하는 경우에는 그 사본을 징계등 혐의자의 소속 기관의 장에게 송부하여야 하며, 소속 기관의 장은 징계등 혐의자를 출석시켜야 함.(영 제10조제1항)

(나) 간접 송부

- 징계위원회는 징계등 혐의자에게 직접 출석통지서를 송부하는 것이 주소불명, 기타 사유로 곤란하다고 인정될 때에는 이를 소속 기관의 장에게 송부하여 전달하게 하고, 소속 기관의 장은 지체 없이 이를 전달한 후 그 전달 상황을 관할 징계위원회에 통지하여야 함.(영 제10조제2항)

- 위 출석통지서는 징계위원회 개최일 3일전에 징계등 혐의자에게 도달되도록 하여야 함.(영 제10조제1항)

❖ 이 규정은 징계등 혐의자의 방어권 보장을 위한 주요규정이므로 반드시 징계위원회 개최일 3일전에 출석통지서를 교부함으로써 징계처분이 절차상 하자로 인하여 무효 또는 취소되는 사례가 없도록 유의하여야 함.

❖ 출석통지서 교부일 예시

11월 11일 징계위원회 개최시 11월 7일까지 출석통지서가 도달되도록 통보하여야 함.

(2) 출석통지의 방법

- 대법원 판례에 의하면 출석통지는 소정의 서면에 의하지 아니하더라도 구두, 전화 또는 전언 등의 방법에 의하여 징계등 혐의자에게 전달되고 혐의자가 징계위원회에 출석진술 하였다면 출석통지로서 족한 것으로 보고 있음.

- 다만, 출석통지의 하자로 인하여 해당 징계등 처분이 소청 또는 행정소송에서 다투어지거나 징계등 처분이 무효 또는 취소됨으로써 재징계 절차를 밟는 일이 없도록 미연에 방지하기 위하여는 징계위원회 개최일 3일전에 출석통지서가 도달한 사실을 증명할 수 있도록 반드시 소정의 출석통지서에 의하여야 할 것임.

❖ 최초에 정한 징계위원회 개최일에 징계위원회를 개최하지 아니하고 이를 연기한 경우에도 위 출석통지 규정이 적용되므로 징계등 혐의자에게 다시 정한 기일에 출석할 것을 통지하여야 함.

(3) 출석통지서 관보게재

- 징계등 혐의자의 소재가 분명하지 아니한 때에는 출석통지서는 관보에 의함.

- 이 경우에는 관보에 게재한 날부터(공고한 날로부터) 10일이 지나면 그 출석통지서가 송달된 것으로 봄.(영 제10조제6항)

(4) 출석통지서 수령거부

- 징계등 혐의자가 출석통지서 수령을 거부한 경우에는 징계위원회에서의 진술권을 포기한 것으로 봄. 이때 수령을 거부한 사실을 증명하는 서류를 첨부하여 징계위원회에 송부하여야 함.

- 다만, 이 경우에도 징계등 혐의자는 해당 징계위원회에 출석하여 진술할 수 있음.(영 제10조제7항 및 제8항)

판례 출석통지규정의 법적성질

출석통지는 징계등 혐의자로 하여금 징계위원회가 언제 개최되는가를 알게 함과 동시에 자기에게 이익되는 사실을 진술하게 하거나 증거자료를 제출할 기회를 부여하기 위한 조치에서 나온 강행규정이라 할 것이므로 출석통지 없이 한 징계심의절차는 위법함.[대법원 1993.2.23. 선고 92누16096 판결]

판례 출석통지의 방법

출석통지는 소정의 서면에 의하지 아니하더라도 구두, 전화 또는 전언 등의 방법에 의하여 징계등 혐의자에게 전달되었으면 출석통지로서 족하며 구두로 통보할 경우에도 반드시 징계등 혐의자 본인에게 직접 통보되어야 한다고 할 필요는 없음.[대법원 1992.7.14. 선고 91누9961 판결]

판례 징계회의 연기시의 출석통지

징계등 혐의자에 대한 출석통지서 송부 등에 관한 지방공무원징계 및 소청규정 제4조와 징계혐의자에 대한 진술기회 부여에 관한 동 제5조는 징계 절차에 있어 징계혐의자의 출석 및 진술권을 보장하기 위한 강행규정이라고 해석되며, 이러한 이치는 최초에 정하여진 징계의결기일 뿐만 아니라 그 기일에 징계위원회를 개최하지 아니하고 이를 연기하여 다시 정한 기일에도 적용된다 할 것인 바, 징계등 혐의자에 대한 출석통지 없이 연기된 기일에 한 파면처분은 그 절차상 위법임.[대법원 1984.6.26. 선고 84누178 판결]

판례 출석통지서를 송달하지 아니하고 한 징계의결의 효력

1. 서면에 의한 출석통지를 하지 않았더라도 징계위원회가 심의에 앞서 구두로 출석의 통지를 하고, 이에 따라 징계대상자 등이 징계위원회에 출석하여 진술과 증거제출의 기회를 부여받았다면 이로써 변명과 방어의 기회를 박탈당하였다고 보기는 어려우니 서면의 출석통지의 흠결을 가지고 징계처분이 위법하다고 할 수 없음.[대법원 1985.1.29. 선고 84누516 판결]

2. 지방공무원 징계 및 소청규정 제4조의 규정취지는 징계는 공무원 신분에 중대한 영향을 미치는 처분이므로 징계혐의사실에 대하여 변명하고 반증을 들 수 있는 기회를 주기 위한 출석통지를 확실하게 하기 위함이 있다고 할 것이나 원고가 구두통지를 받고 실제로 각 심의 기일에 출석하여 2회에 걸쳐 변명의 기회를 가진 이상 위 규정 소정의 출석통지서에 의하여 출석을 명하지 아니한 하자는 치유되었다고 할 것임.[대구고등법원 1977.7.21. 선고 76구96 판결]

판례 출석통지의 하자

1. 징계등 혐의자들이 출석통지서 송달 당시 가족들과 동거하지 아니하고 주소지나 본가에서 행방이 알려져 있지도 아니하였던 점 등에 비추어 징계등 혐의자들에 대한 징계위원회 출석통지는 이를 수령한 가족들이 실제로 그 취지를 징계등 혐의자 본인들에게 전달하였다는 특별한 사정이 없는 한 적법하게 이루어졌다고 할 수 없고, 징계등 혐의자들이 1차 출석통지서를 수령한 후 행방을 알 수 없게 되었다거나 가족들이 출석통지서의 수령을 거부하였다는 등의 사정만으로 징계등 혐의자들이 차후 출석통지서의 수령을 거부하였다고 보기는 어려움.[대법원 1993.5.25. 선고 92누8699 판결]

2. 징계위원회가 징계사건을 심의할 때에 징계심의대상자의 가족에 대하여 전화로 출석통지를 하고 그 가족으로부터 출석포기의 의사가 있었다고 하더라도 이와 같이 출석통지나 출석포기의 의사는 적법한 출석통지서와 진술포기서에 갈음한다고 볼 수 없음.[서울고법 1976.6.9. 선고 75구392 판결]

사례 출석통지의 하자

1. 징계등 혐의자로부터 진술포기서를 받은 이후에 징계위원회를 구성하여 징계요구하고 징계회의를 개최하여 해임의결한 것은 중대하고 명백한 하자있는 징계의결로서 무효임.(총무처 소청결정 96-539)

2. 당초 경기도보에 징계위원회 개최일시를 공고했다가 그 일시가 변경되어 출석통지서를 재공고한 후 법정기간이 경과하지 않은 상태에서 징계위원회를 소집하여 징계등 혐의자의 불참 하에 징계의결한 것은 징계등 혐의자의 진술권을 박탈한 하자있는 징계의결로서 이를 근거로 한 징계처분은 무효임.(총무처 소청결정 95-144)

📝 다. 심문권과 진술권

(1) 심문권

- 징계위원회는 출석한 징계등 혐의자에게 혐의내용에 관한 심문을 하고 필요하다고 인정할 때에는 관계인의 출석을 요구하여 심문할 수 있음.(영 제11조제1항)

- 또한 징계등 혐의자는 증인의 심문을 신청할 수 있으며, 이 경우 징계위원회는 그 채택 여부를 결정하여야 함.(영 제11조제3항)

  ❖ 사실심리에 참여하지 않은 위원이 징계의결에 참여하는 경우 그 의결은 중대한 징계절차상의 하자로서 취소 또는 무효사유가 됨.

(2) 진술권

- 징계위원회에서는 징계등 혐의자에게 충분한 진술을 할 수 있는 기회를 부여하도록 되어 있으므로 사안이 명백하다고 하여 징계등 혐의자에게 진술의 기회를 부여하지 아니한 징계의결등은 무효의 원인이 됨.(법 제81조제3항)

  ❖ 혐의자로부터 감사나 수사시에 받은 진술이 있다고 해서 징계위원회에서의 진술로 갈음할 수 없음.

- 징계등 혐의자는 의견서(별지 제2호의2서식) 또는 구술로서 자기에게 이익이 되는 사실을 진술하거나 증거를 제출할 수 있음.(영 제11조제2항)

- 그리고 징계의결등 요구권자는 필요하다고 인정할 때에는 징계위원회에 출석하거나 서면으로 의견을 진술할 수 있음.

  》 다만, 중징계등 요구사건의 경우에는 특별한 사유가 없는 한 징계위원회에 출석하여 의견을 진술해야 함.(영 제11조제4항)

- 징계의결등 요구권자는 감사원장이 중징계를 요구한 사건(감사원법 제32조)에 대해서는 징계위원회 개최 일시·장소 등을 감사원에 통보함.(영 제11조제5항)

- 통보 받은 감사원은 관할 징계위원회에 출석을 신청할 수 있고, 해당 징계위원회는 출석 허용 여부를 결정하여야 함.(영 제11조제6항)

(3) 피해자 진술권

- 징계위원회는 중징계등 요구사건의 피해자가 신청하는 경우에는 그 피해자에게 징계위원회에 출석하여 해당 사건에 대해 의견을 진술할 기회를 주어야 함.(영 제11조의2)

판례 증인채택인정여부

징계혐의자는 증인심문을 신청할 수 있고, 이 경우 징계위원회는 채택여부를 결정하여야 하도록 규정되어 있다 하더라도, 징계위원회가 징계등 혐의자의 증인심문 신청에 대하여 명시적으로 채택여부를 결정하지 아니한 채 징계심의절차를 종결하고 징계의결을 하였다면 그 증인을 심문하지 아니하기로 묵시적으로 결정된 것으로 보아야 할 것임.[대법원 1993.12.14. 선고 93누15045 판결]

판례 확인서와 진술서의 증거 가치

공무원이 자신의 업무와 관련하여 금원을 수수한 사실을 자인하는 내용의 확인서를 작성하고 그 내용에 관하여 조사관과의 문답내용을 기재한 진술서가 작성되었다면, 그 확인서와 진술서는 그 공무원의 의사에 반하여 강제로 작성되었거나 그 내용이 허위임을 인정할 수 있는 객관적인 사유가 있는 등의 특단의 사정이 없는 한 그 증거가치는 쉽게 부인할 수 없음.[대법원 1994.9.23. 선고 94누3421 판결]

사례 사실심리와 징계의결에 있어 징계위원의 동일성 유지

1. 사실심리에 참여하지 않은 위원이 징계의결에 참여하는 경우 그 의결은 중대한 징계절차상의 하자로서 무효임.(총무처 소청결정 93-401)

2. 1차회의시 참여하지 않았던 위원 3명이 2차회의시에 출석하여 혐의자 불참하에 징계의결을 한 것은 위법한 의결이고 이를 근거로 한 징계처분은 무효임.(소청결정 96-706)

✒️ 라. 서면심사

(1) 진술권 포기

- 징계등 혐의자가 징계위원회에서의 진술을 위한 출석을 원하지 아니할 때에는 진술권 포기서를 제출하게 하여 기록에 첨부하고 서면심사*만으로 징계의결등을 할 수 있음.(영 제10조제3항)

  > * 혐의자의 출석 진술이 없이 관련서류만으로 징계위원회 심사를 할 수 있다는 의미이므로 징계위원회의 의결을 위해서는 위원 5명 이상의 출석과 출석위원 과반수의 찬성으로 의결함.

  ❖ **출석통지 및 징계의결요구 이전에 임의로 작성 제출한 진술권포기서는 유효한 진술권포기서라 볼 수 없으므로 유의할 것.**

(2) 정당한 사유없는 불참

- 징계등 혐의자가 정당한 사유서를 제출하지 아니한 때에는 출석을 원하지 아니하는 것으로 보아 그 사실을 기록에 남기고 서면심사에 따라 징계의결등을 할 수 있음.(영 제10조제4항)

(3) 기타 사유로 50일 이내 출석불가능

- 징계등 혐의자가 해외 체류, 형사사건으로 인한 구속, 여행, 기타 사유로 징계의결요구등 요구서 접수일로부터 50일 이내에 출석할 수 없을 때에는 서면에 의하여 진술하게 하여 징계의결등을 할 수 있음.

- 이 경우에 서면에 의하여 진술하지 아니할 때에는 그 진술 없이 징계의결등을 할 수 있음.(영 제10조제5항)

> **판례** 징계등 혐의자의 출석불응과 서면심사
>
>
>
> 무단결근중인 원고에 대하여 2회에 걸쳐 출석통지서를 송부하였으나 원고가 정당한 사유 없이 출석하지 아니하였으므로 출석을 원하지 아니하는 것으로 보고 서면심사에 의하여 문제의 징계절차를 적법하게 진행한 사실등을 인정한 조치에는 채증법칙을 어겨 사실을 오인한 위법사유가 없음.[대법원 1973.5.22. 선고 73누52 판결]

📝 마. 회의의 비공개 및 비밀누설 금지

- 징계위원회의 심의·의결의 공정성을 보장하기 위하여 징계위원회의 회의, 징계위원회의 회의에 참여할 또는 참여한 위원의 명단, 징계위원회의 회의에서 위원이 발언한 내용이 적힌 문서(전자적으로 기록된 문서를 포함) 등은 공개하지 아니함.(영 제20조)

- 징계위원회 회의에 참여한 사람은 직무상 알게 된 비밀을 누설해서는 아니 됨.(영 제21조)

📝 바. 징계회의록 작성

- 회의록에는 회의의 명칭, 개최기관, 일시 및 장소, 참석자 및 배석자 명단, 진행순서, 상정 안건, 발언 요지, 결정 사항 및 표결 내용에 관한 사항이 포함되어야 함.

📝 사. 회의 참석자의 준수사항

- 징계위원회 회의에 참석하는 사람은 녹음기·카메라·휴대전화 등 녹음·녹화·촬영이 가능한 기기, 흉기 등 위험한 물건, 그 밖에 징계사건의 심의와 관계없는 물건을 소지할 수 없음.

- 또한, 녹음·녹화·촬영 또는 중계방송, 회의실 내의 질서를 해치는 행위, 다른 사람의 생명·신체·재산 등에 위해를 가하는 행위를 해서는 안됨.(영 제22조)

10

징계위원회의 의결

📝 가. 징계등 의결

(1) 징계등 의결의 성질

- 징계위원회의 의결등은 일종의 형식적 쟁송을 거친 준사법적 행정행위로서 징계 등 처분권자는 징계위원회의 의결에 기속되어 징계의결등 양정을 변경할 수 없음.

- 징계위원회의 의결등은 성질상 확정력(불가변력)을 발생시키므로 징계위원회에서 혐의자가 진술한 내용이 허위로 판명되었을 경우라도 징계위원회 스스로도 이를 변경할 수 없다 할 것이므로 일사부재리원칙에 의거 징계의결등 양정을 번복할 수 없음.

- 그러나, 징계의결등을 함에 있어서 징계등 혐의자에게 출석진술권을 부여하지 않은 경우 등과 같이 징계의결등에 중대한 하자(절차, 내용, 형식, 주체 등)가 있는 경우에는 징계등 처분 자체가 무효 또는 취소의 원인이 됨.

(2) 징계의결등 사항의 범위

- 원칙적으로 징계위원회는 징계의결등 요구된 사항에 대하여만 심리·의결권이 있다 할 것임. 다만, 판례는 기본적인 사실관계의 동일성에 변함이 없는 한 징계의결등 요구사유와 징계의결 사항간의 차이가 발생하는 사안에 대해 위법이 아니라는 입장을 취하고 있음.

- 징계위원회는 일종의 준독립적 기관이므로 징계의결등 요구권자의 경징계·중징계 요구 의견에 기속 받지 않고 징계의결등을 할 수 있음.

(3) 징계의결등의 정족수

● 징계위원회는 위원 5인 이상의 출석과 출석위원 과반수의 찬성으로 의결하되, 의견이 나뉘어 출석위원 과반수의 찬성을 얻지 못한 경우에는 출석위원 과반수가 될 때까지 징계등 혐의자에게 가장 불리한 의견에 차례로 유리한 의견을 더하여 가장 유리한 의견을 합의된 의견으로 봄.(영 제12조제1항)

 의견분립시 양정결정 방법 예시

징계위원 7인이 출석하여 파면 1명, 해임 1명, 정직3월 2명, 감봉3월 3명의 의견이 있을 경우 과반수가 되는 정직3월로 의결.

(4) 서면의결

● 징계위원회는 영 제2조제5항 단서에 따른 징계등 사건의 관할 이송에 관한 사항 및 영 제9조제1항 단서에 따른 징계의결등의 기한 연기에 관한 사항에 대해서는 서면으로 의결할 수 있음.(영 제12조제6항)

● 징계위원회 위원들의 동의 및 보안서약이 있어야 함.(동의서 및 보안서약서 징구)

》 징계등 사건 관련자의 신상정보, 회의 내용·결과 등이 유출되지 않도록 보안에 유의해야함.

● 일정한 기한을 정하여 서면으로 심의·의결하되, 기한의 말일을 회의를 개최한 날로 봄.

(5) 징계의결등의 기한

● 징계위원회는 징계의결요구서를 접수한 날로부터 30일(중앙징계위원회는 60일) 이내에 의결을 하여야 하나, 부득이한 사유가 있을 때에는 해당 징계위원회의 의결로 30일(중앙징계위원회는 60일)의 범위에서 그 기한을 연기할 수 있음.(영 제9조제1항)

● 징계의결등이 요구된 사건에 대한 징계위원회에서 신중한 징계의결을 위하여 징계절차의 진행이 법 제83조의 규정에 의하여 중지된 때에는 그 중지된 기간은 위 징계의결등의 기한에 산입하지 아니함.(영 제9조제2항)

● 징계의결등의 기한 규정의 취지는 징계의결등 요구서를 접수한 징계위원회가 그 처리를 이유 없이 지연하는 것을 방지하는데 있다 할 것임.

판례 징계집행의 취소·변경 가능여부

징계권자로서는 징계의결대로 징계처분을 집행한 다음에는 특단의 사정이 없는 한 그 스스로 이를 취소하거나 변경할 수 없다 할 것이고 이는 징계위원회의 의결내용에 하자가 있는 경우에도 마찬가지라 할 것임.[대구고법 1979.6.5. 선고 78구92 판결]

판례 하자있는 징계의결 무효선언 후 재징계 가능여부

하자가 있는 징계의결의 무효를 선언하고 그 후 같은 징계사유로 파면결의를 한 조처는 이중으로 징계처분을 한 경우에 해당되지 않음.[대법원 1971.3.9. 선고 70누160 판결]

판례 징계의결사항의 범위

1. 징계위원회는 징계의결 요구권자에 의하여 징계의결이 요구된 징계사유 아닌 사유를 들어 징계의결을 할 수는 없으나 징계의결 요구시까지의 무단결근을 징계사유로 한 징계의결요구가 있는 경우 그 무단결근이 징계의결을 할 때까지 계속되고 있었다면 소관 징계위원회가 최초에 요구된 일수보다 많은 무단결근일수를 징계의결사항으로 하였다하여도 이는 무단결근이라는 기초사실의 동일성에 변함이 없고 또 원고들의 방어권행사에 무슨 지장을 주는 것이 아니므로 징계의결이 징계요구 없는 사항에 대한 것이라 할 수는 없음.[대법원 1984.9.25. 선고 84누299 판결]

2. 금품의 수수에 있어서 공여자, 액수 및 그 수수하게 된 경위가 동일하다면, 그 수수일시에 약 1개월 정도의 차이가 있다 할지라도 징계사유와 원심인정의 비위사실은 기본적인 사실관계에 있어 동일함.[대법원 1984.11.27. 선고 84누287 판결]

판례 징계의결기한규정의 법적성질

징계의결의 기한규정은 징계사유의 시효와는 달리 신속한 징계의결을 도모하고 그에 따른 후임자의 충원 등에 의해 행정작용이 계속적으로 원활히 행해지도록 하는 등으로 행정법관계의 장기간에 걸친 불안정 상태를 방지하려는 것을 주안으로 하는 훈시적 규정이고 징계의결기한이 지나서 징계의결을 하였다 하여 관계자의 책임문제는 별문제로 하고 징계의결이 위법한 것은 아님.[대법원 1993.2.23. 선고 92누16096 판결]

사례 징계의결의 하자

1. 과반수에 달하는 의견이 없었음에도 그 분립한 의견에 점차 유리한 의견을 가산함이 없이 그대로 의결함은 위법임.(총무처 소청결정 70-26)

2. 징계 등 혐의자에 대한 징계위원회의 1차투표결과 해임 2, 정직3월 1, 재조사 1로 징계위원의 의사표시가 이루어져 공무원 징계령 제14조의 규정에 의하면 정직3월로 의결된 것임에도 법규정을 오해한 위원장이 임의로 재투표를 실시하여 해임으로 의결한 것은 중대한 하자있는 의결로서 이에 근거한 해임처분은 무효임.(총무처 소청결정 95-284)

질의 회신 2개의 징계사건 병합을 위해 징계의결요구를 1개월 이상 보류하는 것이 가능한지

📋 소속 공무원이 폭력범죄로 고소를 당해 범죄처분결과통보 되었으며, 다른 사기건으로 수사 중인 경우 먼저 통보된 건의 징계의결 요구를 보류하고 다른 건이 통보되었을 때 함께 징계의결요구해도 되는지, 다만 이 경우 그 기한이 1개월 이상될 것으로 예견됨.

📋 해당 건에 대해 우선 징계의결 요구를 한 후 징계위원회에서 2건을 병합하여 심의, 의결하는 것이 적정하다고 결정한 경우, 징계의결을 보류하고 다른 건이 징계의결 요구 되었을 때 함께 심의·의결할 수는 있을 것임.(복무, '16.9.8.)

질의 회신 징계위원회가 징계의결요구권자의 의견에 귀속받는지 여부

📋 관할 징계위원회에서는 징계의결 요구권자의 요구양정 수준과 관계없이 의결할 수 있는지 여부

📋 관할 징계위원회에서 징계의결 요구권자의 요구양정 수준 또는 의견에 기속 받지 않고 징계의결을 할 수 있음.

📋 징계의결 요구권자가 관할 징계위원회에 요구한 양정이 '중징계' 였으나, 관할 징계위원회에서 '경징계'에 해당하는 징계종류로 의결하였을 경우(또는 반대) 징계의결 요구권자는 상급기관의 징계위원회에 재심사를 청구해야 하는지 여부

📋 징계위원회는 징계의결 요구권자의 경징계·중징계요구 의견에 기속 받지 않고 징계의결 할 수 있음. 징계의결 요구권자는 「국가공무원법」 제82조제2항에 따라 징계위원회의 의결이 가볍다고 인정하면 그 처분을 하기 전에 직급 상급기관에 설치된 징계위원회에 심사나 재심사를 청구할 수 있으며, 심사 또는 재심사청구 여부는 징계의결을 요구한 기관의 장의 재량행위에 해당함.

질의회신 보류의결 근거 및 가능여부

📋 보류의결 근거 및 1심 선고(징역1년6개월)를 받고 항소 중인 자에 대하여 보류의결 가능여부

📋 행정부소속의 경력직국가공무원에 관하여 규정하고 있는 「공무원 징계령」 제9조(징계의결 기한) 제1항에 의하면 징계위원회는 징계의결 요구서를 접수한 날부터 30일(중앙징계위원회의 경우는 60일)이내에 징계에 관한 의결을 하며, 부득이한 사유가 있을 때에는 해당 징계위원회의 의결로 30일(중앙징계위원회의 경우는 60일)의 범위에서 그 기간을 연장할 수 있도록 규정하고 있는 바, 보류의결 여부는 해당 징계위원회가 판단하여 결정해야 할 사항임.

📋 보류의결 절차

📋 보류의결도 의결중 한 유형이므로 징계의결 절차와 동일하게 위원 5명이상 출석과 출석위원 과반수의 찬성으로 '보류의결'을 의결을 할 수 있음.(복무과-1183, '10. 4.28.)

(6) 기타 징계위원회의 의결정족수 및 의결기한

징계위원회		징계의결	징계의결기한
법관징계위원회		위원장을 포함한 위원 과반수 출석과 출석위원 과반수의 찬성으로 의결	60일이내 * 위원회 의결로 30일 연장 가능
검사징계위원회		출석위원 과반수의 찬성	–
헌법재판소 직원	헌법연구관 징계위원회	위원장을 포함한 위원 4인 이상의 출석과 출석위원 과반수의 찬성	60일이내 * 위원회 의결로 60일 연장 가능
	고등징계위원회		30일 이내 * 위원회 의결로 30일 연장 가능
	보통징계위원회		
대통령 경호처 직원	고등징계위원회	위원장을 포함한 위원 5인 이상의 출석과 출석위원 과반수의 찬성	60일이내 * 위원회 의결로 60일 연장 가능
	보통징계위원회		30일 이내 * 위원회 의결로 30일 연장 가능
감사원 직원	고등징계위원회	위원장을 포함한 위원 4인 이상 출석과 출석위원 과반수의 찬성	60일이내 * 위원회 의결로 60일 연장 가능
	보통징계위원회		30일이내 * 위원회 의결로 30일 연장 가능

징계위원회		징계의결	징계의결기한
경찰 공무원	중앙징계위원회	위원장을 포함한 위원 과반수의 출석과 출석위원 과반수의 찬성	30일 이내 * 징계의결을 요구한 기관의 장의 승인을 얻어 30일이내의 범위 안에서 연장 가능
	보통징계위원회		
소방공무원 징계위원회		위원장을 포함한 위원 과반수(과반수가 3명 미만인 경우에는 3명 이상)의 출석과 출석위원 과반수의 찬성	30일 이내 * 위원회 의결로 30일 연장 가능
외무공무원 징계위원회		위원장을 포함한 위원 5인 이상의 출석과 출석위원 과반수의 찬성	30일 이내 * 위원회 의결로 30일 연장 가능
교육 공무원	대학의 장 징계위원회	위원장을 포함한 위원 4인이상의 출석과 출석위원 과반수의 찬성	60일 이내 * 위원회 의결로 30일 연장 가능 * 성 관련 비위만을 징계등 사유로 하는 경우에는 30일
	특별징계위원회		
	일반징계위원회	위원장을 포함한 위원 5인이상의 출석과 출석위원 과반수의 찬성	
국가 정보원 직원	고등징계위원회	위원장을 포함한 위원 2/3 이상의 출석과 출석위원 과반수의 찬성	30일 이내 * 위원회 의결로 30일 연장 가능
	보통징계위원회		
국회 공무원	중앙징계위원회	위원장을 포함한 위원 5인이상의 출석과 출석위원 과반수의 찬성	경징계 : 30일 이내 * 위원회 의결로 30일 연장 가능
	보통징계위원회	위원장을 포함한 위원 4인이상의 출석과 출석위원 과반수의 찬성	중징계 또는 중징계관련 징계부가금 : 60일 이내 * 위원회 의결로 30일 연장 가능
법원 공무원	고등징계위원회	위원장을 포함한 위원 4인이상의 출석과 출석위원 과반수의 찬성	30일 이내 * 위원회 의결로 30일 연장 가능
	보통징계위원회		60일 이내 * 위원회 의결로 60일 연장 가능
선거관리 위원회 공무원	고등징계위원회	위원장을 포함한 위원 4인이상의 출석과 출석위원 과반수의 찬성	30일 이내 * 위원회 의결로 30일 연장 가능
	보통징계위원회		60일 이내 * 위원회 의결로 60일 연장 가능

📝 나. 징계등의 양정

(1) 징계등 양정의 의의

- 징계등 양정은 징계등의 대상이 되는 비위사실(징계사유등)에 대하여 징계등의 종류를 형량·선정하는 것을 말하며, 이는 재량적 행위라 할 수 있음.

- 그러나 징계등은 공무원에 대한 제재로서의 성질을 가짐과 동시에 공무담임권에 중대한 영향을 미치므로 징계등의 양정에 있어서는 재량권의 한계가 준수되어야 하고, 또한 징계위원회가 징계등 사건을 심의·의결함에 있어서 각급 징계위원회간에 징계등 양정의 형평을 유지하고 징계등의 공정성을 확보하기 위하여 일정한 판단기준이 필요함.

  ※「공무원 징계령 시행규칙」은 대표적인 징계양정 기준임.

- 징계 등의 양정에 있어서는 징계양정기준 외에 징계사유 등이 된 사실의 내용·성질 및 그 사실이 있게 된 관계사정과 징계등 혐의자의 혐의 당시 직급, 징계등 요구의 내용, 비위행위가 공직 내외에 미치는 영향, 평소 행실, 공적(功績), 뉘우치는 정도 또는 그 밖의 정상을 종합적으로 고려하여 그 징계사유등과 징계등 종류와의 사이에 비례의 원칙이 유지되도록 하여야 할 것임.(영 제17조)

(2) 징계등 양정시 재량권의 한계

- 공무원인 피징계자에게 징계사유 등이 있어 징계등 처분을 하는 경우 어떠한 처분을 할 것인가 하는 것은 징계권자의 재량에 맡겨진 것이고, 다만 징계권자가 위 재량권의 행사로서 한 징계처분이 사회통념상 현저하게 타당성을 잃어 징계권자에게 재량권을 남용한 것이라고 인정되는 경우에 한하여 그 처분을 위법한 것이라고 할 것임.

> **판례**   공무원에 대한 징계처분에 있어서 재량권의 한계
>
> 1. 공무원인 피징계자에게 징계사유가 있어 징계처분을 하는 경우 어떠한 처분을 할 것인가 하는 것은 징계권자의 재량에 맡겨진 것이고, 다만 징계권자가 위 재량권의 행사로서 한 징계처분이 사회통념상 현저하게 타당성을 잃어 징계권자에게 맡겨진 재량권을 남용한 것이라고 인정되는 경우에 한하여 위법한 것임.[대법원 1997.1.24. 선고 96누15763 판결]

2. 징계권의 행사가 임용권자의 재량에 맡겨진 것이라고 하여도 공익적 목적을 위하여 징계권을 행사하여야 할 공익의 원칙에 반하거나 일반적으로 징계사유로 삼은 비행의 정도에 비하여 균형을 잃은 과중한 징계처분을 선택함으로써 비례의 원칙에 위반하거나 또는 합리적인 사유 없이 같은 정도의 비행에 대하여 일반적으로 적용하여 온 기준과 어긋나게 공평을 잃은 징계처분을 선택함으로써 평등의 원칙에 위반한 경우에 이러한 징계처분은 재량권의 한계를 벗어난 처분으로 위법함.[대법원 2004.6.25. 선고 2002다51555 판결]

3. 공무원인 피징계자에게 징계사유가 있어서 징계처분을 하는 경우 어떠한 처분을 할 것인가는 징계권자의 재량에 맡겨진 것이고, 다만 징계권자가 재량권의 행사로서 한 징계처분이 사회통념상 현저하게 타당성을 잃어 징계권자에게 맡겨진 재량권을 남용한 것이라고 인정되는 경우에 한하여 그 처분을 위법하다 할 것인데, 공무원에 대한 징계처분이 사회통념상 현저하게 타당성을 잃었다고 하려면 구체적인 사례에 따라 징계의 원인이 된 비위사실의 내용과 성질, 징계에 의하여 달성하려고 하는 행정목적, 징계 양정의 기준 등 여러 요소를 종합하여 판단할 때에 그 징계 내용이 객관적으로 명백히 부당하다고 인정할 수 있는 경우라야 함.[대법원 2010.11.11. 선고 2010두16172 판결]

판례 징계처분의 일탈로 보지 않은 경우

1. 지방공무원 복무조례개정안에 대한 의견을 표명하기 위하여 전국공무원노동조합 간부 10여 명과 함께 시장의 사택을 방문한 위 노동조합 시지부 사무국장에게 지방공무원법 제58조에 정한 집단행위 금지의무를 위반하였다는 등의 이유로 징계권자가 파면처분을 한 사안에서, 그 징계처분이 사회통념상 현저하게 타당성을 잃거나 객관적으로 명백하게 부당하여 징계권의 한계를 일탈하거나 재량권을 남용하였다고 볼 수 없음.[대법원 2009.6.23. 선고 2006두16786 판결]

2. 지하철공사로 인한 교통통제신청 등 민원관계업무를 취급하던 경찰관이 관내 지하철공사 현장사무소 관리과장으로부터 금 15만원을 받았다면 피고가 징계의 종류로서 파면을 택하였다 하여 그것이 재량권의 범위를 일탈한 것이라 할 수 없음.[대법원 1983.12.27. 선고 83누564 판결]

3. 여객이 역구내에서 유실물을 습득하였다고 신고한 물건을 보관하면서 그 내용물의 일부를 횡령한 역무원의 행위는 철도유실물취급요령에 위반될 뿐만 아니라 형사상으로도 횡령죄에 해당하고 신문에 보도되는 등으로 사회적 물의까지 따른 비위이므로 국가공무원법 제56조, 제63조 등에 위반하여 철도청 위신을 적지 않게 실추시킨 비위로서 그 비위의 도가 중하고 고의가 있는 경우에 해당한다는 이유로 그 역무원에 대하여 한 해임처분은 재량권의 범위를 일탈한 것이 아님.[대법원 1997.1.24. 선고 96누15763 판결]

4. 경찰공무원이 담당사건의 고소인으로부터 금품을 수수하고 향응과 양주를 제공받았으며 이를 은폐하기 위하여 고소인을 무고하는 범죄행위를 하였다는 사유로 해임처분을 한 경우, 위 징계사유중 금품수수 사실이 인정되지 않더라도 나머지 징계사유만으로도 해임처분의 타당성이 인정되어 재량권의 범위를 일탈한 것이라 할 수 없음.[대법원 2002.9.24. 선고 2002두6620 판결]

5. 병가 중 음주운전을 하여 교통사고를 일으키고 그 현장을 이탈하였다가 체포된 경찰공무원에 대하여 지방경찰청장이 파면처분을 하였다가 해임처분으로 감경하는 처분을 한 사안에서, 위 해임처분이 경찰관이 수행하는 직무의 특성, 징계의 원인이 된 비위사실의 내용과 성질, 징계에 의하여 달성하려는 행정목적 등에 비추어, 그 징계 내용이 객관적으로 명백히 부당한 것으로서 사회통념상 현저히 타당성을 잃어 징계권자에게 맡겨진 재량권을 일탈하거나 남용한 것이라고 단정할 수 없음.[대법원 2010.11.11. 선고 2010두16172 판결]

6. 교육감이 국가수준 학업성취도 평가의 시험 감독 지시를 거부하고 학업성취도 평가를 반대하는 1인 시위를 한 고등학교 교사 甲에게 감봉 2월의 징계처분을 한 사안에서, 징계의 원인이 된 비위사실의 내용과 정도, 징계에 의하여 달성하려는 행정목적 등에 비추어 볼 때, 위 처분이 객관적으로 명백하게 부당한 것으로서 사회통념상 현저하게 타당성을 잃었다고 할 수 없음.[대법원 2012.10.11. 선고 2012두10895 판결]

7. 국립대학교 총장이 학교 소속 교수이자 과학자인 甲에 대하여 실험데이터를 조작하여 허위내용의 논문을 작성·발표하였다는 등의 이유로 교육공무원법 제51조제1항, 국가공무원법 제78조제1항에 따라 파면처분을 한 사안에서, 국립대학교 교수가 수행하는 직무 및 해당 연구의 특성, 허위논문 작성에 대한 엄격한 징계의 필요성 등에 비추어, 위 징계내용이 객관적으로 명백히 부당한 것으로서 사회통념상 현저하게 타당성을 잃어 징계권자에게 맡긴 재량권을 일탈하거나 남용한 것으로 볼 수 없다고 한 사례[대법원 2014.2.27. 선고 2011두29540 판결]

판례 징계처분의 재량권의 범위를 넘어서 위법하다고 본 사례

1. 공무원의 요정출입 금지를 명한 국무총리의 훈령은 카바레, 빠, 요정등 유흥영업장소에서의 유흥에는 일반적으로 과대한 비용이 소요되므로 그러한 요정에 출입하는 공무원은 대개 직무상의 부정한 청탁과 관련되어 향응을 받는 것이라는 국민의 의혹을 살 우려가 있다 하여 이를 금지하는 것이므로 이와 같은 훈령을 어기고 요정을 출입하는 행위는 공무원의 품위를 손상하는 행위에 해당되나, 단 1회의 요정출입 행위만으로 공무원의 신분을 박탈하는 파면에 처한 처분은 재량권의 범위를 넘어선 위법한 처분임.[대법원 1967.5.2, 67누24 판결]

2. 경미한 사유를 이유로 파면처분을 하는 것은 재량권의 한계를 일탈한 위법한 처분임.[대법원 1969.2.25. 선고 68누169 판결]

3. 직속 상사의 승인을 얻고 다방에서 내객과 면담하고 5분 후에 귀청한 직원에 대해 업무 대행자를 지정하지 않은 사유를 들어 파면처분한 것은 공무원에 대한 징계처분의 재량의 범위를 현저히 일탈한 위법한 처분임.[대법원 1969.7.8. 선고 69누34 판결]

판례 징계양정에 있어서의 참작자료

1. 징계처분이 재량권의 한계를 벗어난 것인지 여부를 판단함에 있어서는 피징계자의 평소의 소행, 근무성적, 징계처분 전력 이외에도 당해 징계처분사유 전후에 저지른 징계사유로 되지 아니한 비위사실도 징계양정에 있어서의 참고자료가 될 수 있음.[대법원 2004.6.25. 선고 2002다51555 판결]

2. 징계권자가 법정의 징계종류중 어느 것을 선택하느냐 하는 것은 구체적인 그 징계사유의 내용과 성질이 그 표준이 됨은 물론이나 그전에 어떠한 사유로 어떠한 종류의 징계처분을 몇 번이나 받은 사실이 있는가의 점도 그 징계종류 선택에 있어서의 자료가 되며, 징계종류 선택의 자료로서 피징계자인 공무원의 평소의 소행과 근무성적 등도 참작하여야 하므로 당해 징계양정에 있어서의 참작자료가 될 수 있음.[대법원 1991.2.12. 선고 90누5627 판결]

판례 징계처분이 재량권의 한계를 벗어난 것인지 여부에 대한 판단 기준

공무원에 대한 징계처분이 사회통념상 현저하게 타당성을 잃었다고 하려면 구체적인 사례에 따라 징계의 원인이 된 비위사실의 내용과 성질, 징계에 의하여 달성하려고 하는 행정목적, 징계 양정의 기준 등 여러 요소를 종합하여 판단할 때에 그 징계 내용이 객관적으로 명백히 부당하다고 인정할 수 있는 경우이어야 함. 따라서 징계권의 행사가 임용권자의 재량에 맡겨진 것이라고 하여도 공익적 목적을 위하여 징계권을 행사하여야 할 공익의 원칙에 반하거나 일반적으로 징계사유로 삼은 비행의 정도에 비하여 균형을 잃은 과중한 징계처분을 선택함으로써 비례의 원칙을 위반하거나 또는 합리적인 사유 없이 같은 정도의 비행에 대하여 일반적으로 적용하여 온 기준과 어긋나게 공평을 잃은 징계처분을 선택함으로써 평등의 원칙에 위반한 경우라면 이러한 징계처분은 재량권의 한계를 벗어난 처분으로서 위법하다고 할 것임.[대법원 2012.10.11. 선고 2012두10895 판결]

(3) 징계등 양정의 기준

(가) 일반적 기준

● 징계위원회는 징계등 혐의자의 비위(非違)의 유형, 비위의 정도 및 과실의 경중과 혐의 당시 직급, 비위행위가 공직 내외에 미치는 영향, 수사 중 공무원 신분을 감추거나 속인 정황, 평소 행실, 공적(功績), 뉘우치는 정도, 규제개혁 및 국정과제 등 관련 업무 처리의 적극성 또는 그 밖의 정상 등을 고려하여 징계기준, 초과근

무수당 및 여비 부당수령 징계기준, 청렴의 의무 위반 징계기준, 성 관련 비위 징계기준, 음주운전 징계기준 및 징계부가금 부과기준에 따라 징계 또는 징계부가금 사건을 의결하여야 함.(시행규칙 제2조제1항)

- 따라서 그전에 어떠한 사유로 어떤 징계등 처분을 몇 번이나 받은 사실이 있는지의 여부와 이미 사면된 징계등처분의 경력 등도 징계등 양정의 선택에 있어서의 자료가 됨.

- 징계등 혐의자의 비위에 대하여 파면에 처한 것이 재량권의 범위를 벗어난 위법한 처분이라하여 파면처분을 취소하는 판결이 확정된 경우 다시 징계위원회의 의결을 거쳐 파면보다 가벼운 해임으로 의결하더라도 확정판결의 기판력에 저촉되는 것은 아니며, 원처분 취소판결이유가 징계등 양정의 과다가 아니고 단순히 절차상의 하자로 인한 것이라면 정당한 절차를 밟아 원처분 징계등 양정대로 재징계의결하는 것도 가능함.

(나) 직무와 관련한 금품수수 비위 사건 등에 대한 징계기준

- 징계등 의결 대상이 직무와 관련한 금품수수 비위 사건인 경우에는 그 비위행위자는 물론 해당 비위와 관련된 감독자 및 그 비위행위의 제안·주선자에 대해서도 엄중히 책임을 물어야 함.

- 또한 징계등 의결 대상이 부작위 또는 직무태만으로 국민의 권익을 침해하거나 국가 재정상의 손실을 발생하게 한 비위 사건인 경우에는 그 비위행위자는 물론 해당 비위와 관련된 감독자에 대해서도 엄중히 책임을 물어야 함.(시행규칙 제2조제2항)

- 법 제78조의2제1항 각 호에 해당하는 행위의 신고·고발 의무를 불이행한 경우에는 징계기준에 따라 책임을 물어야 함.(시행규칙 별표1)

(다) 적극행정 등에 대한 징계기준

- 징계위원회는 고의 또는 중과실에 의하지 않은 비위로서 다음 각 호의 어느 하나에 해당되는 경우에는 징계의결 또는 징계부가금 부과 의결을 하지 아니함.(시행규칙 제3조의2제1항)

- 불합리한 규제의 개선 등 공공의 이익을 위한 정책, 국가적으로 이익이 되고 국민생활에 편익을 주는 정책 또는 소관 법령의 입법목적을 달성하기 위하여 필수적인 정책 등을 수립·집행하거나, 정책목표의 달성을 위하여 업무처리 절차·방식을 창의적으로 개선하는 등 성실하고 능동적으로 업무를 처리하는 과정에서 발생한 것으로 인정되는 경우
- 국가의 이익이나 국민생활에 큰 피해가 예견되어 이를 방지하기 위하여 정책을 적극적으로 수립·집행하는 과정에서 발생한 것으로서 정책을 수립·집행할 당시의 여건 또는 그 밖의 사회통념에 비추어 적법하게 처리될 것이라고 기대하기가 극히 곤란했던 것으로 인정되는 경우

※ 아래 각 호에 모두 해당되는 경우에는 해당 비위가 고의 또는 중과실에 의하지 않은 것으로 추정함
1. 징계등 혐의자와 비위 관련 직무 사이에 사적인 이해관계가 없을 것
2. 대상 업무를 처리하면서 중대한 절차상의 하자가 없었을 것

- 제1항에도 불구하고 징계등 혐의자가 감사원이나「공공감사에 관한 법률」제2조제 5호에 따른 자체감사기구로부터 사전에 받은 의견대로 업무를 처리한 경우,「적극 행정 운영규정」제13조에 따라 같은 영 제11조에 따른 적극행정위원회가 제시한 의견대로 업무를 처리한 경우에는 징계의결등을 하지 아니함.(시행규칙 제3조의2 제3항 및 제4항)

(라) 직무와 관련이 없는 사고로 인한 비위에 대한 징계기준

- 징계감경 제외 대상이 아닌 비위 중 직무와 관련이 없는 사고로 인한 비위로서 사회통념에 비추어 공무원의 품위를 손상하지 않았다고 인정되는 경우에는 징계의결등을 하지 아니할 수 있음.(시행규칙 제3조의2제5항)

❖ 직무와 관련이 없는 사고는 징계위원회에서 징계의결을 하지 않을 수 있다는 의미이므로, 징계등 요구권자는「공무원 비위사건 처리규정」에 규정된 비위에 해당하는 경우 반드시 징계의결을 요구해야 함.

(마) 감독자에 대한 문책기준

- 같은 사건에 관련된 행위자와 감독자에 대해서는 업무의 성질 및 업무와의 관련 정도 등을 참작하여 '비위행위자와 감독자에 대한 문책기준'에 따라 징계의결등을 하여야 함.(시행규칙 제3조)
- 부하직원의 비위에 대한 감독상의 책임을 지우기 위해서는 해당 공무원이나 부하 직원이 구체적으로 어떠한 직무수행상 태만이나 고의가 있었는지 구체적인 감독의 무위반 사실을 밝혀 증거에 의하여 이를 인정하여야 함.

❖ 부하직원들에게 단순히 비위사실이 있었다는 사실만으로 감독자가 직무를 태만히 하거나 성실 의무를 위반한 것으로 볼 수는 없음.

비위행위자와 감독자에 대한 문책기준 〈시행규칙 별표2〉

업무의 성질		업무 관련도	비위 행위자 (담당자)	직근 상급 감독자	2단계 위의 감독자	최고감독자 (결재권자)
정책결정 사항	중요 사항 (고도의 정책사항)	고의 또는 중과실이 없는 경우	–	3	2	1
		고의 또는 중과실이 있는 경우	4	3	2	1
	일반적인 사항		3	1	2	4
단순·반복 업무	중요 사항		1	2	3	4
	경미한 사항		1	2	3	
단독 행위			1	2		

* 비고 1. 1, 2, 3, 4는 문책 정도의 순위를 말한다.
2. "고도의 정책사항"이란 국정과제 등 주요 정책결정으로 확정된 사항 및 다수 부처 관련 과제로 정책조정을 거쳐 결정된 사항 등을 말한다.
3. 고의 또는 중과실이 없는 경우란 제3조의2제2항에 해당하는 경우를 말한다.

⦁ 업무의 성질 및 업무와의 관련 정도 등을 고려하여 중요한 정책결정 사항에 관한 비위에 있어서는 하위직보다는 결재권자인 상위감독자를 중하게 문책하는 등 징계 운영에 공정성을 기하여야 함.

⦁ 제도불비로 인한 비위발생시 제도개선조치를 태만히 한 경우에 있어서는 정책결정 사항으로 보아 감독자부터 문책하여야 함.

⦁ 비위행위자와 감독자에 대한 문책기준표 중 문책순위 1에 해당하지 아니하는 자로 징계의결등을 하지 아니할 수 있는 경우 예시(시행규칙 제3조제2항)

① 해당 비위를 발견하여 보고하였거나 이를 적법·타당하게 조치한 징계등 사건
② 비위의 정도가 약하고 경과실인 징계등 사건
③ 철저하게 감독하였다는 사실이 증명되는 감독자의 징계사건

(4) 징계의 감경

(가) 공적에 의한 감경

- 징계위원회는 징계의결이 요구된 자가 다음 사항에 해당하는 공적이 있는 경우에는 아래 "(라)"항의 징계양정감경기준에 따라 징계를 감경할 수 있음.(시행규칙 제4조제1항)

① 상훈법에 따른 훈장 또는 포장을 받은 공적
② 정부표창규정에 따라 국무총리 이상의 표창(공적에 대한 표창만 해당)을 받은 공적, 다만, 비위행위 당시 공무원 징계령 제2조제2항제3호 각 목에 따른 공무원은 중앙행정기관장인 청장(차관급 상당 기관장을 포함) 이상의 표창을 받은 공적
③ 모범공무원규정에 따라 모범공무원으로 선발된 공적

- 공적에 의한 징계감경 여부는 징계위원회에서 결정할 사안으로 징계의결등 요구권자가 미리 1단계 감경한 양정을 기준으로 징계종류(중징계·경징계)를 구분하지 않도록 함.
- 징계 감경을 위한 정부표창은 공적에 대한 표창만을 의미하며, 기타 상장 또는 감사장 등은 제외함.
- 공무원 징계령 시행규칙 제4조제1항에서 규정한 상훈법에 의한 훈장 또는 포장이나 정부표창규정에 의한 표창에는 공무원의 직무수행과 관련 있는 공적뿐만 아니라 직무수행과 직접 관련 없는 공적으로 받은 훈장·포장·표창도 포함되는 취지로 해석되므로 더 나아가 공무원으로 임용되기 전 또는 군복무기간중의 공적으로 받은 훈장·포장 또는 표창도 포함되는 것임.

❖ **감경대상 제외공적**
징계의 감경대상 공무원이 징계처분이나 "공무원 징계령 시행규칙"에 의한 경고 즉 불문(경고)를 받은 사실이 있는 경우에는 그 징계처분이나 동 규칙에 의하여 감경되어 의결된 불문(경고)처분 전의 공적은 감경대상 공적에서 제외함.(규칙 제4조제1항 단서)

❖ 감경제외 비위

징계의결내용이 「국가공무원법」 제78조의2제1항 각 호의 어느 하나에 해당하는 비위, 「국가공무원법」 제78조의2제1항 각 호의 어느 하나에 해당하는 비위를 신고하지 않거나 고발하지 않은 행위, 「성폭력범죄의 처벌 등에 관한 특례법」 제2조에 따른 성폭력범죄, 「성매매알선 등 행위의 처벌에 관한 법률」 제2조제1항제1호에 따른 성매매, 「양성평등기본법」 제3조제2호에 따른 성희롱, 「도로교통법」 제44조제1항에 따른 음주운전 또는 같은 조 제2항에 따른 음주측정에 대한 불응, 「공직자윤리법」 제8조의2제2항 또는 제22조에 따른 등록의무자에 대한 재산등록 및 주식의 매각·신탁과 관련한 의무 위반, 「적극행정 운영규정」 제2조제2호에 따른 소극행정(이하 이 조에서 "소극행정"이라 한다), 부작위 또는 직무태만(소극행정은 제외한다), 「공무원 행동강령」 제13조의3에 따른 부당한 행위, 성 관련 비위 또는 「공무원 행동강령」 제13조의3에 따른 부당한 행위를 은폐하거나 필요한 조치를 하지 않은 경우, 공무원 채용과 관련하여 청탁이나 강요 등 부당한 행위를 하거나 채용 업무와 관련하여 비위행위를 한 경우, 「부정청탁 및 금품등 수수의 금지에 관한 법률」 제5조에 따른 부정청탁, 「부정청탁 및 금품등 수수의 금지에 관한 법률」 제6조에 따른 부정청탁에 따른 직무수행, 직무상 비밀 또는 미공개정보를 이용한 부당행위, 우월적 지위 등을 이용하여 다른 공무원 등에게 신체적·정신적 고통을 주는 등의 부당행위로 징계의결이 요구된 경우에는 감경할 수 없음.(규칙 제4조제2항 각호)

(나) 성실 능동적 업무에 대한 감경

● 징계의결이 요구된 사람의 비위가 성실하고 능동적인 업무처리 과정에서 과실로 인하여 생긴 것으로 인정되었을 경우(시행규칙 제4조제3항)

(다) 직무와 관련이 없는 사고로 인한 비위에 대한 감경

● 징계감경 제외 대상이 아닌 비위 중 직무와 관련이 없는 사고로 인한 비위라고 인정될 때에는 그 정상을 참작하여 징계를 감경할 수 있음.(시행규칙 제4조제3항)

(라) 징계양정 감경기준

규칙 제2조제1항 및 제3조의 규정에 의하여 인정되는 징계양정	규칙 제4조의 규정에 의하여 감경된 징계양정
파면	해임
해임	강등
강등	정직
정직	감봉
감봉	견책
견책	불문(경고)

(5) 징계의 가중

(가) 비위의 경합

- 징계위원회는 서로 관련이 없는 둘 이상의 비위가 경합될 경우에는 그 중 책임이 무거운 비위에 해당하는 징계보다 1단계 위의 징계로 의결할 수 있음.(시행규칙 제5조제1항)

- 서로 관련이 없는 둘 이상의 비위가 경합될 경우 징계심의시 각 비위별로 개별적으로 심의하여 그중 가장 무거운 비위의 문책기준을 그 양정으로 하되, 경합된 다른 비위들의 양정정도를 고려하여 가장 무거운 비위에 대한 양정보다 1단계 높은 양정으로 의결할 수 있음.

   ※ 수개의 비위를 한건으로 보아 종합하여 징계심의를 하여 양정을 정하는 것이 아님

(나) 징계처분 또는 승진임용의 제한 기간중 발생한 비위

- 징계위원회는 징계처분을 받은 사람이 징계처분 기간중에 있거나 공무원임용령 제32조의 규정에 의한 승진임용 제한기간중에 발생한 비위로 다시 징계의결이 요구된 경우에는 그 비위에 해당하는 징계보다 2단계 위의 징계로 의결할 수 있음.(시행규칙 제5조제2항)

(다) 승진임용 제한기간 종료후 1년 이내에 발생한 비위

- 징계위원회는 징계처분을 받은 자가 공무원임용령 제32조의 규정에 의한 승진임용 제한기간이 끝난 후부터 1년 이내에 발생한 비위로 다시 징계의결이 요구된 경우에는 그 비위에 해당하는 징계보다 1단계 위의 징계로 의결할 수 있음.(시행규칙 제5조제2항)

❖ 관할 징계위원회의 간사는 징계위원회 의결시 해당 징계 가중 규정의 취지 및 적용에 대해 위원들에게 충분히 설명하여야 함.

징계양정결정시 참작사항

1. 50여회의 각종 표창을 받았다고 하더라도 직무와 관련된 금품수수에 대해서 상훈감경을 하지 않았다고 이를 재량권의 일탈·남용이라 할 수 없음.[부산지방법원 2013.6.21. 선고 2012구합5603]

2. 징계양정이 재량권을 일탈한 것인지 여부를 판단함에 있어서 이미 사면된 징계처분의 경력을 참작하였다고 하여 위법하다고 할 수는 없음.[대법원 1983.11.22. 선고 83누321 판결]

3. 면책합의되었거나 징계시효가 지난 비위행위라 하더라도 그러한 비위행위가 있었던 점을 징계양정의 판단자료로 삼는 것까지 금하는 것은 아니므로, 그러한 근무내역도 해고처분의 정당성을 판단하는 자료로 삼을 수 있음.[대법원 1995.9.5. 선고 94다52294 판결]

4. 피징계자의 평소의 소행, 근무성적, 징계처분 전력 이외에도 해당 징계처분사유 전후에 저지른 징계사유로 되지 아니한 비위사실도 징계양정에 있어서의 참고자료가 될 수 있음.[대법원 2004.6.25. 선고 2002다51555 판결]

파면처분 취소판결 후 재징계시의 징계양정

경찰관이 피의자로부터 금품을 받아 파면처분되었다가 재량권 남용을 이유로 한 파면무효 확정판결을 받은 후 다시 같은 사유로 해임처분을 당한 사안에서, 그 돈을 받은 경위와 그 금액 및 그 후 사건을 처리한 과정 등을 함께 고려한 그 해임처분은 적법함.[서울고법 1997.1.24. 선고 96구23834 판결]

감독책임

1. 공무원에게 부하직원의 비위에 대한 감독상의 책임을 지우기 위하여는 당해 공무원이나 부하직원이 구체적으로 어떠한 직무수행상 태만이나 고의가 있었는지 구체적인 감독의무 위반사실을 밝혀 증거에 의하여 이를 인정하여야 함.[대법원 1989.12.26. 선고 89누589 판결]

2. 면허계장인 원고가 출장시험장에서의 면허시험감독을 소홀히 하고, 정답지, 답안지 및 컴퓨터채점실의 열쇠 등 관리를 소홀히 하여 직무를 태만히 함으로써 운전면허시험을 담당하는 부하직원 9명이 공모하여 수천 명의 응시자들로부터 돈을 받고 부정합격시키는 운전면허시험에 있어서의 부정행위가 계속적, 조직적으로 이루어진 경우, 원고에 대하여 한 징계해임처분에 재량권 일탈 내지 남용의 위법이 없음.[대법원 1991.12.27. 선고 91누7644 판결]

3. 구청의 토지대장등본 발급담당자가 적법한 절차에 의하여 토지대장의 등록사항이 변경되기 전에 임의로 토지대장의 소유자란 기재가 허위라고 판단하여 그 부분을 종이로 가리고 토지대장을 복사한 후 소유자미복구라 하여 그 등본을 발급하는 행위는 위법하지만 그와 같이 토지대장등본이 잘못 발급되었다고 하더라도 토지대장발급담당자의 차상급자에게 부하직원의 토지대장등본의 발급업무를 제대로 확인감독하지 아니한 잘못이 있다고 할 수 없음에도 공무원의 성실의무위반에 해당하는 징계사유로 삼은 것은 심리를 다하지 아니하였거나 채증법칙을 위배하고, 감독자의 책임에 관한 법리를 오해한 것임.[대법원 1992.9.14. 선고 91누7606 판결]

4. 통상 건축허가신청에 따른 현장확인은 현장확인을 한 담당실무자의 조사복명서에 의할 수 밖에 없었고, 위 복명서에 법률상 아무런 하자가 없을 뿐 아니라 건축허가함이 타당하다는 취지로 기재되어 있어 이에 기하여 건축허가를 하게 되었으며, 또한 원고는 관련된 개정법률을 그 소속직원들에게 숙지시켜 왔던 터이라면 차상급감독자인 원고에게 이에 대한 법령을 준수하지 아니하거나 그 부하직원들에 대한 직무감독을 소홀히 함으로써 성실의무에 위배한 잘못이 있는 것으로 인정되지 아니함.[대법원 1990.5.8. 선고 89누1179 판결]

5. 4국 11과를 관장하는 ○○시 도시정비국장이 부하직원인 기안자, 계장, 과장의 순위로 품의되는 결재서류의 위조여부까지 확인하기는 매우 어려운 형편이라면 직근 상급자인 도시정비계장조차 발견하지 못한 결재서류의 위조 또는 변조에 대하여 국장에게 이를 발견하지 못한 감독상의 책임을 물어 징계의 사유로 삼을 수 없음.[대법원 1989.2.14. 선고 87누733 판결]

6. 부하직원의 비행을 상급기관에 보고하고, 고발할 직무상 감독의무 있는 자가 부하직원의 대여양곡상환금 횡령사실을 알고도 도주방지, 변상의 곤란, 피해범위의 확인을 위한다 하여 상급기관에 보고하지 않고 장기간 위 횡령행위를 계속토록 방치한 것은, 비록 사후에 그 횡령액을 모두 변상받아 국고에 납부하였다 하더라도, 이는 근무에 불성실한 것으로써 이에 대한 징계처분은 정당함.[대법원 1985.3.12. 선고 84누779 판결]

7. 원고가 ○○도 ○○군 부군수로 있으면서 같은 군 건설과 토목계장 및 도시계장이 업자로부터 금품을 받는데 묵인한 바도 없고 또 그것을 눈치채지 못한 것에 어떤 과실이 있는 것으로 인정할 자료도 보이지 않으므로 원심이 위 부하직원들의 비위사실에 대하여 ○○군 부군수에게 감독상 책임을 물어 파면에 처할 수는 없음.[대법원 1979.11.13. 선고 79누245 판결]

8. 졸업여행 중 숙소 내에서 휴식시간에 학생들 사이의 폭력사고로 말미암아 한쪽 눈을 실명한 사안에서, 학교 측의 안전교육이나 사전지시에 따르지 않고 돌발적으로 벌어진 사고로 예측가능성이 없었다는 이유로 교사에게 보호·감독의무 위반의 책임을 물을 수 없다고 한 사례[대법원 1999.9.17. 선고 99다23895 판결]

다. 징계의결서 작성

(1) 의결주문의 표시방법

구 분		징계의결주문 예시
1인의 경우	파면, 해임, 강등, 정직, 감봉, 견책의 경우	→ ○○(으)로 의결한다.
	불문경고의 경우	→ 불문으로 의결한다. 다만, 경고할 것을 권고한다.
	불문의 경우	→ 불문으로 의결한다.
2인 이상의 경우	징계의결양정이 동일할 경우	→ ○○(으)로 각각 의결한다.
	징계의결양정이 서로 다를 경우	→ 甲은 ○○(으)로, 乙은 ○○(으)로 각각 의결한다.
	불문경고의 경우	→ 甲은 감봉 3월로, 乙은 불문으로 각각 의결한다. 다만, 乙에 대하여는 경고할 것을 권고한다.
징계부가금 부과의결인 경우	징계 및 징계부가금	→ ○○(으)로, 징계부가금은 ○배로 의결한다. * 징계부가금 대상금액 ○○원
	징계부가금 감면의 경우	→ 징계부가금은 2배에서 1배로 감경하는 것으로 의결한다. * 징계부가금 대상금액 ○○원

(2) 의결이유 작성요령

● 징계의결서 작성시에는 징계등의 원인이 된 사실, 증거의 판단, 관계 법령 및 징계 등 면제 사유 해당 여부를 구체적으로 밝혀야 함.(영 제12조제2항)

● '징계등의 원인이 된 사실'이라 함은 해당 공무원이 언제, 어떤 행위를 어떻게 함으로써 어느 정도 직무를 태만히 하였는가를 인식할 만한 구체적인 비위 사실을 뜻하는 것이고, 이와 같이 명시하게 한 이유는 처분권자가 자의적인 처분을 하지 못하도록 규제함과 동시에 해당공무원에게 소청 및 행정소송 등에 있어 방어권을 인정하여 공무원의 권익을 확실히 보장하는데 있음.

- 징계를 감경 또는 가중하여 의결하였을 때에는 징계등 의결서의 이유란에 그 사실을 구체적으로 명시하여야 함.(규칙 제6조제1항)

> **예시** **징계의결서 작성 예시**
>
> 혐의자 ○○○는 ○○부터 ○○까지 ○○에서 ○○업무를 담당하였고, ○○부터 현재까지 ○○에 재직 중인 자이다.
>
> 1. 혐의자에 대한 징계의결요구 사유를 보면,
>   **〈징계혐의 요지〉**
>   ○○업무를 처리함에 있어 ○○하게 처리하여야 함에도 ○○하게 처리한 사실이 있다는 것이다. 혐의자의 이와 같은 행위는 「국가공무원법」 제○조에 위반하여 같은 법 제78조에 해당되므로 경징계(중징계)의결을 요구한다는 것이다.
>
> 2. 이에 대하여 혐의자는 우리 위원회에 제출한 혐의자 주장서와 0000.00.00. 개최된 위원회에서의 출석 진술을 통하여,
>   **〈혐의자의 진술 또는 주장〉**
>   ○○하다는 취지로 주장하고 있다.
>
> 3. 징계위원회의 판단
>   ○○ 등 제 증거와 혐의자의 진술을 종합하여 살피건대,
>   **〈징계원인이 되는 사실, 증거의 판단〉**
>   혐의자는 ○○년 ○○월 ○○일 ○○에서 ○○한 사실이 인정되며, ○○한 사실은 ○○하다고 판단된다. 그렇다면 혐의자의 이와 같은 행위는 ○○법 제○조에 위반하여 같은 법 ○○조의 징계사유에 해당되고, 징계양정에 있어서 「공무원 징계령」 제17조에서 규정한 제정상을 참작하여 주문과 같이 의결한다.
>   (* 감경하였을 경우 반드시 감경적용 여부를 포함하여 작성)

- 징계부가금의결시에는 징계의결 요구권자의 의견을 조정(감면)하여 의결하였을 때에도 이유란에 그 사실을 구체적으로 명시해 징계부가금 사건에 대해 합리성을 제고하고 불필요한 오해가 생기지 않도록 하여야 함.(영 별지 제13호 서식)

10

예시 **징계 및 징계부가금 의결서 작성 예시**

혐의자 ○○○는 ○○부터 ○○까지 ○○에서 ○○업무를 담당하였고, ○○부터 현재까지 ○○에 재직 중인 자이다.

1. 혐의자에 대한 징계의결요구 사유를 보면,

   〈징계혐의 요지〉

   ○○업무를 처리함에 있어 ○○하게 처리하여야 함에도 ○○하게 처리한 사실이 있다는 것이다. 혐의자의 이와 같은 행위는 「국가공무원법」 제○조에 위반하여 같은 법 제78조 및 제78조의2에 해당되므로 경징계(중징계) 및 징계부가금 ○배 부과의결을 요구한다는 것이다.

2. 이에 대하여 혐의자는 우리 위원회에 제출한 혐의자 주장서와 0000.00.00. 개최된 위원회에서의 출석 진술을 통하여,

   〈혐의자의 진술 또는 주장〉

   ○○하다는 요지로 주장을 하고 있다.

3. 징계위원회의 판단

   ○○ 등 제 증거와 혐의자의 진술을 종합하여 살피건대,

   〈징계원인이 되는 사실, 증거의 판단〉

   혐의자는 ○○년 ○○월 ○○일 ○○에서 ○○한 사실이 인정되며, ○○한 사실은 ○○하다고 판단된다.

   그렇다면 혐의자의 이와 같은 행위는 ○○법 제○조(○○의무)에 위반하여 같은 법 ○○조의 징계사유에 해당된다.

   징계양정에 있어서 「공무원 징계령」 제17조에서 규정한 제 정상을 종합적으로 고려할 때, ○○ 등 제정상을 참작하여 주문과 같이 의결한다.

   (* 감경하였을 경우 반드시 감경적용 여부를 포함하여 작성)

판례 징계의결서의 작성

1. 경찰공무원 징계령 제14조 소정의 징계의결서 기재사항 중 일부 기재 누락이 있는 경우에는 위 규정의 취지와 목적에 비추어 그 징계의결의 유효 여부를 결정하여야 할 것이므로 징계의결서에 입증자료의 인정 여부, 징계심의 대상자 및 증인의 출석 여부, 정상참작 여부, 의결방법이 기재되지 아니한 사유만으로는 동 징계의결이 무효라거나 취소되어야 한다고 할 수 없음.[대법원 1981.7.7. 선고 80누280 판결]

2. 사립학교법시행령 제26조에서 징계의결서의 이유에 증거의 판단과 적용법령을 명시하도록 한 취지는 피징계자로 하여금 어떠한 근거에서 징계가 이루어졌는지를 알 수 있도록 하여 줌으로써 징계의 공정을 기하고 그로 하여금 불복할 수 있는 쟁점을 밝혀 주고자 하는 데 있는 것으로 보여지는 점에 비추어, 그 설시의 정도는 그러한 목적을 달성할 수 있는 범위 내에서 징계사유로 된 사실관계와 이에 해당하는 의무위반의 사유가 무엇인지를 인식할 수 있을 정도로 적시하면 족하고 모든 증거와 적용법령을 구체적으로 일일이 나열하여야 하는 것은 아님.[대법원 1993.9.10. 선고 93누5741 판결]

📝 라. 징계의결등 결과의 통보

(1) 징계의결등 요구자에 대한 통보

- 징계위원회가 징계의결등(징계부가금 감면 의결을 포함한다. 이하 같다.)을 한 때에는 지체 없이 징계등 의결서 또는 징계부가금 감면의결서의 정본을 첨부하여 징계의결등의 요구자에게 통보하여야 함.

- 다만, 고위공무원단에 속하는 공무원, 5급 이상 공무원 등의 파면 또는 해임 의결을 한 경우를 제외하고는 징계의결등의 요구자와 징계처분, 징계부가금 부과처분 또는 징계부가금 감면처분의 처분권자가 다를 때에는 징계처분 등의 처분권자에게도 징계의결등의 결과를 통보하여야 함.(영 제18조)

(2) 감사원에 대한 통보

- 감사원으로부터 파면요구를 받은 소속 장관 또는 임용권자는 그 요구를 받은 날부터 10일 이내에 해당 징계위원회 또는 인사위원회에 그 의결을 요구하여야 하며, 중앙징계위원회의 의결 결과에 관하여는 인사혁신처장이, 그 밖의 징계위원회 등의 경우에는 해당 징계위원회 등이 설치된 기관의 장이 그 의결이 있는 날로부터 15일 이내에 감사원에 통보하여야 함.(감사원법 제32조제2항)

(3) 금품 등 망실·훼손사실의 통고

- 징계위원회가 설치된 기관의 장은 징계위원회에서 징계등 사건을 심의·의결한 결과 해당 공무원이 공무로 보관 중인 금품 또는 물품을 잃어버리거나 훼손하였다고 인정할 때에는 소속 장관이나 감독기관의 장을 거쳐 그 사실을 감사원에 통고하여야 함.(영 제16조)

11

징계등의 집행

가. 징계등 집행의 의의

- 징계위원회의 의결자체는 행정부 내부의 의사표시에 불과한 것으로 징계등 처분권자가 징계의결등 결과에 따라 징계처분 등을 함으로써 비로소 대외적인 징계등 효력이 발생하는 것임.

나. 징계등 처분권자

(1) 국가공무원

- 공무원의 징계처분 등은 징계위원회 의결을 거쳐 징계위원회가 설치된 소속 기관의 장이 하되, 국무총리 소속으로 설치된 징계위원회에서 행한 징계의결등에 대하여는 중앙행정기관의 장이 함.(법 제82조제1항)

  ❖ 징계대상자의 직급이나 징계양정에 따라 징계처분권자인 소속 기관의 장이나 중앙행정기관의 장이 변경되는 것이 아님을 유의

교정징계 처분권자 예시

> **중앙징계위원회에서 의결한 징계사건**
> **→ 소속 중앙행정기관의 장**

(예1) 중앙징계위원회에서 의결한 행정안전부 소속 5급 공무원에 대한 징계처분 →
행정안전부장관

(예2) 중앙징계위원회에서 의결한 ○○지방조달청 소속 5급 공무원에 대한 징계처분 →
조달청장

> **중앙행정기관에 설치된 보통징계위원회에서 의결한 징계사건**
> **→ 소속 중앙행정기관의 장**

(예1) 행정안전부 보통징계위원회에서 의결한 행정안전부 소속 7급 공무원에 대한
징계처분 → 행정안전부장관

(예2) 국세청 보통징계위원회에서 의결한 ○○지방국세청 소속 6급 공무원에 대한
징계처분 → 국세청장

> **중앙행정기관에 설치된 보통징계위원회에서 의결한 소속기관의 중징계사건**
> **→ 소속 중앙행정기관의 장**

(예1) 행정안전부 보통징계위원회에서 의결한 국가기록원 소속 7급 공무원에 대한
중징계처분 → 행정안전부장관

> **중앙행정기관 소속기관에 설치된 보통징계위원회에서 의결한 징계사건**
> **→ 소속 행정기관의 장**

(예1) ○○지방조달청보통징계위원회에서 의결한 소속 7급 공무원에 대한 징계처분 →
○○지방조달청장

(예2) ○○지방국세청보통징계위원회에서 의결한 ○○세무서 소속 8급 공무원에 대한
징계처분 → ○○지방국세청장

● 다만, 파면과 해임은 징계위원회의 의결을 거쳐 각 임용권자 또는 임용권을 위임한
상급 감독기관의 장이 행함.(법 제82조제1항)

※ 공무원의 신분을 박탈하는 행정행위인 파면과 해임은 임용의 범위에 속하므로 임용권자 또는 임용권을 적법하게 위
임받은 자가 처분하여야 함.

예시 배제징계 처분권자 예시

> 중앙징계위원회에서 의결한 징계사건
> → 5급이상 : 대통령(또는 임용권자)
> → 6급이하 : 소속 중앙행정기관의 장(또는 임용권자)

> 중앙행정기관에 설치된 보통징계위원회에서 의결한 징계사건
> → 소속 중앙행정기관의 장(또는 임용권자)

> 중앙행정기관의 소속기관에 설치된 보통징계위원회에서 의결한 징계사건
> → 임용권자 또는 임용권을 위임한 상급감독기관의 장

※ 배제징계는 각 임용권자 또는 임용권을 위임한 상급 감독기관의 장이 하도록 규정하고 있어 개별사안에 대한 처분을 할 때에는 「국가공무원법」, 「공무원 임용령」 등에 따른 임용권자 등을 명확히 확인 필요

(2) 징계처분 등 발령예문(인사발령통지서)

① 파면 : 국가공무원법 제78조제1항제○호에 따라 파면에 처함.
② 해임 : 국가공무원법 제78조제1항제○호에 따라 해임에 처함.
③ 강등 : 국가공무원법 제78조제1항제○호에 따라 강등에 처함.
　　　　○○○에 임함.
④ 정직 : 국가공무원법 제78조제1항제○호에 따라 ○월간 정직에 처함.
⑤ 감봉 : 국가공무원법 제78조제1항제○호에 따라 ○월간 감봉에 처함.
⑥ 견책 : 국가공무원법 제78조제1항제○호에 따라 견책에 처함.

※ 공무원 인사·성과기록 및 전자인사관리 규칙(인사혁신처예규)

판례 징계처분권자의 적법성 여부

 관세청장은 국가공무원법 제32조 소정의 '소속 장관'이고 관세청훈령에 의하여 부산세관장에게 4, 5급공무원에 대한 임용권이 위임되어 있으므로 부산세관장은 국가공무원법 제82조제1항 소정의 임용권자로서 소속 5급공무원에 대한 징계파면처분을 행할 권한이 있음.[대법원 1981.12.22. 선고 81누187 판결]

사례 징계처분의 하자

 경찰공무원법 제27조 및 경찰공무원임용령 제4조 및 제19조에 의하면 정직처분은 지방경찰청장이 행하도록 되어 있음에도 권한이 없는 경찰서장이 징계등 혐의자에게 정직1월 처분을 행한 것은 위법한 처분임이 명백하여 무효임.(총무처 소청결정 93-520)

📝 다. 징계등 집행 기한

● 징계처분등의 처분권자는 징계등 의결서 또는 징계부가금 감면 의결서를 받은 날
부터 15일 이내에 징계처분 등을 하여야 함.(영 제19조제1항)

| 판례 | 징계등 집행 기한 |

징계처분권자가 징계위원회로부터 징계의결서를 받은 경우에는 받은 날로부터 15일 이내에 집행
하여야 한다고 규정하고 있는 점, 교육공무원의 징계에 관한 사항을 징계위원회의 의결사항으로
규정한 것은 임용권자의 자의적인 징계운영을 견제하여 교육공무원의 권익을 보호함과 아울러
징계의 공정성을 담보할 수 있도록 절차의 합리성과 공정한 징계운영을 도모하기 위한 데에 입법
취지가 있는 점, 징계의결서를 통보받은 징계처분권자는 국가공무원법 제82조제2항에 의하여
해당 징계의결이 가볍다고 인정하는 경우에 한하여서만 심사 또는 재심사를 청구할 수 있는 점 등
교육공무원의 징계에 관한 관련 규정을 종합하여 보면, 교육기관·교육행정기관·지방자치단체 또는
교육연구기관의 장이 징계위원회로부터 징계의결서를 통보받은 경우에는 해당 징계의결을 집행할
수 없는 법률상·사실상의 장애가 있는 등 특별한 사정이 없는 이상 법정 시한 내에 이를 집행할

의무가 있음.[대법원 2014.4.10. 선고 2013도229 판결]

기타 징계등 집행권자 및 집행기한

징계위원회		징계등 집행권자	징계등 집행기한
법관징계위원회		• 대법원장	징계결정서의 송달이 완료된 날부터 15일이내
검사징계위원회		• 대통령 : 해임 · 면직 · 정직 · 감봉 • 소속 검찰청의 검찰총장·고등검사장 또는 지방검사장 : 견책	–
헌법 재판소 공무원	헌법연구관징계 위원회	• 징계의결등의 요구자 – 헌법재판소장 : 헌법연구관, 5급 이상 공무원 등 – 사무처장 : 6급 이하 공무원 등	징계의결서를 받은 날로부터 15일이내
	고등징계위원회		
	보통징계위원회		
대통령 경호처 직원	고등징계위원회	• 대통령 : 5급 이상 직원의 파면, 해임 • 경호처장 : 기타	징계의결서를 받은 날부터 15일 이내
	보통징계위원회		
감사원 직원	고등징계위원회	• 대통령 : 5급 이상 일반직 공무원에 대한 파면, 해임 ※ 징계처분 등 사유서는 원장이 교부 • 감사원장 : 기타	징계의결서를 받은 날부터 15일 이내
	보통징계위원회		

징계위원회		징계등 집행권자	징계등 집행기한

경찰
공무원
	중앙징계위원회	• 징계등 의결을 요구한 자
		• 경찰청장, 해양경찰청장
		  - 경무관 이상의 강등 · 정직, 경정 이상의
		    파면 및 해임 제청
		  - 총경 및 경정의 강등 · 정직
			• 징계의결을 통지 받은
			  날부터 15일 이내
			• 중징계의결
			  (지체없이 임용권자에
			  제청)

	보통징계위원회		
소방공무원징계위원회		• 징계등 의결을 요구한 자 ※ 파면·해임·강등은 집행권자에게 제청	징계의결의 통지 받은 날부터 15일 이내
외무 공무원	외무공무원 징계위원회	• 외교부장관	징계의결서를 받은 날로부터 15일 이내
교육 공무원	대학의 장 징계위원회	• 징계위원회가 설치된 기관의 장 ※ 대통령이 임용권자인 교육공무원에 대한 파면·해임은 임용제청권자가 교부	징계의결서를 받은 날로부터 15일 이내
	특별징계위원회		
	일반징계위원회		
국가 정보원 직원	고등징계위원회	• 원장이 행함. ※ 3급이상 직원의 파면·해임·강등은 대통령	징계의결을 통보 받은 날부터 15일 이내
	보통징계위원회		
국회 공무원	중앙징계위원회	• 징계의결요구자 (임용권자 또는 임용제청권자)	징계의결을 통보 받은 날부터 15일 이내
	보통징계위원회		
법원 공무원	고등징계위원회	• 징계의결요구자 (소속 기관의 장)	징계의결 통고 후 15일 이내
	보통징계위원회		
선거관리 위원회 공무원	고등징계위원회	• 징계의결요구자(임용권자, 중앙선거관리위 원회 위원장)	징계의결서를 받은 날부터 15일 이내
	보통징계위원회		

📝 라. 징계의결의 집행정지

● 감사원으로부터 파면요구를 받은 징계사건이 해당 징계위원회에서 파면의결이 되지 아니한 경우에는 감사원 통보기간(15일 이내)과 감사원의 해당 징계위원회 재심의 요구 가능 기간(1월 이내) 및 관할 징계위원회의 재심의 의결기간(1월 이내) 중에는 그 징계의결에 대한 집행이 정지되므로 영 제19조의 규정에 불구하고 동 정지기간이 경과한 후에 이를 집행하여야 함.(감사원법 제32조제2항 내지 제7항)

📝 마. 징계처분 등의 사유설명서 교부

- 징계등 처분권자는 징계의결등을 집행한 때는 지체없이 징계처분 등의 사유설명서(별지서식)에 징계등 의결서 또는 징계부가금 감면의결서 사본을 첨부하여 징계처분 등의 대상자에게 교부하여야 함.

- 다만, 국가공무원인 경우 '5급이상공무원 등'에 속하는 공무원에 대한 파면 또는 해임의 경우에는 임용제청권자가 징계처분 등의 사유설명서를 교부함.(영 제19조제2항)

📝 바. 성폭력범죄 또는 성희롱 피해자에 대한 징계처분결과 통보

- 처분권자는 피해자가 요청하는 경우 「성폭력범죄의 처벌 등에 관한 특례법」 제2조에 따른 성폭력범죄 및 「양성평등기본법」 제3조제2호에 따른 성희롱에 해당하는 사유로 처분사유 설명서를 교부할 때에는 그 징계처분결과를 피해자에게 함께 통보하여야 함.(법 제75조제2항)

- 징계처분등의 처분권자는 「성폭력범죄의 처벌 등에 관한 특례법」 제2조에 따른 성폭력범죄 또는 「양성평등기본법」 제3조제2호에 따른 성희롱의 피해자에게 법 제75조제2항에 따라 징계처분결과를 통보받을 수 있다는 사실을 안내해야 함.(영 제19조제3항)

- 징계처분결과의 통보를 요청 받은 징계처분등의 처분권자가 피해자에게 징계처분결과를 통보하는 경우에는 '징계처분결과 통보서'(영 별지 제4호의2서식)에 따름.(영 제19조제4항)

📝 사. 징계부가금 납부고지서의 교부 등

- 의결 통보를 받은 징계처분 등의 처분권자가 징계처분 등의 대상자에게 징계처분 등의 사유설명서를 교부할 때에는 징계부가금 금액을 분명하게 적은 납부고지서 또는 감면된 징계부가금 금액을 분명하게 적은 감면 납부고지서를 함께 교부하여야 함.(영 제19조의2제1항)

- 징계처분 등의 대상자가 납부고지서를 교부받은 날부터 60일 내에 징계부가금 또는 감면된 징계부가금을 납부하지 않으면 징계처분 등의 처분권자는 국가공무원법 제78조의2제4항 전단에 따라 국세강제징수의 예에 따라 징수할 수 있음.(영 제19조의2제2항)

- 징계처분 등의 처분권자는 국가공무원법 제78조의2제4항 후단에 따라 체납액의 징수를 위탁하려는 경우에는 징수대상자의 성명 및 주소, 징수금액 등을 적은 징수의뢰서에 체납액의 징수가 사실상 곤란하다는 사실을 입증할 수 있는 서류를 첨부하여 관할 세무서장에게 통보해야 함.(영 제19조의2제3항)

- 징계처분 등의 대상자가 징계부가금을 납부한 후에 감면 납부고지서를 받은 경우에는 징계처분 등의 처분권자는 그 차액을 징계처분 등의 대상자에게 환급하여야 함.(영 제19조의2제4항)

- 징계처분 등의 대상자가 징계부가금을 납부하기 전에 감면 납부고지서를 받은 경우에는 징계처분 등의 대상자는 감면된 징계부가금을 납부하여야 함.(영 제19조의2제5항)

- 공무원에 대한 징계처분 등은 상대방이 있는 행정처분이어서 그 처분의 의사표시는 상대방에게 도달되어야만 효력이 생기는 것이고, 효력발생요건으로서의 "도달"이란 상대방이 그 내용을 현실적으로 양지할 필요까지는 없고 상대방이 양지할 수 있는 상태에 놓여짐으로써 충분함.

판례 징계집행의 취소·변경 가능여부

징계권자로서는 징계의결대로 징계처분을 집행한 다음에는 특단의 사정이 없는 한 그 스스로 이를 취소하거나 변경할 수 없다 할 것이고 이는 징계위원회의 의결내용에 하자가 있는 경우에도 마찬가지라 할 것임.[대구고법 1978.7.25. 선고 78구92 판결]

판례 행정처분의 효력발생으로서의 도달

1. 행정처분의 효력발생요건으로서의 도달이란 상대방이 그 내용을 현실적으로 양지할 필요까지는 없고 상대방이 양지할 수 있는 상태에 놓여짐으로써 충분함. 원고의 처가 원고의 주소지에 거주하면서 인사발령통지서를 영수한 이상 비록 당시 원고가 구치소에 수감중이었고 피고 역시 그와 같은 사실을 알고 있었는데다가 더 나아가 원고의 처는 영수한 통지서를 원고에게 전달하지 아니한 채 폐기해 버렸다 하더라도 원고로서는 그의 처가 위 통지서를 수령할 때에 그 내용을 양지할 수 있는 상태에 있었다고 할 것이므로 원고에 대한 파면처분의 의사표시는 그 당시 원고에게 도달된 것으로 볼 것임.[대법원 1989.1.31. 선고 88누940 판결]

2. 갑의 처가 갑의 주소지에서 갑에 대한 정부인사발령 통지를 수령하였다면 비록 그때 갑이 구치소에 수감 중이었고 처분청 역시 그와 같은 사실을 알고 있었다거나 갑의 처가 위 통지서를 갑에게 전달하지 아니하고 폐기해 버렸더라도 갑의 처가 위 통지서를 수령한 때에 그 내용을 양지할 수 있는 상태에 있었다고 볼 것임.[대법원 1989.9.26. 선고 89누4963 판결]

아. 후임자 보충발령의 유예

- 본인의 의사에 반하여 파면 또는 해임이나 법 제70조제1항제5호에 따른 면직 처분을 하면 그 처분을 한 날로부터 40일 이내에는 후임자의 보충발령을 하지 못함.

- 다만, 인력관리상 후임자를 보충하여야 할 불가피한 사유가 있고, 법 제76조제3항에 따른 소청심사위원회의 임시결정이 없는 경우에는 국회사무총장, 법원행정처장, 헌법재판소 사무총장, 중앙선거관리위원회 사무총장 또는 인사혁신처장 협의를 거쳐 후임자의 보충발령을 할 수 있음.(법 제76조제2항)

자. 소청심사위원회의 변경 또는 취소에 대한 집행

- 원징계처분등이 소청심사위원회에서 변경 또는 취소되었을 경우 징계등의 집행은 소청의 결정이 있은 후 다시 집행하는 것이 아니라 원처분일로 소급하여 변경 또는 취소되는 것임.

차. "불문경고"의결에 대한 인사처리

- 징계위원회에서 견책으로 인정되는 징계양정을 감경하여 "불문으로 의결한다. 다만, 경고할 것을 권고한다."로 의결하였을 경우 징계등 처분권자는 징계의결서 사본을 첨부하여 소속 기관장 명의로 해당 공무원을 서면경고 조치하고 공무원 인사 및 성과기록카드의 감사 결과란에 그 사실을 다음과 같이 기재하여야 함.

년   월   일 : 불문경고

(ㅇㅇ징계위원회의 의결사항)

❖ 불문경고도 당사자에게는 사실상 불이익이 따르는 행정처분의 하나이므로 이에 불복시 소청을 제기할 수 있음에 유의할 것

카. 징계처분 기간 중인 자에 대한 징계등 처분의 집행

● 징계처분기간중에 있는 자가 다시 징계의결을 받은 경우에도 의결서를 받은 날로부터 15일 이내에 징계처분을 하여야 하는 것이지만 그 집행은 다음과 같음.

가. 강등집행 중에 정직, 감봉처분을 받은 경우	선행 강등처분의 집행이 만료한 익일부터 후행 징계집행을 함.
나. 정직집행 중에 강등, 정직, 감봉처분을 받은 경우	선행 정직처분의 집행이 만료한 익일부터 후행 징계집행을 함.
다. 감봉집행 중에 정직처분을 받은 경우	선행 감봉처분의 집행이 만료한 익일부터 후행 정직집행을 함.
라. 감봉집행 중에 감봉처분을 받은 경우	이중으로 집행이 가능하며 이 경우 중복된 기간의 봉급은 1/3을 감하고 지급되는 보수액에서 다시 1/3을 감한 잔액을 지급함.

※ 감액된 봉급을 지급받는 사람의 봉급을 다시 감액하려는 경우(동시에 2가지 이상의 사유로 봉급을 감액하고자 하는 경우 포함)에는 중복되는 감액기간에 대해서만 이미 감액된 봉급을 기준으로 계산함.(공무원보수규정 제22조)

질의 회신 징계처분 집행기간 중인 자에 대한 징계처분의 집행

🔖 1995. 9.24. 정직3월의 징계처분을 받은 자가 또 다른 징계사유로 1995.11. 7. 해임처분을 받고 1996. 1.12. 소청심사위원회에서 해임처분이 정직3월로 변경되었을 경우 정직기간의 합산방법 및 정직기간의 만료일은?

후행 징계처분의 집행은 선행 징계처분의 집행이 종료한 익일부터 하여야 하므로 '96. 1.12. 소청심사위원회의 정직3월 결정은 소급하여 '95.11. 7. 해임처분을 정직3월로 변경하되, 그 집행은 선행 징계처분인 '95. 9.24.자 정직3월의 집행종료일의 익일인 '95.12.25.부터 시작하여 '96. 3.24 만료됨.(복무 12152-62, '96. 2. 6.)

타. 직위해제 중인 자에 대한 징계처분의 집행

● 직무수행능력이 부족하거나 근무성적이 극히 불량한 자에 대하여 직위해제한 후 동일한 사유로 중징계처분을 하고자 할 경우에는 징계의결요구와 동시에 직위해제 사유를 파면·해임·강등 또는 정직에 해당하는 징계의결이 요구중인 자로 변경한 후 징계처분함.

질의 회신	직위해제 중 정직처분 방법

국가공무원법 제73조의2제1항제2호 규정에 의거 직위해제된 자가 직위해제 기간 중 위 징계 사유로 정직이상 처분을 받을 경우 직위해제 및 징계처분의 절차는?

국가공무원법 제73조의2제5항에 의하면 "공무원에 대하여 제1항제2호와 제3호 또는 제4호의 직위해제사유가 경합하는 때에는 제3호 또는 제4호의 직위해제처분을 하여야 한다"고 규정하고 있는 바 "직무수행능력이 부족하거나 근무성적이 극히 불량한 자"에 대하여 직위해제한 후 동일한 사유로 징계처분을 하고자 할 경우에는 징계의결요구와 동시에 직위해제사유를 "징계의 결이 요구 중인 자"로 변경한 후 징계처분을 하여야 함.(복무 12152-242)

파. 휴직자에 대한 징계등 처분의 집행

● 휴직자도 공무원의 신분이 계속되므로 징계의결등 및 처분이 가능

● 휴직자에게 강등 또는 정직처분을 의결한 경우에도 의결서를 받은 날로부터 15일 이내에 강등 또는 정직처분을 하여야 함.

하. 승진임용 제한 기간 중의 징계 또는 표창

- 공무원이 승진임용 제한기간 중에 다시 징계처분을 받은 경우에 승진임용 제한기간은 전 처분에 대한 제한기간이 만료된 날로부터 기산함.(공무원임용령 제32조제3항)

- 징계처분으로 승진임용 제한기간 중에 있는 사람이 휴직하거나 직위해제처분을 받은 경우 징계처분에 따른 남은 승진임용 제한기간은 복직일부터 기산함.(공무원임용령 제32조제3항)

- 또 징계처분을 받고 승진임용 제한기간 중에 있는 자가 징계처분후에 해당 계급에서 훈장·포장·모범공무원포상·국무총리 이상의 표창 또는 제안의 채택시행으로 포상을 받은 경우에는 최근에 받은 가장 중한 징계처분에 한하여 승진임용 제한기간의 1/2을 단축할 수 있음.(공무원임용령 제32조제4항)

질의회신 징계처분을 받은 자에 대한 사표수리 여부

- 형사사건과 관련하여 '견책'처분을 받은 자에 대하여 사직원 처리가능 여부

- 이미 견책처분을 받아 징계절차는 종료하였으므로 형사사건의 재판결과에 관계없이 사직원을 수리하여 주는 것이 타당함.(복무 12152-19, '94. 1. 20.)

질의회신 징계처분사유에 대한 무죄판결이 확정된 경우의 징계처분 취소절차

- 파면처분사유가 된 범죄 사실이 무죄선고 되었으므로 당초 파면처분은 처분청에서 취소하여야 하는지 아니면 본인이 행정소송에서 승소하여야만 취소되는지 여부

- 해당 범죄 혐의에 대해 형사법원에서 무죄판결을 받았다고 할지라도 형사벌과 징계벌은 별개의 것이므로 해당 징계처분에 대해 다투고 있는 행정소송에서 승소되어야 비로소 그 징계처분(파면)은 취소 또는 무효가 될 수 있음.

질의회신 징계처분자에 대한 복직명령의 필요성

- 정직처분을 받은 자의 복직명령 필요성 여부

- 정직처분은 복직을 전제로 미리 기간을 명시하여 명령한 것으로서 기간만료시점에서 복직여부를 판단할 필요가 없으므로 별도로 복직명령을 할 필요가 없이 그 만료일이 지나면 직무에 복귀하는 것임.(인기 12107-467, '93.10.18.)

12

불복신청

✎ 가. 징계의결등 요구권자의 불복신청

(1) 심사 또는 재심사청구

● 징계의결등을 요구한 기관의 장은 징계위원회의 의결이 가볍다고 인정하면 징계의 결등을 통보 받은 날로부터 15일 이내에 다음 각 호의 구분에 따라 심사 또는 재 심사를 청구할 수 있음.(법 제82조 및 영 제24조)

- 국무총리 소속으로 설치된 징계위원회의 의결 : 해당 징계위원회에 재심사를 청구
- 중앙행정기관에 설치된 징계위원회(중앙행정기관의 소속기관에 설치된 징계위원회는 제외한다)의 의결 : 국무총리 소속으로 설치된 징계위원회에 심사를 청구
- 제1호 및 제2호 외의 징계위원회의 의결 : 직근 상급기관에 설치된 징계위원회에 심사를 청구

● 법 제82조제2항에 의하면 "징계의결등을 요구한 기관의 장은 징계위원회의 의결 이 가볍다고 인정하면 그 처분을 하기 전에 (중략)... 심사 또는 재심사를 청구할 수 있다"고 규정하고 있는 바, 징계등의 집행은 영 제19조에 의거 징계처분 등의 처분권자가 하도록 규정되어 있고, 실제로 재심사청구를 하기 전에 권한이 있는 징 계처분 등의 처분권자가 적법하게 징계처분 등을 하였다면 비록 징계의결등 요구 권자가 재심사청구할 의사가 있었다고 하더라도 징계처분 등 후에는 재심사 청구 가 불가능하다 할 것임.

(2) 심사 또는 재심사 청구 방법

● 다음 각 호의 사항을 기재한 징계의결등 심사(재심사)청구서에 사건관계 기록을 첨부하여 징계의결등을 통보받은 날부터 15일 이내에 관할 징계위원회에 제출하여야 함.(영 제24조)

① 심사 또는 재심사 청구의 취지
② 심사 또는 재심사 청구의 이유 및 증명 방법
③ 징계등 의결서 사본 또는 징계부가금 감면 의결서 사본
④ 영 제17조에 따른 여러 정상

판례 권한 없는 징계위원회에 재심사 청구는 위법함.

1. 국가정보원장이 고등징계위원회에 소속 직원 갑에 대한 징계의결을 요구하여 고등징계위원회에서 '강등'으로 의결하였으나 그 의결이 징계사유에 비해 가볍다고 보아 고등징계위원회에 재심사를 요구하고 고등징계위원회에서 재심의 결과 '해임'으로 의결하자 갑에 대하여 국가공무원법의 품위유지의무 위반 등을 이유로 해임처분을 한 사안에서,

2. 국가공무원법 제82조제2항은 국무총리 소속으로 설치된 징계위원회의 의결을 제외하고는 직근 상급기관에 설치된 징계위원회에 재심사를 청구할 수 있도록 규정하고 있는데, 국가정보원의 직근 상급기관인 대통령에는 징계위원회가 존재하지 않으므로,

3. 특별한 규정이 없는 이상 재심사청구를 할 직근 상급기관에 설치된 징계위원회가 없는 국가정보원 징계위원회의 의결에 대하여는 재심사청구를 할 수 없다고 보아야 하고, 최초 징계의결을 한 국가정보원의 고등징계위원회를 직근 상급기관에 설치된 징계위원회로 해석할 수 없다는 이유로, 국가정보원장이 최초 심사·의결하였던 국가정보원 고등징계위원회에 최초 의결이 가볍다고 재심사를 요구하여 최초 의결 내용보다 중하게 재의결한 고등징계위원회의 의결에 따라 해임처분을 한 것은 위법하여 취소되어야 한다고 본 원심판단을 정당함.[대법원 2012. 4. 13. 선고 2011두21003 판결]

질의 회신 징계처분후 재심사청구의 가능여부

📭 징계요구권자의 재심사청구전에 징계처분권자가 행한 징계처분의 유효여부와 징계처분 후라도 재심사청구 기간 내에 징계요구권자가 재심사 청구 가능한지 여부

📑 국가공무원법 제82조제2항에 의하면 "징계의결을 요구한 기관의 장은 징계위원회의 의결이 경하다고 인정할 때에는 그 처분을 하기 전에 (중략).심사 또는 재심사를 청구할 수 있다"고 규정하고 있는 바, 징계처분 후에는 재심사 청구가 불가능함.

나. 징계처분 등을 받은 자의 불복신청

(1) 소청심사 청구

● 징계처분등을 받은 공무원이 처분에 불복이 있을 때에는 징계처분 등 사유설명서를 교부받은 때로부터 30일 이내에 소청심사위원회에 심사를 청구할 수 있음.(법 제76조제1항)

(2) 소청심사청구 방법

● 다음 각호의 사항을 기재한 소청심사청구서를 소청심사위원회에 제출하여야 함.(소청절차규정 제2조제1항)

① 주소·성명·주민등록번호 및 전화번호

② 소속기관명 또는 전 소속기관명과 직위 또는 전직위

③ 피소청인(대통령의 처분 또는 부작위에 대하여는 제청권자)

④ 소청의 취지

⑤ 소청이유 및 입증방법

⑥ 처분사유설명서 또는 인사발령통지서의 수령지연으로 인하여 처분사유설명서 또는 인사발령통지서에 기재된 일자로부터 소청제기기간을 초과하여 소청심사를 청구하는 경우에는 그 수령지연사실의 입증자료

(3) 감사원의 재심의 요구

● 감사원법 제32조제3항의 규정에 의하여 감사원에서 파면 요구를 한 사항이 파면의결이 되지 아니한 경우에는 해당 징계위원회등이 설치된 기관의 바로 위 상급기관에 설치된 징계위원회등(바로 위 상급기관에 설치된 징계위원회등이 없는 경우에는 해당 징계위원회등)에 직접 그 심의 또는 재심의를 요구할 수 있음.

● 감사원으로부터 심의 또는 재심의 요구를 받은 징계위원회에서는 그 요구를 받은 날로부터 1월 이내에 심의 또는 재심의 의결하고 그 결과를 지체 없이 해당 징계위원회위원장이 감사원에 통보하여야 함.

관련제도 소청심사 제도와 행정심판과 행정소송과의 관계

1. 국가공무원법 및 지방공무원법 등에 따라 소청심사대상이 되는 사건에 대해서는 행정심판을 청구할 수 없음.(행정심판법 제3조제1항)
2. 국가공무원법은 제16조제1항에서 소청심사위원회의 심사·결정을 거치지 아니하면 행정소송을 제기할 수 없다는 규정을 두고 있으므로 소청심사는 행정소송을 제기하기 전에 반드시 거쳐야 하는 필요적 전심절차임.(국가공무원법 제16조제1항)

관련제도 소청심사관련 흐름도

징계처분등 ——— 행 정 기 관

↓ 불복시 처분사유설명서를 받은 날 또는 처분이 있은 것을 안 날로부터 각각 30일 이내 소청 제기 (국가공무원법 제76조)

소 청 심 사 ——— 소청심사위원회

↓ 불복시 결정서를 받은 날부터 90일 이내 소송 제기 (행정소송법 제20조)

행 정 소 송 ——— 행정법원 또는 지방법원본원 행정합의부

13

직권면직 절차

가. 직권면직 절차

- 임용권자는 공무원이 법 제70조제1항 각호의 사유가 인정되면 직권면직 시킬 수 있지만, 직권면직 시킬 경우에는 미리 관할 징계위원회의 의견을 듣거나 동의를 얻어야 함.(법 제70조제2항)

나. 관할 징계위원회 「동의」를 요하는 직권면직

(1) 직권면직 사유

- 법 제70조제1항제5호(직무수행 능력이 부족하거나 근무성적이 극히 나쁜 자로 직위해제되어 3월이내의 대기명령을 받은 자가 그 기간 동안 능력 또는 근무성적의 향상을 기대하기 어렵다고 인정된 때)를 사유로 면직 시킬 경우에는 관할 징계위원회의 동의를 얻어야 함.

(2) 관할 징계위원회

- 직권면직에 대한 징계위원회의 동의를 얻어야 하는 경우에는 공무원 징계령에 의한 중징계 요구사건의 징계관할에 의함.(영 제23조)

다. 관할 징계위원회 「의견」을 구하는 직권면직

(1) 직권면직 사유

- 법 제70조제1항제3호부터 제8호까지(제70조제1항제5호 제외)를 사유 면직 시킬 경우에는 관할 징계위원회의 의견을 들어야 함.

- 다만, 법 제70조제1항제3호(직제와 정원의 개폐 또는 예산의 감소 등에 의하여 폐직 또는 과원이 되었을 때)의 규정에 의하여 소속공무원을 면직시킬 때에는 임용권자 또는 임용제청권자별로 심사위원회를 구성하여 심의·의결을 거쳐야 함.

❖ 징계위원회 의견을 구하는 직권면직 사유(법 제70조제1항)

① 직제와 정원의 개폐 또는 예산의 감소 등에 따라 폐직 또는 과원이 되었을 때(제3호)

② 휴직기간이 끝나거나 또는 휴직 사유가 소멸된 후에도 직무에 복귀하지 아니하거나 직무를 감당할 수 없을 때(제4호)

③ 전직시험에서 세 번 이상 불합격한 자로서 직무수행 능력이 부족하다고 인정된 때(제6호)

④ 병역판정검사·입영 또는 소집의 명령을 받고 정당한 사유 없이 이를 기피하거나 군복무를 위하여 휴직 중에 있는 자가 군복무 중 군무(軍務)를 이탈하였을 때(제7호)

⑤ 해당 직급·직위에서 직무를 수행하는데 필요한 자격증의 효력이 없어지거나 면허가 취소되어 담당 직무를 수행할 수 없게 된 때(제8호)

(2) 관할 징계위원회

- 직권면직에 대한 징계위원회의 의견을 들어야 하는 경우에는 공무원 징계령에 의한 경징계 요구사건의 징계관할에 의함.(영 제23조)

〈관할 예시〉

직권면직 대상		관할 징계위원회
5급이상 공무원 등 사건		중앙징계위원회
6급이하 공무원 등 중징계 사건	중앙행정기관 본부 소속	중앙징계위원회
	소속기관	중앙행정기관에 설치된 보통징계위원회
6급이하 공무원 등 경징계 사건		중앙행정기관에 설치된 보통징계위원회 ※ 소속행정기관에 보통징계위원회가 설치된 경우에는 그 징계위원회

라. 직권면직 「동의」 또는 「의견」 요구시 구비서류

『동의』 요구시	『의견』 요구시
① 직권면직동의 요구사유서 　※ 6하 원칙에 의하여 작성 ② 연구과제 보고서 ③ 연구과제 보고서에 대한 평가서(관계전문가) ④ 직위해제후 3개월의 대기기간동안 개전의 정이 없었다는 입증자료 ⑤ 위 기간 동안 능력의 향상이 없었다는 입증자료 ⑥ 위 대기기간 동안 교육훈련을 실시하였으면 동 교육평가서 및 성적 ⑦ 직위해제 사유 및 증거자료 ⑧ 인사기록 카드 ⑨ 최근의 인사평정서(4급이상) 및 근무성적평정표 (5급이하) ⑩ 기타 동 사유를 입증할 만한 자료	① 직권면직의견 요구사유서 　※ 6하 원칙에 의하여 작성 ② 직권면직사유를 입증할 만한 자료

※ 직권면직과 관련하여 동의 또는 의견을 요구하는 절차와 형식은 징계절차를 준용함.

 판례 국가공무원법 제70조 소정의 직권면직 사유인 '근무성적이 극히 불량한 때'의 의미

국가공무원법 제70조가 정한 직권면직사유 중 '직무수행능력의 현저한 부족으로 근무성적이 극히 불량한 때'라 함은 공무원의 징계사유를 정한 같은 법 제78조제1항 각 호의 규정에 비추어 정신적, 육체적으로 직무를 적절하게 처리할 수 있는 능력의 현저한 부족으로 근무성적이 극히 불량한 때를 의미하고, 징계사유에 해당하는 명령위반, 직무상의 의무위반 또는 직무태만의 행위 등은 이에 해당하지 아니함.[대법원 1985.2.26. 선고 83누218 판결]

 판례 직위해제처분 후의 직권면직처분 가능 여부

직권면직처분과 이보다 앞서 행하여진 직위해제처분은 그 목적을 달리한 각 별개의 독립된 처분이라 할 것이므로 본건 직권면직처분이 직위해제처분을 사유로 하였다 하더라도 일사부재리원칙에 위배되지 않음.[대법원 1983.10.25. 선고 83누340 판결]

판례 별정직공무원에 대한 직권면직

별정직공무원에 대한 직권면직의 경우에는 징계등 혐의자에게 진술의 기회를 부여하지 아니하였다하여 위법하다고 할 수 없음.[대법원 1983.6.14. 선고 82누494 판결]

판례 인사위원회의 동의 없이 한 별정직공무원에 대한 직권면직

특수경력직공무원 중의 별정직공무원은 그 임용조건, 임용절차 기타 필요한 사항을 조례로써 정하며, 특수경력직 공무원에 대하여는 지방공무원법 중 제5장 보수 및 제6장 복무의 규정을 제외하고는 그 적용에서 배제하도록 규정하고 있으므로 군의 조례에서 군수는 별정직공무원인 면장이 직무수행능력의 현저한 부족으로 근무실적이 극히 불량한 때에는 직권에 의하여 그 직을 면직시켜야 한다고 규정하고 다른 절차규정을 둔 바 없다면, 군수가 별정직공무원인 면장에 대한 면직처분을 함에 있어서 인사위원회의 동의를 구하는 절차 등을 거치지 아니하였더라도 흠될 것은 아님.[대법원 1990.4.27. 선고 89누7054 판결]

14

공무원 징계등 기록말소

🖉 가. 의의

- 공무원이 징계처분 등을 받으면 처분의 집행 및 효력이 종료된 이후에도 인사기록 카드상에 기록자체는 남게 되어 사실상 승진·전보·포상 등 인사상의 불이익을 받게 될 소지가 있고, 이로 인해 장래에 대한 근무성취 의욕의 감퇴와 공직에 대한 보람과 매력상실로 사기가 저하될 뿐만 아니라 무사안일 등 적극적 업무수행을 기대하기 어려울 수도 있으므로 일정기간 성실하게 근무한 경우 징계등 기록을 말소함으로써 공직자로서의 긍지회복과 사기진작을 도모함과 아울러 국가와 국민을 위해 더욱 헌신적으로 봉사하도록 심기일전의 기회를 부여하고자 하는 제도임.(공무원 인사기록·통계 및 인사사무 처리규정 제9조제1항)

🖉 나. 말소대상기록

(1) 징계사항

- 공무원 인사기록·통계 및 인사사무 처리 규정 제9조제1항의 징계처분은 같은 규정 제8조제1항에 따라 그 공무원의 인사 및 성과 기록*의 '징계·형벌'란에 등재된 강등·정직·감봉·견책을 말함.

  * 공무원 인사성과기록 및 전자인사관리 규칙 별지 제1호 서식

● 다만, 규정 제9조제1항제2호에 따라 징계처분의 무효·취소의 결정이나 판결이 확정된 경우에는 파면이나 해임도 말소대상에 포함됨.

(2) 직위해제사항

● 규정 제9조제2항의 직위해제는 법 제73조의3제1항 각호의 직위해제 사유를 불문하고 같은 규정 제8조제1항에 의거 해당 공무원의 인사 및 성과기록 '1. 인사기록'의 '임면'란에 등재된 직위해제처분을 말함.

* 일부기관에서 직위해제기록을 '징계·형벌'란에도 기재하고 있는 경우가 있으나 이 경우도 당연히 말소대상에 포함됨.

(3) 불문경고기록

● 공무원 징계령 시행규칙 제6조제2항에 의한 불문경고도 인사 및 성과기록카드 '감사결과'란에 기록하게 되는 바, 이에 관한 기록도 말소대상임.

* 다만, 징계위원회의 의결결과에 따른 불문경고가 아닌, 각 기관별로 운영 중인 '경고', '훈계', '계고', '훈고', '주의' 등은 말소 적용 대상이 아님

📝 다. 말소권자 : 임용권자 또는 임용제청권자

● 소속공무원의 인사기록 정본을 작성·유지·보관하면서 해당 공무원의 임용권을 행사하고 있는 기관장.(5급 이상의 경우 임용권자나 임용제청권자)

📝 라. 말소제한기간

(1) 처분기록의 말소제한기간

● 징계등 처분기록의 말소제한기한은 다음과 같음.

처분	징계				직위해제	불문경고
말소제한기간	강등	정직	감봉	견책	법 제73조의3	징계위원회 의결
	9년	7년	5년	3년	2년	1년

※ 위 기간중에 징계처분을 받은 자가 또 다른 징계를 받거나 직위해제 처분을 받은 자가 또 다른 직위해제 처분을 받은 경우에는 각 처분별로 기간을 합산함.(징계는 징계별로, 직위해제는 직위해제별로 합산)

● 말소제한기간은 제도의 취지상 실제로 직무에 종사한 기간[*]을 의미하므로 휴직기
간 등 직무에 종사하지 않은 기간은 제외되나, 다음의 기간은 포함하도록 함.

  [*] 퇴직자의 경우는 예외.

» 법 제71조제1항제1호에 따른 휴직 중 법 제72조제1호 각 목의 어느 하나에 해당
  하는 공무상 질병 또는 부상으로 인한 휴직기간

» 법 제71조제1항제3호·제5호·6호 또는 동조 제2항제1호에 따른 휴직기간

» 법 제71조제2항제2호에 따른 휴직은 그 휴직기간의 50%에 해당하는 기간(다만,
  말소제한기간에 포함되는 기간은 1년을 초과할 수 없음)

» 법 제71조제2항제4호에 따른 휴직기간

  ※ 자녀 1명에 대한 총 휴직기간이 1년을 넘는 경우에는 최초의 1년으로 하되, 다음의 어느 하나에 해당하는 경우에는
    그 휴직기간 전부로 함.
    • 첫째 자녀에 대하여 부모가 모두 휴직을 하는 경우로서 각 휴직기간이 인사혁신처장이 정하는 기간 이상인 경우
    • 둘째 자녀 이후에 대하여 휴직을 하는 경우

 예시

  ● 2015. 3. 5. 직위해제 처분(법 제73조의3제1항제2호)
  ● 2015. 5.11. 복직
  ● 2015. 5.12. 직위해제 처분(법 제73조의3제1항제3호)
  ● 2015. 6.10. 복직
  ● 2015. 6.10. 정직1월 처분
    * (직위해제 처분기록) 선행직위해제 처분이 종료된 시점인 '15.5.11.부터 기산하여
      두 직위해제 처분의 말소제한기간의 합 4년이 경과된 '19.5.11.에 전후 처분이
      동시에 말소됨.
    * (정직 처분기록) '15.6.10. 정직1월 처분시 '15.7.10.부터 기산 7년뒤인
      '22.7.10. 말소

● 소청심사위원회나 법원에서 징계 또는 직위해제처분의 무효 또는 취소의 결정이나
  판결이 확정된 경우 말소함.

● 징계처분에 대한 사면이 있는 경우 말소함.

(2) 징계처분기록

(가) 말소제한기간의 경과

① 단일처분의 경우

- 규정 제9조제1항제1호 본문에서 규정된 바와 같이 징계처분의 집행이 종료된 날로부터 위 같은 호 각 목에 규정된 기간(말소제한 기간) 동안 더 이상의 다른 징계처분이 없을 때 강등은 9년, 정직은 7년, 감봉은 5년, 견책은 3년이 경과하게 되면 말소함.

  ※ 위 기간 기산시점인 '징계처분의 집행이 종료된 날'이라 함은 법 제80조(징계의 효력) 규정에 의한 징계의 직접적 효력이 만료된 시점을 말하며, 공무원 임용령 등 기타 법령에 의거 징계처분으로 인한 효력이 유지되는 기간까지 포함하는 것은 아님.
  예컨대, '92. 2.14. 정직3월 처분을 받은 경우 승진제한기간 21개월이 끝나는 '93.11.14.부터 7년을 기산하는 것이 아니라 처분발령일로부터 3월이 지난 '92. 5.14.부터 기산하여야 함.

  ㉮ 정직처분의 말소

  예시 '00. 5. 7. 정직1월 처분시 '00. 6. 7.부터 기산 7년 뒤인 '07. 6. 7. 말소

  ㉯ 감봉처분의 말소

  예시 '02.10.13. 감봉2월 처분시 '02.12.13.부터 기산 5년 뒤인 '07.12.13. 말소

  ㉰ 견책처분의 말소

  예시 '03. 2. 7. 견책처분시 3년 뒤인 '06. 2. 7. 말소

② 중복처분의 경우

- 규정 제9조제1항제1호 단서에 규정된 바와 같이 당초 징계처분의 말소제한 기간 내에 또 다른 징계처분을 받았을 때는 선행 징계처분의 집행이 종료한 날로부터 기산하여 후행 징계처분에 대한 말소제한 기간까지 합산한 기간이 경과한 후 전후 처분을 동시에 말소함.

  예시 1 • '03.11. 1. 정직 3월 처분('04.1.31. 집행종료)
  • '03.12. 5. 견책처분
  → 정직에 대한 말소제한 기간(7년)과 견책의 기간(3년)을 합한 10년이 전후처분의 말소제한 기간이 되므로, 정직 3월 처분의 집행 종료일인 '04. 2. 1.부터 기산하여 10년이 지난 '14. 2. 1.에 정직 3월과 견책이 동시에 말소됨.

  예시 2 • '02. 2. 1. 견책처분
  • '05. 1.10. 감봉 1월 처분
  • '06. 9.25. 정직 3월 처분

→ 견책의 말소제한 기간(3년), 감봉 1월의 말소제한 기간(5년) 및 정직 3월의 말소제한기간(7년)을 모두 합한 15년이 전후 처분의 말소제한 기간이 되므로 '02.2.1.부터 기산하여 '17.6.1.에 견책·감봉 1월·정직 3월이 모두 말소됨.

(나) 징계처분의 무효·취소

① 소청심사위원회의 결정

- (취소결정) 본안심사결과 원 징계처분이 위법 또는 부당하다고 인정하여 이를 취소한 결정.

- (무효확인) 징계사유 부존재 등 처분의 원인자체가 무효임을 확인.

  » 다만, 징계위원회 구성, 징계의결, 기타 절차상의 하자(출석통지 결여, 진술권 불부여등) 등의 중대하고 명백한 하자로 인하여 무효 확인된 경우는 법 제78조의3(재징계의결등의 요구)에 의거 재징계를 할 수 있으므로, 그때의 말소시기 및 방법은 재징계결과를 보아 일반 규정에 따라 처리하여야 함.

    예시 1
    - '02. 4.18. 해임 처분
    - '02. 6. 2. 취소 결정
    - '02. 6. 7. 재징계의결요구
    - '02. 8.24. 감봉 1월(재징계) 의결
    - '02. 9. 1. 감봉 1월 처분
      → 해임은 '02.4.18.자로 말소하고, 감봉 1월은 '02.10.1.부터 기산 5년 뒤인 '07.10.1. 말소

    예시 2
    - '04. 3. 5. 감봉 2월처분
    - '04. 4. 2. 무효확인 결정(위원회 구성의 하자)
    - '04. 5. 7. 감봉 1월(재징계) 의결
    - '04. 5.14. 감봉 1월처분
      → 선행처분인 감봉 2월은 '04. 3. 5.자로 말소하고 후행처분인 감봉 1월은 '04. 6.14.부터 5년 뒤인 '09. 6.14. 말소

② 법원판결

- '법원판결이 확정된 때'라 함은 징계처분에 대한 행정소송 결과 법원에서 해당 징계처분의 위법·부당을 이유로 취소 또는 무효확인의 판결을 한 후, 소속기관장이 상소기간 내에 법원에 상소하지 않거나, 같은 이유로 대법원이 동일하게 판결한 경우 등을 말함.

- 다만, 법원에서 징계위원회 구성·징계의결 기타 절차상의 하자나 징계양정의 과

165

다를 이유로 무효확인 또는 취소판결을 한 때에는 법 제78조의3(재징계의결등의 요구)에 의거 재징계를 할 수 있으므로 그 결과를 보아 일반원칙에 따라 처리함.

> **예시**
> - '04. 5. 6. 감봉 3월처분
> - '06. 7. 4. 대법원에서 취소 확정(재량권일탈)
> - '06. 8. 5. 견책처분
>   → 감봉 3월처분은 취소되었으므로 '04. 5. 6.자로 말소하고, 견책기록은 '09. 8. 5.에 말소됨.

(다) 징계처분에 대한 사면

● 일정기준시점 이전의 징계처분에 대하여 사면이 시행된 때.

> **예시**
> - '07. 7. 5. 견책처분
> - '08. 8.15. 특별사면
> - '09. 7. 5. 정직 3월처분
>   → 견책기록은 '08.8.15.자로 말소하고, 정직 3월처분은 '09.10.5.부터 기산하여 7년이 지난 '16.10.5.에 말소함.

❖ 징계위원회의 구성·징계의결 기타 절차상의 하자나 징계양정의 과다를 이유로 소청심사위원회 또는 법원에서 징계처분의 무효 또는 취소의 결정이나 판결을 하였으나 법 제78조의3(재징계의결등의 요구)의 규정에 따라 재징계된 경우에는 원처분이 취소·무효 되었다고 해서 공무원 인사기록·통계 및 인사사무 처리 규정 제9조제3항 규정을 적용 인사기록카드를 재작성해서는 안됨.

※ 공무원 인사기록·통계 및 인사사무 처리 규정 제9조제3항 규정상의 "해당 사유 발생일 전"이라 함은 무효·취소되었으나 재징계 처분이 되지 않은 경우를 의미하기 때문임.

(3) 직위해제처분기록

(가) 말소제한 기간의 경과

① 단일처분의 경우

● 직위해제처분이 끝난 날부터 2년이 지난 경우

② 중복처분의 경우

● 직위해제처분을 받고 그 집행이 끝난 날부터 2년이 지나기 전에 다른 직위해제 처분을 받은 경우에는 각 직위해제 처분마다 2년을 더한 기간이 지난 후에 동시에 말소함.

❖ 이때의 직위해제 처분은 법 제73조의2제1항 각호에 규정된 사유가 반드시 같은 것임을 요구하지는 않음.

> **예시**
> - '02. 5. 9. 직위해제(법 제73조의3제1항제2호)
> - '02. 8. 9. 복직
> - '04. 2.27. 직위해제(법 제73조의3제1항제3호)
> - '04. 5.27. 복직
>   → 선행 직위해제 처분의 종료 시점인 '02. 8. 9.부터 기산하여 두 직위해제 처분의 말소제한기간을 합한 4년이 경과된 때인 '06. 8. 9.자로 전·후 처분을 동시에 말소

❖ 합산한 기간이 경과할 때까지 최종 직위해제처분에 대한 복직이 되지 않을 경우엔 복직된 날을 기준으로 말소함.

> **예시**
> - '08. 4.15. 직위해제(2호)
> - '08. 7.15. 복직
> - '10. 4. 1. 직위해제(4호)
> - '15. 7. 4. 복직
>   → '15. 7. 4.자로 전·후 처분을 동시에 말소

(나) 직위해제처분의 무효·취소

● 소청심사위원회나 법원에서 직위해제처분의 무효 또는 취소의 결정이나 판결이 확정된 때는 원 직위해제처분일자로 말소함.

(4) 불문경고처분기록

● 징계위원회의 불문경고의결 통고를 받은 기관장이 해당 공무원에게 경고처분을 한 날로부터 1년이 경과한 때 말소함.

● 불문경고처분을 받은 후, 1년이 지나기 전에 다른 불문경고처분을 받은 경우 앞의 규정에 준하여 각 불문경고처분마다 1년을 더한 기간이 지난 후에 동시에 말소하게 됨.

● 징계처분과 불문경고 기록이 중복되는 경우에는 선행 징계처분 또는 불문경고 처분일로부터 기산하여 각각의 처분기간과 말소제한기간을 합산한 기간이 경과한 때 전·후 처분을 동시에 말소함.

14

마. 말소효과

(1) 기성(旣成)효과의 회복문제

- 인사기록카드상의 징계기록이 말소되었다고 하여 징계등 처분으로 받은 기성의 효과에는 영향을 미치지 않으므로, 징계등 처분으로 인하여 받은 법령상의 각종 불이익이나 제한사항이 완전히 회복되는 것은 아님.

- 다만, 공무원보수규정 제15조에 따라 견책·감봉·정직·강등처분이 말소된 경우, 징계처분기간을 제외한 승급제한기간은 다시 회복되므로 승급기간에 산입하여야 함.

> **질의 회신** 징계기록 말소효과
>
> ▤ "견책"에 대한 징계기록 말소 후 보수 및 승진 임용제한에 관하여
>
> ▤ 징계기록이 말소되었다고 하여 징계처분 등으로 인하여 제한된 법령상의 각종 불이익이나 제한사항이 당연히 회복되는 것은 아니고, 다만 공무원보수규정 제15조제2호에 의거 징계처분기간을 제외한 승급제한기간은 다시 회복되므로 승급기간에 산입되어야 함.

(2) 승진·보직관리 등 인사운영 전반

- 승진, 보직관리 등 임용권을 행사함에 있어 말소된 징계처분 기록을 이유로 합리적인 근거없이 불리한 처우를 해서는 아니 됨.

- 근무성적평정시 말소된 징계처분 등을 이유로 불리한 평정을 해서는 아니 됨.

(3) 서훈 및 포상대상자 선정

- 각종 포상대상자 선정시 말소된 징계처분 등을 이유로 근거 없이 불리한 처우를 해서는 아니 됨.

- 다만, 징계처분기록이 말소되었다 하더라도 「정부포상 업무지침」(행정안전부) 등 관련 규정에 따라 포상추천이 제한될 수 있음.

(4) 징계양정결정시

- 공무원 징계령 제17조 및 공무원 징계령 시행규칙 제2조 규정에 의한 징계양정 결정시 말소된 징계처분을 이유로 부당하게 무거운 징계를 의결하여서는 아니 되며, 징계의결요구권자 등은 징계의결요구를 위한 '확인서' 작성시 이전 징계처분이 말소된 경우, 아래와 같은 방법으로 말소사실을 기재하도록 함.

예시

<u>확 인 서</u>

① 공 적 사 항			② 징 계 사 항 [불문(경고) 포함]		
포상일자	포상종류	시행청	일 자	종 류	발령청
			'10. 9. 2.	견 책	○○○
			'13. 9. 2.	위 기록의 말소	○○○

(5) 전력조사 및 경력증명 등

- 재직자 또는 퇴직한 공무원에 대하여 공무원 인사기록·통계 및 인사사무 처리 규정 제11조에 의한 전력조사 회보 및 제32조제2항에 의한 경력증명서를 발급할 때에는 말소된 징계등 처분기록을 기재하지 않도록 함.

(6) 기타 사실상의 불이익 금지

- 말소제도의 취지에 부합하도록 말소된 징계처분 등을 이유로 신분·처우 상 법령 등에 근거 없이 불리한 대우를 하여서는 아니 됨.

바. 인사 및 성과기록의 정리 등

(1) 말소 방법

- 규정 제9조제3항에 의거, 징계·직위해제·불문경고 등 처분의 기록말소는 인사 및 성과기록카드의 당해 처분기록란의 여백에 기록함.

  예시 1 "08. 1. 1.자로 말소함"(말소제한기간 도과)

  예시 2 "대통령특별사면(2008. 8.15.)에 의거 사면"

  예시 3 "일반사면령(대통령령 제14818호, 1995.12. 2.)에 의거 사면"

- 규정 제9조제3항 단서규정에 의거, 소청심사위원회나 법원에서 징계·직위해제·불문경고 등 처분의 무효 또는 취소의 결정이나 판결이 확정된 때는 당해 사실이 나타나지 아니하도록 인사 및 성과기록카드의 해당란을 삭제함.

- 다만, 법 제83조의2제3항의 규정에 따라 재징계된 경우에는 원 징계처분이 무효·취소되었다고 해서 규정 제9조제3항의 단서규정을 적용하여 인사 및 성과기록카드의 해당란을 삭제하여서는 아니됨.

  ※ 규정 제9조제3항 단서조항의 '그 해당사유 발생일 전에 징계처분이나 직위해제처분을 받은 사실이 없을 때'라 함은 소청결정이나 법원판결로 원 처분이 무효 또는 취소되고, 법 제83조의2제3항의 재징계 사유에 해당하지 않아 재징계가 되지 않은 경우를 의미함.

(2) 말소 기한

- 말소권자는 말소사유가 발생하면 당해 사유가 발생한 날로부터 14일 이내에 위 말소방법에 따라 말소조치를 완료하고, 해당공무원에게 '징계등처분기록말소통지서'로 말소사실을 통보하여야 함.

- 14일 이내에 이와 같은 조치가 없을 경우에는 징계등 처분을 받은 자는 '징계등처분기록말소신청서'를 작성하여 말소권자에게 말소신청을 할 수 있음.

15

비위면직(파면·해임)자의 사후관리

가. 목적

- 파면·해임된 자의 공무원 재임용을 일정기간 제한하고 있는 「국가공무원법」 제33조(결격사유) 및 「지방공무원법」 제31조(결격사유) 등 관련 규정의 실효성을 확보하기 위함임.

나. 적용범위

- 국가기관 및 그 소속기관
- 지방자치단체 및 그 소속기관

다. 비위면직자의 범위

- 징계에 의해 파면·해임된 자

라. 비위면직자 관리시스템

- 인사혁신처에서 비위면직자에 대한 정보를 관리하기 위해 구축하여 운영하는 시스템

마. 비위면직자 등록

● 각급 기관의 장은 비위면직자의 퇴직 시 1개월 이내에 비위면직자 관리시스템을 통하여 소속 중앙행정기관의 장, 특별시장·광역시장·도지사·특별자치도지사·특별자치시장 및 교육감(이하 "중앙행정기관장등"이라 한다)에게 비위면직자 등록을 요청하여야 함.

● 각급 기관의 장으로부터 비위면직자 등록의 요청을 받은 중앙행정기관장등은 비위면직자의 소속, 부서명, 직급, 성명, 생년월일, 파면·해임일자 및 조치내용(파면·해임)을 비위면직자 관리시스템에 등록하여야 함.

● 각급 기관의 장은 소청(訴請) 결정 및 법원 판결 등에 따라 원처분이 취소되거나 변경된 경우 또는 사면 등에 의하여 공무원으로 임용될 수 있는 자격이 회복된 경우에는 그 사실을 중앙행정기관장등에게 통보하여야 함.

각급 기관	중앙행정기관 등 (광역시·도, 교육감 포함)	인사혁신처(복무과)
● 시스템 등록 요청(신규) ● 변경 또는 삭제 　요청(공문) * 소청 및 행정소송 등으로 　징계종류 변동 시	● 시스템 등록(신규) ● 변경 또는 삭제 　요청(공문)(중앙행정기관 　경유) ● 비위면직 여부 조회	● 공문확인 후 변경 또는 　삭제 ● 관리기간(파면 5년, 해임 　3년) 경과자 삭제

바. 비위면직자 여부의 조회·확인

(1) 조회대상

● 국가기관, 지방자치단체 및 그 소속기관에서 공무원을 채용하고자 할 때 미리 인사혁신처장에게 비위면직자 여부를 조회하여야 함.

(2) 조회시점

● 공개경쟁채용 시험실시기관의 장(인사혁신처장, 시·도지사, 시·도교육감 등)은 최종합격자를 결정하기 전에 비위면직여부를 조회·확인하여야 함.

● 공개경쟁시험 외의 방법으로 공무원을 채용하는 경우에는 해당 기관의 장이 임용 전에 비위면직자 여부를 조회·확인하여야 함.

(3) 조회방법

(가) 컴퓨터를 통한 직접 조회

● 중앙행정기관의 장은 「전자정부법」 제2조제9호의 행정전자서명에 대한 인증서 (GPKI)와 비위면직자 관리시스템을 통하여 직접 비위면직자 여부를 조회·확인

※ 인사혁신처장은 필요하다고 인정할 경우 중앙행정기관의 장의 요청을 받아 각급 기관의 장이 비위면직 여부를 직접 조회·확인할 수 있도록 권한 부여

① 사용자 등록신청
    가. 비위면직자 관리시스템에 접속하여 사용 신청(사용자 ID 등록)
    나. 공문으로 부서명, 사용자 인적사항(성명, 직급), 사용자 ID, 담당 업무(사용 목적)를 기재하여
       신청(사전에 행정전자서명 발급받아야 됨.)
② 인사혁신처에서 공문 확인 후 비위면직자 관리시스템 사용자 승인
③ 비위면직자 관리시스템 첫 화면 「인증서 등록」 메뉴를 통해 행정전자서명(GPKI) 등록(최초 1회)
④ 등록한 행정전자서명(GPKI)으로 로그인
⑤ 입력화면이 나오면 비위면직자 조회 실시

❖ **주의사항 및 행정사항**

① 사용권한을 부여받은 자는 사용자 ID 및 전화번호·사용자번호 및 비밀번호를 타인에게 누설하여서는 아니되며, 비밀번호는 수시로 변경 사용하여야 함.
② 담당자만이 업무목적으로 사용하여야 하며, 목적외 사용시 「개인정보 보호법」에 저촉됨.(기관별 조회내역이 인사혁신처 시스템에 자동기록됨.)
③ 직접조회를 신청한 기관은 비위면직여부 조회대장을 관리하여야 함.

16

공무원 직무관련 범죄의 고발

가. 목적

- 공무원과 공무원이었던 자가 직무와 관련하여 범죄행위를 행한 경우에 고발할 대상과 절차 등을 규정하여 이를 엄정히 이행토록 함으로써 공무원의 부정행위를 방지하고 깨끗한 공직사회를 구현하기 위함.

나. 범죄보고 및 고발주체

(1) 범죄보고

- 각급 행정기관의 부서책임공무원과 감사담당공무원은 그 직무를 행함에 있어 공무원의 범죄혐의사실을 발견한 경우 소속기관장에게 보고하여야 함.

(2) 고발주체

- 각급 행정기관의 장은 그 직무를 행함에 있어 공무원의 범죄혐의사실을 발견한 경우에는 형사소송법 제234조제2항의 규정 및 공무원의 직무관련범죄 고발지침에 의하여 고발하여야 함.

📝 다. 고발대상

(1) 고발대상

- 공무원과 공무원이었던 자 및 처벌규정의 적용에 있어 공무원으로 의제되는 자가 형법, 특정범죄 가중처벌 등에 관한 법률, 국가공무원법, 지방공무원법, 부패방지법, 공직자윤리법, 기타 개별법률의 금지 또는 의무규정을 위반한 범죄행위와 그와 관련된 민간인의 범죄행위를 포함함.

(2) 고발여부 결정시 고려사항

- 범죄행위의 도(度)의 경중과 고의·과실여부.

(3) 엄정처리 사항

① 뇌물수수, 공금횡령, 배임 등 직무에 관한 부당한 이득 또는 재물취득과 관련된 범죄에 해당되는 경우
② 부당한 행정행위를 수반한 범죄에 해당하는 경우
③ 범죄내용이 파급개연성이 크고 수사시 비위규모가 더 밝혀질 수 있다고 판단되는 경우
④ 징계처분을 받고 징계기록말소기간 이내에 다시 범죄에 해당하는 비위를 행한 경우
⑤ 기관특성상 비위발생 빈도가 높아 각 기관별로 특별히 지정한 범죄에 해당하는 경우
⑥ 기타 범죄의 횟수, 수법 등을 고려할 때 고발하는 것이 타당하다고 판단되는 경우

📝 라. 고발절차

- 행정기관의 장의 명의로 고발장을 작성하여 관할 수사기관의 장에게 제출. 다만, 범죄혐의자의 도주 또는 증거인멸의 우려가 있는 경우 등 긴급을 요하는 경우에는 구두로 고발한 후 고발장을 제출할 수 있음.
- 범죄혐의내용이 정부정책면에서나 사회적으로 중대한 영향을 미칠 만한 사건이거나 범죄혐의자의 도주 또는 증거인멸의 방지 등이 필요하다고 인정되는 경우에는 수사기관과 사전 협의하여야 함.

📝 마. 고발처리상황의 관리

- 각급 행정기관은 고발한 범죄혐의사실의 요지 및 처리내용 등 고발처리상황을 문서로 유지·관리하여야 하고, 고발하지 아니한 경우에는 범죄혐의사실의 요지 및 고발을 아니하는 사유를 기관장의 결재를 받아 관리하여야 함.

- 고발을 한 기관장은 증빙자료의 제출 등 수사에 협력. 고발을 받은 수사기관장은 수사를 개시한 때와 이를 종료한 때에 그 사실을, 공소가 제기된 경우에는 그 결과를 고발기관장에게 통보하여야 함.

- 직무와 관련하여 발견한 범죄혐의사실을 묵인한 공무원에 대하여는 징계등 엄중한 조치를 하여야 함.

비위공직자의 의원면직처리 제한

가. 목 적

● 재직 중 비위를 저지른 공무원이 형사벌이나 징계처분을 회피하기 위하여 의원면직을 하는 사례를 방지함으로써 공직기강 확립 및 깨끗한 공직사회 구현.

나. 관련근거

● 「국가공무원법」 제78조의4, 「공무원 징계령」 제23조의2 및 「공무원 비위사건 처리 규정」(대통령훈령)

다. 의원면직 제한 대상(법 제78조의4, 훈령 제5조)

(1) 파면, 해임, 강등 또는 정직에 해당하는 징계사유가 있는 경우

(2) 비위와 관련하여 형사사건으로 기소 중인 경우

(3) 징계위원회에 중징계의결 요구 중인 경우

(4) 조사 및 수사기관에서 비위와 관련하여 조사 또는 수사 중인 경우

(5) 각급 행정기관의 감사부서 등에서 비위와 관련하여 내부 감사 또는 조사 중인 경우

※ (2), (4), (5)는 비위의 정도가 중징계 상당에 해당되는 것으로 판단된 경우에 한함.

라. 의원면직 제한 대상 확인(징계령 제23조의2, 훈령 제6조 및 제7조)

● 임용권자 또는 임용제청권자는 의원면직 신청이 발생할 경우 조사 및 수사기관에 의원면직 제한여부를 확인요청 하여야 할 의무가 있고, 조사 및 수사기관은 10일 이내에 확인결과를 통보하여야 할 의무가 있음.

마. 위반자에 대한 문책(훈령 제9조)

● 고의 또는 중과실로 ①의원면직제한 사유에 해당됨에도 사표를 수리한 경우 ②의원면직 제한여부를 확인치 않은 경우 ③의원면직 확인요청에 대해 확인결과 통보 요청 및 통보 의무 등을 성실히 이행치 않은 경우에 대해서는 담당공무원 등에 대해 문책 등 필요한 조치를 취하여야 함.

바. 의원면직신청자에 대한 징계절차의 신속한 처리 (법 제78조의4 제4항, 훈령 제10조)

● 각급 징계위원회는 중징계의결요구 중인 자가 의원면직을 신청한 경우에는 다른 징계사건에 우선하여 징계의결등을 하여야 함.

국가공무원법 제78조의4(퇴직을 희망하는 공무원의 징계사유 확인 및 퇴직 제한 등)

① 임용권자 또는 임용제청권자는 공무원이 퇴직을 희망하는 경우에는 제78조제1항에 따른 징계사유가 있는지 및 제2항 각 호의 어느 하나에 해당하는지 여부를 감사원과 검찰·경찰 등 조사 및 수사기관(이하 이 조에서 "조사 및 수사기관"이라 한다)의 장에게 확인하여야 한다.

② 제1항에 따른 확인 결과 퇴직을 희망하는 공무원이 파면, 해임, 강등 또는 정직에 해당하는 징계사유가 있거나 다음 각 호의 어느 하나에 해당하는 경우(제1호·제3호 및 제4호의 경우에는 해당 공무원이 파면·해임·강등 또는 정직의 징계에 해당한다고 판단되는 경우에 한정한다) 제78조제4항에 따른 소속 장관 등은 지체 없이 징계의결등을 요구하여야 하고, 퇴직을 허용하여서는 아니 된다.

1. 비위(非違)와 관련하여 형사사건으로 기소된 때

2. 징계위원회에 파면·해임·강등 또는 정직에 해당하는 징계 의결이 요구 중인 때

3. 조사 및 수사기관에서 비위와 관련하여 조사 또는 수사 중인 때

4. 각급 행정기관의 감사부서 등에서 비위와 관련하여 내부 감사 또는 조사 중인 때

③ 제2항에 따라 징계의결등을 요구한 경우 임용권자는 제73조의3제1항제3호에 따라 해당 공무원에게 직위를 부여하지 아니할 수 있다.

④ 관할 징계위원회는 제2항에 따라 징계의결등이 요구된 경우 다른 징계사건에 우선하여 징계의결등을 하여야 한다.

부록 1
징계관련 주요 규정

01

징계관련 주요 법령 목록

1. 국가공무원법
3. 감사원법
5. 공직자윤리법
7. 법관징계법
9. 경찰공무원법
11. 외무공무원법
13. 군인사법
15. 국가정보원직원법
16. 대통령 등의 경호에 관한 법률
17. 부정청탁 및 금품등 수수의 금지에 관한 법률
18. 부패방지 및 국민권익위원회의 설치와 운영에 관한 법률
19. 공무원 징계령
21. 별정직공무원 인사규정
25. 지방공무원 징계 및 소청규정
27. 소청절차규정
29. 공무원보수규정
31. 공무원 인사기록·통계 및 인사사무 처리 규정
32. 공무원연금법 시행령
34. 법관징계규칙
36. 감사원 징계규칙
38. 소방공무원 징계령
40. 국가정보원법 시행령
42. 부정청탁 및 금품등 수수의 금지에 관한 법률 시행령
43. 국회인사규칙
45. 선거관리위원회 공무원 규칙

2. 지방공무원법
4. 공공감사에 관한 법률
6. 공무원연금법
8. 검사징계법
10. 소방공무원법
12. 교육공무원법
14. 군무원인사법

20. 공무원 징계령 시행규칙
24. 공무원복무규정
26. 지방공무원 징계규칙
28. 공무원임용령
30. 공무원수당 등에 관한 규정

33. 감사원 감사사무 처리규칙
35. 헌법재판소 공무원 규칙
37. 경찰공무원 징계령
39. 교육공무원 징계령
41. 공무원 행동강령

44. 법원공무원규칙

징계관련 주요 예규·훈령 및 지침 목록

1. 공무원 비위사건 처리규정

2. 공무원의 직무관련범죄 고발지침

3. 비위면직(파면·해임)자 공직재임용 제한에 관한 규정

4. 국가공무원 복무·징계 관련 예규

5. 특별사면(징계사면) 시행에 따른 인사처리지침

6. 공직자 행동강령 운영지침

부록 2
징계관련
참고 서식

01

징계관련 참고 서식

1. 징계의결요구서 보완요구(영 제7조제6항)
2. 징계사건 현지조사 협조의뢰(영 제12조제3항)
3. 징계위원회 개최 통보(징계위원)(영 제12조제1항)
4. 징계등 혐의자 출석통지서 교부의뢰(영 제10조 제1항~2항)
5. 출석통지서 수령증(영 제10조제2항)
6. 증인(참고인) 출석통지(영 제11조제1항)
7. 징계위원회 회의록(영 제6조제4항)

※ 공무원 징계령상 서식 목록
[별지 제1호서식] 공무원 징계의결 또는 징계부가금 부과 의결 요구서
[별지 제1호의2서식] 확인서
[별지 제1호의3서식] 성폭력 또는 성희롱 비위 사건에 대한 전문가 의견서
[별지 제2호서식] 출석통지서
[별지 제2호의2서식] 의견서
[별지 제3호서식] 징계 또는 징계부가금 의결서
[별지 제3호의2서식] 징계부가금 감면 의결 요구서
[별지 제3호의3서식] 징계부가금 감면 의결서
[별지 제4호서식] (징계처분, 징계부가금 부과처분, 징계부가금 감면처분)사유설명서
[별지 제4호의2서식] 징계처분결과 통보서
[별지 제4호의3서식] 직권 면직(의견, 동의) 요구서
[별지 제4호의4서식] 직권 면직(의견, 동의) 의결서
[별지 제5호서식] 징계 또는 징계부가금 처리 대장

○ ○ 징 계 위 원 회

수신
(경유)
제목　　**징계의결요구서 보완요구**

　　1. 귀 ○○　　　(　　.　.　　.) 징계의결요구와 관련입니다.

　　2. 귀 소속 ○○○ ○○○에 대한 징계의결요구서를 검토한 바
아래 증거자료가 미비되었으니 동 자료를　.　.　.까지 우리 위원회에 제출
하여 주시기 바랍니다.

　　　가. 보완사항

　　　　1)

　　　　2)

　　　　3)　　　　　　　　　　　　　　　　.　끝.

○○징계위원회

기안자 직위(직급) 서명　　　　검토자 직위(직급) 서명　　　　　　결재권자 직위(직급) 서명

협조자

시행　　처리과명-연도별 일련번호(시행일)　　　　　접수　　　처리과명-연도별 일련번호(접수일)

우　　도로명주소　　　　　　　　　　　　　　　 / 홈페이지 주소

전화번호(　)　　　　　　 팩스번호(　)　　　　　 / 공무원의 전자우편주소　 / 공개 구분

○ ○ 징 계 위 원 회

수신
(경유)
제목　징계사건 현지조사 협조의뢰

　　　공무원 징계령 제12조제3항의 규정에 의하여 우리 위원회에서 사실
조사를 위하여 관계직원으로 하여금 귀 기관에 출장토록하였으니 본 조사
업무수행에 협조하여 주시기 바랍니다.

　　　가. 출장일시 : 20○○.○○.○○.(　)　00:00 ~ 00:00
　　　나. 혐의자 인적사항

소　속	직　급	생년월일	성　명

　　　다. 조사담당 공무원 인적사항

소　속	성　명	비　고

끝.

○ ○ 징 계 위 원 회

기안자　직위(직급) 서명　　　　　검토자　직위(직급) 서명　　　　　결재권자　직위(직급) 서명
협조자
시행　　처리과명-연도별 일련번호(시행일)　　　　　접수　　　처리과명-연도별 일련번호(접수일)
우　　도로명주소　　　　　　　　　　　　　　　　　　/ 홈페이지 주소
전화번호(　)　　　　　　　팩스번호(　)　　　　　/ 공무원의 전자우편주소　　/ 공개 구분

○ ○ 징 계 위 원 회

수신
(경유)
제목　20○○년 제○회 ○○징계위원회 개최 통보

　　　20○○년도 제○회 ○○징계위원회를 다음과 같이 개최하오니 참석해 주시기 바랍니다.

　　1. 일　　시 : 20○○.○○.○○.(○) 00:00

　　2. 장　　소 : ○○청사 ○층 회의실(○○호)

　　3. 참석대상 : ○○위원회 위원 ○명

　　4. 심의안건 : ○○건, ○○명

　　※ 심의안건은 개인정보가 포함되어 있으므로 보안관리를 철저히 하여 주시기 바랍니다.

붙임　1. 징계심의안건 종합표 1부.

　　　2. 제○회 ○○위원회 명단 1부.　끝.

○ ○ 징 계 위 원 회

기안자　직위(직급) 서명　　　　　검토자　직위(직급) 서명　　　　　결재권자　직위(직급) 서명
협조자
시행　　처리과명-연도별 일련번호(시행일)　　　　　접수　　　　처리과명-연도별 일련번호(접수일)
우　　도로명주소　　　　　　　　　　　　　　　　／ 홈페이지 주소
전화번호(　)　　　　　팩스번호(　)　　　　　　　／ 공무원의 전자우편주소　　／ 공개 구분

○ ○ 징 계 위 원 회

수신
(경유)
제목   징계등 혐의자 출석통지서 교부의뢰

───────────────────────────────────────

　　1. 귀 기관 소속 징계등 혐의자에 대한 징계심의를 '○○.○○.○
○(○)에 개최 할 예정이오니 다음 요령에 의해 붙임의 출석통지서를 징계
등 혐의자에게 '○○.○○.○○(○)<u>까지 교부</u>하고 심의 당일 출석할 수 있
도록 조치해 주시기 바라며,

　　2. 또한, 혐의자는 징계위원회에 출석할 의무는 없고 출석통지는
혐의자의 진술권을 보장하기 위한 것임을 알려 주시고, 징계혐의자가 징계
위원회에 출석하여 진술을 하고자 할 때에는 공무원 복무규정상의 **"공가"**
로 **처리**하여 주시기 바랍니다.

　　3. 아울러, 혐의자의 **출석연기원은 허용되지 않으며**, 만일 **징계의
당일 출석하지 않거나 서면진술서도 제출하지 않을 경우에는 진술할 의사
가 없는 것으로 인정하여 처리**하오니 이점 징계등 혐의자에게 알려주시기
바랍니다.

　　〈 출석통지서　교부요령 〉

　　① 붙임 출석통지서를 징계등 혐의자에게 교부하고, 교부일시와
　　　수령자가 기재된 출석통지서 수령증을 송달공무원의 서명날
　　　인을 받아 '○○.○○.○○.(○)까지 우리 위원회에 회보
　　　함.(Fax 또는 E-mail)

　　② 징계등 혐의자가 출석을 원하지 않을 경우에는 출석통지서의
　　　아래에 붙어 있는 진술권 포기서의 각 해당사항을 기재하여
　　　본인의 서면을 받아 출석통지서 수령증과 함께 제출함.(Fax
　　　또는 E-mail)

　　③ 징계등 혐의자가 직위해제중이거나 기타 사유로 출근을 하지
　　　않는 경우에는 소속 공무원으로 하여금 직접 자택에 가서 출

석통지서를 교부케 한 후 전항에 의한 절차를 취하되, 만일 혐의자 본인이 부재중일 경우에는 동거가족(성년에 한함)에게 교부하고 수령자와 혐의자와의 관계를 표시하여 수령자로부터 수령 확인날인을 받아 제출함.

④ 징계등 혐의자가 수사기관 등에 의해 구속 중인 때에는 소속 공무원으로 하여금 구금 구치소에 있는 혐의자 본인에게 직접 출석통지서를 교부케 하되, 이 경우에는 혐의자의 서명날인(또는 무인) 및 입회한 경찰 또는 교도공무원과 송달공무원의 인적사항을 기재하여 수령확인 날인을 받아 제출함.

⑤ 징계등 혐의자의 사정에 의하여 서면진술을 하고자 하는 자에 대하여는 징계위원회 개최 2일전까지 우리 위원회에 서면진술서를 제출함.

⑥ 징계등 혐의자가 출석통지서의 수령을 거부할 경우에는 출석통지서 교부상황을 회보할 때에 수령을 거부한 사실을 증명하는 서류를 첨부하여 제출함.

붙임 1. 출석통지서 각 1부.
     2. 출석통지서 수령증 각 1부. 끝.

○ ○ 징 계 위 원 회

기안자 직위(직급) 서명   검토자 직위(직급) 서명   결재권자 직위(직급) 서명
협조자
시행   처리과명-연도별 일련번호(시행일)   접수   처리과명-연도별 일련번호(접수일)
우   도로명주소   / 홈페이지 주소
전화번호(   )   팩스번호(   )   / 공무원의 전자우편주소   / 공개 구분

출석통지서 수령증

○ 징계등 혐의자

· 소속 : ○○○

· 직급 : ○○

· 성명 : ○○○(한자)

○ 출석일시 :

○ 수령사항 : 출석통지서 1부.

○ 수령일시 : 20○○년   월   일(시   분)

위 사항을 수령하였음을 확인합니다.

수 령 자

(혐의자)   (인)

전달확인자

소 속

직 명

성 명   (인)

○○징계위원회 귀중

○ ○ 징 계 위 원 회

수신
(경유)
제목   **증인(참고인) 출석통지**

　　　○○○소속 ○○○ ○○○에 대한 징계사건 조사를 위해 공무원 징계령 제11조의 규정에 의하여 귀하를 증인(참고인)으로 채택하여 필요한 진술을 듣고자 하오니 아래와 같이 나와 주시기 바랍니다.

　　　가. 일시 :　　　.　　.　　.

　　　나. 장소 :

　　　다. 기타 : 주민등록증.　끝.

○ ○ 징계위원회

기안자 직위(직급) 서명　　　　검토자 직위(직급) 서명　　　　결재권자 직위(직급) 서명
협조자
시행　　처리과명-연도별 일련번호(시행일)　　　　접수　　처리과명-연도별 일련번호(접수일)
우　　도로명주소　　　　　　　　　　　　　/ 홈페이지 주소
전화번호( )　　　　　팩스번호( )　　　　/ 공무원의 전자우편주소　　/ 공개 구분

간		사	위 원 장	년 월 일	결 재
(직 위)	(직 위)	(직 위)	(○ ○ ○)		

제○회   ○○징계위원회 회의록

1. 회의일시 :　　　. . . 　 :　 ～　 :

2. 회의장소 :

3. 출석위원 :　(위원장) ○○○

　　　　　　　(위 원) ○○○, ○○○, ○○○, ○○○, ○○○

4. 출석공무원: (간 사) ○○○, ○○○

5. 부의안건
　　심의안건 일람표 : 붙임 1

6. 회의록 : 붙임 2

부록 3
징계관련 주요 해석 및 문답

징계관련 주요 해석 및 문답 목차

02. 징계관련 질의 답변

01

징계관련 소청·판결·유권해석 등

질의 1 보통징계위원회 위원을 징계대상자 보다 상위직급으로 구성하지 않은 경우

소 청 징계대상자와 동일직급으로 구성하는 것은 경찰공무원 징계령 제6조제2항의 규정을 위반한 것으로 위법하고, 그러한 징계위원회의 의결에 따른 징계처분 역시 위법하므로 취소되어야 할 것임.(소청 2013-131)

질의 2 정당한 절차에 의해 임명되지 않은 위원이 징계의결에 참여한 경우

소 청 징계위원회의 의결에 참여할 권한이 없는 자가 위원회에 참여한 것으로 징계처분은 무효임.(소청 98-703)

질의 3 사실심리에 참여하지 않은 위원이 징계의결에 참여한 경우

소 청 사실심리에 참여하지 않은 위원이 징계의결에 참여하는 경우 그 의결은 중대한 절차상의 하자로 무효임.(소청 93-401)

질의 4 사실심리에 참여하였으나 결정에 참여하지 않은 위원이 있는 경우

유권해석 징계위원회의 의결은 위원장을 포함한 위원 4인 이상 출석과 출석위원 과반수의 찬성으로 의결할 수 있으므로, 1차 심의 이후 2차 심의에서 당초 심의에 참석했던 위원 중 4인 이상이 참여하여 처리한 징계의결은 유효함.(소청, 제90회 행정회의, 1971. 7.21.)

※현재는 5명 이상 출석하여야 함.

질의 5 징계관할을 위반하는 경우

소 청 징계관할의 위반은 권한 없는 징계위원회에서 징계사건을 심의·의결한 것으로 중대하고 명백한 하자이므로 무효임.(소청 01-300)

질의 6 상·하급 공무원이 관련된 사건을 병합관할 하지 아니하여 징계심의·의결을 처리한 경우

유권해석 절차상의 하자가 있다 하더라도 징계사유가 명백한 경우에는 무효로 보지 않음.(소청, 제113회 행정회의, 1988. 9. 2)

질의 7 징계의결 재심사기관의 관할권 위반의 경우

소 청 징계의결 재심사기관의 관할권을 위반한 경우는 중대 명백한 하자로 인정되므로 무효에 해당됨.(소청 95-262)

질의 8 출석통지서의 흠결로 인해 징계대상자가 징계위원회에 불참한 경우

소 청 출석통지서의 흠결로 징계대상자가 징계위원회에 불참하였다면, 이는 징계절차상의 명백한 하자이므로 기 징계처분을 취소함이 타당함.(소청 98-557)

질의 9 출석통지서 공고 후 법정기간 미경과 상태에서 징계의결을 한 경우

소 청 출석통지서 공고 후 법정기간이 경과되지 아니한 상태에서 징계위원회를 소집하여 징계혐의자의 불참 하에 징계의결한 것은 징계혐의자의 진술권을 박탈한 하자 있는 징계의결로서 이를 근거로 한 징계처분은 무효임.(소청 95-144)

질의 10 징계의결요구서 사본 송부절차 없이 한 징계의결의 효력

판 결 징계의결요구서 사본 송부의 취지는 징계혐의자로 하여금 어떠한 사유로 징계에 회부되었는가를 사전에 알게 함으로써 징계위원회에서 그에 대한 방어준비를 하게 하려는 것으로 징계위원회에 출석하여 진술할 수 있는 권리와 함께 징계혐의자의 방어권 보장을 위한 주요규정으로써 강행규정이므로 징계의결요구서 사본의 송부 없이 진행된 징계절차는 징계혐의자의 방어권 준비 및 행사에 지장이 없었다거나 징계혐의자가 이의 없이 징계위원회에 출석하여 변명하였다는 등의 특단의 사정이 인정되지 않는 이상 위법임.(대법원 92누17426, 1993.6.25.)

질의 11 징계위원회 투표결과 착오에 의한 재투표

판결 징계혐의자에 대해 징계위원회의 1차투표결과 해임2표, 정직3월1표, 재조사 1표로 징계위원의 의사표시가 이루어져 정직3월로 의결된 것임에도 법규정을 오해한 위원장이 임의로 재투표를 실시하여 해임으로 의결한 것은 중대한 하자가 있는 의결로서 이에 근거한 해임처분은 무효임.(소청 95-284)

질의 12 징계시효 도과 후 형사사건으로 언론에 보도된 경우의 징계가능 여부

판결 징계시효기간이 경과한 다음 검찰수사결과 범죄사실이 밝혀져 그 후 신문에 게재되었다 하더라도 그때에 새로운 징계사유가 발생한 것이라고 볼 수 없으므로 징계책임도 물을 수 없음.(서울고법 76구14, 1976. 6. 2)

질의 13 도로교통법 상 음주운전 혈중알코올농도 미만인 경우 징계사유가 되는지 여부

판결 혈중알코올농도 0.039%(행위 당시 도로교통법 상 음주운전 기준은 0.05%이상) 상태에서 운전한 경찰공무원에 대하여 '음주운전금지'라는 직무상 명령에 위반한 것으로 보아 감봉 1월의 징계처분을 한 것은 재량권의 한계를 넘어 위법하다 할 것임.(인천지법 2006.8.17, 선고, 2006구합1504, 판결)

질의 14 불문경고가 행정소송의 대상이 되는 지 여부

판결 "불문경고"는 법률상의 징계처분은 아니나 위 처분을 받지 아니하였다면 차후 다른 징계처분이나 경고를 받게 될 경우 징계감경사유로 사용될 수 있었던 표창공적의 사용 가능성을 소멸시키는 효과와, 1년 동안 인사기록카드에 등재됨으로써 그 동안은 표창대상자에서 제외시키는 효과 등이 있다는 이유로 항고소송의 대상이 되는 행정처분에 해당함.(대법원 2002.7.26, 선고, 2001두3532, 판결)

질의 15 공무원 신분을 상실한 자에 대한 징계처분은?

소청 당연퇴직 사유가 발생한 이후에 징계등 처분을 한 것은 그 절차에 중대하고 명백한 하자가 있는 경우에 해당하여 무효사유로 봄.(소청 2013-712)

질의 16 피고인이 향응을 제공 받는 자리에 제3자를 초대하여 함께 접대 받은 경우 징계부가금 산정은?

판결 제3자가 피고인과는 별도의 지위에서 접대를 받은 공무원이라는 등의 특별한 사정이 없는 한 그 제3자의 접대에 요한 비용도 피고인의 접대에 요한 비용에 포함시켜 피고인의 수뢰액으로 보아야 할 것임.(대법원 2001.10.12. 선고 99도5294판결)

질의 17 징계의결요구를 철회한 후 다시 징계의결요구를 할 수 있는지 여부

판결 징계권자가 경찰관에 대하여 징계요구를 하였다가 이를 철회하고 다시 징계요구를 하여 파면결의를 한 경우 경찰공무원 징계령에 이를 금지한 조문이 없으므로 그 징계절차는 적법함.(대법원 1980.5.13. 선고 79누388 판결)

질의 18 최하위 계급 공무원에게도 강등처분을 할 수 있는지 여부

유권해석 최하위 계급의 공무원인 경우 1계급 아래로 내릴 계급이 없어 법령상 강등의 효력이 완전하게 발생할 수 없더라도, 강등이라는 징계처분이 인사 및 성과 기록에 반영되면 그 후 징계처분의 기록 말소 및 승급기간의 특례 등에 있어 정직과는 다른 규정이 적용되어 강등처분의 실익이 있다고 할 것임. 따라서, 「고등교육법」 제14조에 해당하는 교원 및 조교가 아닌 경력직 국가공무원으로서 계급구조상 최하위 계급의 공무원은 「국가공무원법」 제79조의 징계의 종류 중 강등의 징계처분 대상에서 제외되지 않음.(법제처 11-0033, 2011.3.3.)

질의 19 징계위원회가 징계의결기한이 지나서 한 징계의결이 효력이 있는지 여부

판결 징계의결의 기한규정은 징계사유의 시효와는 달리 신속한 징계의결을 도모하고 그에 따른 후임자의 충원 등에 의해 행정작용이 계속적으로 원활히 행해지도록 하는 등으로 행정법관계의 장기간에 걸친 불안정 상태를 방지하려는 것을 주안으로 하는 훈시적 규정이고 징계의결기한이 지나서 징계의결을 하였다 하여 관계자의 책임문제는 별문제로 하고 징계의결이 위법한 것은 아님.(대법원 1993.2.23. 선고 92누16096 판결)

질의 20 행정소송에 의하여 징계처분이 취소된 후에 하는 새로운 징계의결요구의 성질?

판결 적법한 시효기간 내에 파면처분을 하였으나 행정소송에서 징계양정의 과다를 이유로 그 처분이 취소되자 다시 그 징계종류를 경감하여 징계의결의 요구를 하였다면 이는 징계의결의 새로운 요구가 아니라 이미 적법하게 징계의결이 요구된 징계처

분의 내용을 일부 수정하는 것에 불과한 것이므로 징계사유가 발생한 날로부터 2년이 경과된 후에도 이를 할 수 있음.(대법원 1980.8.19. 선고 80누189 판결)

질의 21 표창감경규정이 강행규정인지 여부

판결 공무원징계양정 등에 관한 규칙 제4조제1항은 징계위원회는 징계의결이 요구된 자에게 일정한 공적이 있는 경우에는 징계를 감경할 수 있다고 규정하고 있는바, 이는 임의적 감경 규정임이 명백하므로 피고가 징계양정을 함에 있어서 원고가 교통부장관 표창을 받았음을 고려하여 징계감경을 하지 않았다 하여 이를 위법하다고 할 수 없음.(대법원 1996.6.25. 선고 96누570 판결).

질의 22 징계위원회 심의 과정에 감경대상 상훈 공적이 누락된 경우 징계절차 위반 여부

판결 공무원 징계령 제7조제6항제3호에 의하면, 공무원에 대한 징계의결을 요구할 때는 징계사유의 증명에 필요한 관계 자료뿐 아니라 '감경대상 공적 유무' 등이 기재된 확인서를 징계위원회에 함께 제출하여야 하고, 경찰공무원 징계양정 등에 관한 규칙 제9조 제1항 제2호 및 [별표 10]에 의하면 경찰청장의 표창을 받은 공적은 징계양정에서 감경할 수 있는 사유의 하나로 규정되어 있음. 위와 같은 관계 법령의 규정 및 기록에 비추어 보면, 징계위원회의 심의과정에 반드시 제출되어야 하는 공적(功績) 사항이 제시되지 않은 상태에서 결정한 징계처분은 징계양정이 결과적으로 적정한지 그렇지 않은지와 상관없이 법령이 정한 징계절차를 지키지 않은 것으로서 위법함.(대법원 2012.6.28. 선고 2011두20505 판결).

질의 23 징계시효가 도과된 비위행위도 징계양정에 있어서 참작할 수 있는 지 여부

판결 면책합의 되었거나 징계시효가 지난 비위행위라 하더라도 그러한 비위행위가 있었던 점을 징계양정의 판단자료로 삼는 것까지 금하는 것은 아니므로, 그러한 근무내역도 해고처분의 정당성을 판단하는 자료로 삼을 수 있음.(대법원 1995.9.5, 선고, 94다52294, 판결)

질의 24 하자있는 징계의결 무효선언 후 재징계 가능 여부

판결 하자가 있는 징계의결의 무효를 선언하고 그 후 같은 징계사유로 파면결의를 한 조치는 이중으로 징계처분을 한 경우에 해당되지 않음.(대법원 1971.3.9. 선고 71구160 판결)

02

징계관련 질의 답변

질의 1 징계처분의 종류

징계처분의 종류는 무엇인지? 여기에 기관장 자체 경고 등도 포함되는지 여부

답 변 징계의 종류에는 파면, 해임, 강등, 정직, 감봉, 견책의 6종이 있습니다.(국가공무원법 제79조) 따라서 경고, 주의, 훈계는 징계의 종류에 포함되지 않습니다.

질의 2 국가공무원법상 '금품 및 향응 수수'의 의미

국가공무원법 제78조의2와 제83조의2에서 규정한 '금품향응 수수'에 있어 '직무관련성'을 요건으로 하는지 여부

답 변 「국가공무원법」 제61조제1항의 '청렴의무' 위반에서는 '직무관련성'을 요건으로 하나 「국가공무원법」 제78조의2와 제83조의2에서 규정한 '금품 및 향응수수'는 직무관련성을 요건으로 하지 않는다고 사료됩니다.

※ '이 규정 중 금품 및 향응수수, 공금의 횡령·유용을 징계사유로 하는 경우에는 징계시효를 3년(현행은 5년)으로 정한 것은 직무관련성 유무와 상관없이 금전적 비위와 관련된 징계사유가 있을 경우 통상적인 2년의 징계시효보다 연장하여 그 책임을 물으려는 것으로 이해됨.(헌법재판소 2012.6.27. 2011헌바226결정)

질의 3 일련의 비위행위 판단

2011.7.10. 공무원 甲은 직무관련자 乙과 금전거래를 함. 8개월간 공무원 甲은 직무관련자 乙로부터 이자를 받음. 그러나, 이후 원금과 이자를 갚지 않자 2013.7.23. 직무관련자 乙의 집을 가등기 설정하고 2015.4월경 공무원 甲은 직

무관련자 乙의 아들 월급을 압류함.

"징계사유가 발생한 날"이란 "비위행위가 종료한 때"를 의미하는 것으로 알고 있습니다. 위 사건의 경우 공무원의 비위행위가 2011.7.10. 종료한 것인지 아니면 그 이후에 있었던 일련의 행위를 비위행위가 계속되고 있는 것으로 보아야 하는지 궁금합니다.

답변 해당 공무원이 직무관련자와 부적절한 금전거래를 한 비위행위에 대해 비위행위가 종료한 때란 징계사유가 발생한 날 즉, 금전거래가 있었던 2011.7.10.로 봐야 할 것으로 판단됩니다. 가등기 설정, 월급 압류 등은 부적절한 금전거래의 결과가 지속되고 있는 것에 불과하다고 사료됩니다.

질의 4 징계시효 도과

이미 징계시효가 지난 사건으로 형사기소된 공무원에게 법원에서 집행유예를 포함한 징역형의 판결이 날 경우, 형사사건에 기소되었다는 이유로 징계의결요구가 가능한 지 여부와 해당 공무원이 항소할 경우에 직위해제가 가능한 지 여부

답변 징계시효가 도과된 경우 징계의결요구는 할 수 없습니다. 다만, 국가공무원법 제73조의3(직위해제) 제1항에 의하면 "형사사건으로 기소된 자(약식명령이 청구된 자는 제외한다)의 경우 직위를 부여하지 아니할 수 있다" 라고 규정하고 있습니다. 이는 임용권자에게 직위해제 처분여부에 대한 재량권을 부여한 것으로 직위해제에 대해서는 임용권자가 판단을 하여 결정하셔야 함을 알려드립니다.

질의 5 비위공무원 상급자 징계시효기간

'09년 4월경 부하직원이 공금횡령·유용한 사실을 '11.11.1.자 적발하여 징계처분 시 그 상급책임자에 대한 책임을 물어야 하는데 상급자에게 징계시효기간 2년(현재는 3년)을 적용하여 현재 징계시효기간이 경과되어 처분하지 못하는 것인지? 비위공무원의 징계시효 5년과 동일하게 처리해야 되는지?

답변 국가공무원법 제83조의2제1항에 의하면 "징계의결등의 요구는 징계등의 사유가 발생한 날부터 2년(금품 및 향응수수, 공금의 횡령·유용의 경우에는 5년)이 지나면 하지 못한다."라고 규정하고 있습니다. 따라서 상급자의 비위가 금품관련 비위가 아닌 관리감독 책임이라면 징계시효는 2년(현재는 3년)이 됨을 알려 드립니다.

징계 출석통지서 교부일

징계위원회 심의절차 중 출석통지서는 징계위원회 개최 3일전에 징계혐의자에게 도달하여야 한다고 되어 있습니다. 이때 토요일 및 공휴일을 포함해야하는지 여부를 문의 드립니다.

답변 공무원 징계령 제10조제1항에 의하면 징계위원회가 징계혐의자의 출석을 명할 때에는 징계위원회 개최일 3일 전까지 징계혐의자에게 도달되도록 규정하고 있습니다. 또한, 징계에 관계되는 기간의 계산방법은 파면, 정직 등에 대한 임용장 등 기재를 제외하고는 민법 제155조 내지 제161조의 규정에 따라 계산하도록 하고 있습니다. 따라서 기간을 일, 주, 월 또는 년으로 정할 때에는 기간의 초일은 산입하지 아니하며 기간말일의 종료로 기간이 만료되며, 기간의 말일이 토요일 또는 공휴일에 해당한 때에는 기간은 그 익일로 만료됩니다.

※ 민법 제161조(공휴일 등과 기간의 만료점) 기간의 말일이 토요일 또는 공휴일에 해당한 때에는 기간은 그 익일로 만료한다.

질의 7 **징계위원회의 보류 가능 여부**

재판이 진행 중인 징계요구건에 대해 보통징계위원회에서 정식재판 종결시까지 '의결보류'로 의결된 건에 대해 보통징계위원회를 다시 개최할 수 있는지 여부

답변 보통징계위원회에 징계의결요구서가 접수되면 징계시효는 정지되며, 위원회에서는 「공무원 징계령」 제9조에 의거 징계의결요구서가 접수된 후 30일(연장30일)이내 징계의결을 하여야 하나, 부득이 동 건이 형사상 재판 중일 경우 위원회의 의결로 비위내용의 정확한 심의를 위해 일정기간(예 : 1심 판결시까지) 보류결정을 할 수 있으며, 보류결정은 의결 완료되었다는 의미가 아니기 때문에 주문내용이 실현되면 별도 징계의결요구 없이 바로 징계진행을 속행하여야 합니다.

질의 8 **징계위원회 의결기한, 보류 사유**

공무원 징계령 제9조(징계의결등의 기한)에 따르면 '징계위원회는 징계의결등 요구를 접수한 날로부터 30일이내에 징계의결을 하여야 하고, 부득이한 사유가 있을 때에는 해당 징계위원회의 의결로 30일의 범위에서 그 기간을 연장할 수 있다'라고 되어 있습니다. 현재 징계요구를 하였고, 징계위원회를 개최할 예정에 있습니다. 징계위원회에서 징계의결에 필요한 제반사항 검토를 위하여 경

찰조사서류 및 판결문 등을 조회하고자 합니다. 검찰청 전화 문의 결과 관련 서류가 법원에 있기 때문에 조회결과 통보가 1개월 이상 소요될 예정이라고 합니다. 따라서 징계위원회에서 징계의결에 필요한 관련자료 조회에 소요되는 기간이 징계요구일로부터 30일이 초과될 것으로 예상됩니다.

질문1. 징계위원회에서 징계의결일로부터 30일 범위내에서 징계 기간 연장을 해야 하는지?

질문2. 30일 범위내에서 징계기간을 연장하였음에도 불구하고 조회결과가 회신되지 않았을 때 위원회에서 징계보류로 의결할 수 있는지?

질문3. 징계위원회에서 징계보류 의결이 가능하다면, 처음부터 검찰청에서 조회결과가 3개월이상 소요될 것으로 예상되므로 징계기간 연장을 하지 않고 징계위원회에서 검찰청 조회결과가 회신될 때까지 징계보류로 의결할 수 있는지 문의 드립니다.

답변 **질문1의 답변** 징계의결기한을 두고 있는 취지는 징계위원회가 이유 없이 의결을 지연하는 것을 방지하는데 있으므로, 징계의결에 필요한 제반사항 확보등을 위해 불가피하다면 「공무원 징계령」 제9조제1항에 따라 기한 연장이 가능하다고 판단됩니다.

질문2의 답변 징계의결기한 연장에도 불구하고 사실관계의 확인을 위해 자료 확보 등이 불가피하게 필요할 경우 징계위원회의 의결로 보류할 수 있다고 보여지나, 이는 극히 제한적으로 판단하셔야 할 것으로 사료됩니다.

질문3의 답변 사안에 따라 징계위원회의 의결에 따라 가능할 수도 있다고 보여지나, 단순히 수사기관 등으로부터 조회결과 회신을 위해 처음부터 보류의결하는 것은 적정하지 않다고 사료되며, 먼저 자료확보를 위해 수사기관 등에 협조요청, 자체조사 및 혐의자를 통한 관련 자료 확보 등 여러 방안을 강구해 보는 것이 타당할 것으로 사료됩니다.

질의 9 징계위원회 서면의결 가능성

보통징계위원회에서 징계를 의결할 때 서면심의를 금지한다는 규정이 없으므로 징계위원회를 소집하지 아니하고 담당공무원이 징계의결서를 작성하여 이 징계의결서를 소지하고 위원들을 개별방문하여 의결서에 서명을 받아 의결할 수 있는지 답변하여 주시기 바랍니다.

답변 정보공개심의회와 달리 징계위원회는 징계혐의자를 출석하여 진술권을 보장하도록 되어 있으며 징계위원장은 징계위원회를 소집하여 위원회 사무를 총괄토록 규정하고 있습니다. 또한 공무원 징계령 제12조에서 징계위원회는 위원 5명 이상의 출석과 출석위원 과반수의 찬성으로 의결하도록 규정하고 있으며 공무원 징계령 제17조에서는 징계위원회가 징계등 사건을 의결할 때에는 혐의자의 뉘우치는 정도 등을 참작하도록 하고 있으므로 징계위원회는 원칙적으로 서면의결은 불가능할 것으로 사료됩니다.

질의 10 중징계 요구사건에 대한 징계위원회의 반려 가능성

징계요구권자는 비위사건을 중징계로 판단하여 징계위원회에 중징계 요구한 사건에 대하여, 그 판단이 애매할 경우 반려가 가능한지?

답변 징계의결 요구 반려는 징계위원회가 징계의결등 요구권자로부터 접수한 징계의결 요구가 요건불비 등의 이유 때문에 직권으로 징계의결요구의 효력을 소멸시키는 의사표시를 말하며 ① 당해징계(인사)위원회의 관할이 아닌 경우, ② 징계대상이 아닌 자를 징계요구한 경우, ③ 징계의결이 불필요하게 된 경우, ④ 징계요건이 불비되어 징계심리가 곤란하다고 인정되는 경우 등처럼 명백한 이유가 있는 경우에는 반려할 수 있을 것으로 보입니다.

그러나 질의하신 경우는 경징계사항으로 판단되는 비위를 중징계의결로 요구하였을 경우에는 명백한 이유에 해당되지 않으며 징계요구권자가 중징계로 요구되었다 하더라도 해당 징계위원회에서 경징계의결도 가능하므로 반려할 이유는 없어 보입니다.

질의 11 징계위원회 제척대상 직근 상급자의 범위

공무원 징계령의 제15조제1항에 따르면 "직근 상급자나 그 징계등 사유와 관계가 있는 사람은 그 징계등 사건의 심의·의결에 관여하지 못한다"라고 되어있습니다.

그런데 징계사유 발생 후 상당한 기일이 경과하였기 때문에 상급자 및 징계혐의자가 모두 전보된 상태입니다.

1. 이 경우 제척대상이 되는 직근 상급자란?
　① 징계사유 발생 당시의 상급자

② 현재의 상급자

③ 징계사유 발생 당시와 현재의 상급자 모두

④ 기타

2. 또한 직근상급자라 함은 어느 정도 범위까지를 의미하는지?

답변 공무원 징계령 제15조(제척 및 기피)에서 "징계위원회의 위원 중 징계등 혐의자의 친족 또는 직근 상급자나 그 징계등 사유와 관계가 있는 사람은 그 징계등 사건의 심의·의결에 관여하지 못한다."고 하였으며 "징계등 혐의자는 위원장이나 위원 중에서 불공정한 의결을 할 우려가 있다고 인정할 만한 상당한 사유가 있을 때에는 그 사실을 서면으로 밝히고 기피를 신청할 수 있다."고 규정하고 있습니다. 동 규정의 취지는 공정한 심의·의결을 위하여 만든 것으로 징계사유 발생 당시의 상급자, 현재의 상급자 모두를 제척 대상에 포함하는 것이 적절할 것으로 보입니다.

직근 상급자가 구체적으로 어느 범위까지 해당되는지에 대한 별도의 규정은 없으나, 공정하고 합리적인 징계절차를 위한 동 규정의 취지 등을 고려하여 구체적 사안에 따라 개별적으로 판단되어야 할 것입니다.

질의 12 징계의결 보류 중 타 기관 전보 시 속행해야 할 기관

징계의결이 보류된 상태에서 다른 징계사유가 발생하여 타 기관으로 전보조치된 경우에 어느 기관에서 보류된 징계의결을 속행 해야 하나요? 징계의결을 보류한 기관인가요? 아니면 전보 조치된 기관인가요?

답변 징계위원회에 회부중인 공무원은 징계처분으로 인한 신분상의 변동이 예상되므로 징계위원회 관할을 달리하는 기관으로 전보시키거나 징계의결되기 전에 승진시키는 등으로 인사관리의 질서를 문란케 하는 일이 없도록 하여야 하도록(총인사 292-4363, '64.11.24.) 안내한 바 있사오니 참고하시기 바랍니다.

질의 13 범죄경력자료 회보 시 징계의결요구 가능 여부

범죄경력조회를 한 결과 포상 추천 대상자의 지난 범죄경력자료가 회보되었을 경우 징계의결요구 대상인지 여부

답변 소속 공무원의 징계사유를 발견하였을 경우에 징계의결요구권자는 「국가공무원법」 제78조에 따라 징계의결을 요구하여야 할 것입니다.

기소중지 처분 시 징계의결요구 대상 여부

공무원 상해죄에 대하여 검찰청에서 기소중지(시한부 기소중지)처분이 도달된 경우, 해당 비위공무원의 처분에 대하여 범죄사실을 통보받은 소속기관장은 형사처벌 결정에 관계없이 1개월 내에 징계의결 요구해야하는 지 여부

답변   검찰사건사무규칙 제120조(기소중지의 결정), 제121조(참고인중지의 결정), 제122조(기소중지결정 또는 참고인중지결정시의 유의사항)에 대하여 규정하고 있고, 공무원 징계령 제7조제3항에서는 "제2항에 따라 징계등 사유를 통보받은 행정기관의 장은 타당한 이유가 없으면 1개월 이내에 관할 징계위원회에 징계의결등을 요구하여야 한다."라고 규정하고 있으며, 공무원 비위사건 처리규정 제4조(수사기관이 통보한 공무원 범죄사건 처리기준) 제2호에서는 기소중지 결정의 경우 비위의 정도 및 과실의 경중, 고의성 유무 등 사안에 따라 혐의사실이 인정되는 경우에는 관할 징계위원회에 징계의결요구를 해야한다고 규정하고 있습니다. 다만, 국가공무원법 제83조제2항에서는 "검찰·경찰, 그 밖의 수사기관에서 수사 중인 사건에 대하여는 제3항에 따른 수사개시 통보를 받은 날부터 징계 의결의 요구나 그밖의 징계 절차를 진행하지 아니할 수 있다."라고 규정하고 있으므로 해딩 기관에서는 징계시효 등을 잘 고려하여 결정하되, 혐의사실이 인정되는 경우에는 반드시 징계의결 요구를 하여야 할 것입니다.

공무원의 범죄혐의 내사종결자에 대한 징계관련 조치

공무원이 민원인과 업무처리 과정에 유흥주점에서 60만원 상당의 향응제공을 받은 사실이 있어 수사기관에서 내사하여 금액이 소액이라는 이유 등을 들어 혐의없음 내사종결처리된 자에 대하여, 그 직원의 소속 행정기관에서 징계처리도 면제가 되는지요? 아니면 형사벌은 면했더라도 행정벌인 징계는 가능한지 궁금합니다.

답변   공무원 비위사건 처리규정 제4조(수사기관이 통보한 공무원 범죄사건 처리기준)에 따라 징계의결요구하도록 되어 있습니다. 따라서 검찰의 결정을 확인하여야 하겠지만 금품수수 사실을 확인하였다면 징계의결요구 및 징계부가금부과의결요구를 하여야 할 것입니다.

질의 16 수사기관에서 통보되지 않은 비위에 대해서도 징계의결 요구 할 수 있는 지?

> 혐의자가 음주운전으로 면허정지 처분을 받았으나 신분을 밝히지 않아 범죄
> 처분통보가 도착되지 않았습니다만 분기별 실시하는 면허조회로 음주운전 사
> 실을 알게 되었으며, 또한, 혐의자는 면허정지기간 중 무면허로 운전업무를 계
> 속 수행하였으나 무면허 운전에 대해 적발된 사실은 없습니다만 관련 자료 조
> 사 시 무면허 운전을 인지하게 되었습니다.
> 위 사실과 관련하여 징계의결 요구 시 당연히 면허정지 처분에 대해서는 징계
> 의결 요구를 하여야 하겠지만 적발되지 않은 무면허 운전을 한 사실에 대해서
> 도 징계의결 요구를 하여야 하는지 궁금합니다. 또한, 위 사실행위가 공무원
> 징계령 시행규칙 제5조에 따라 서로 관련 없는 행위로 보아 가중의결 할 수
> 있는지요?

답변 징계의결요구권자(행정기관의 장)는 징계사유가 발생하면 이에 대한 충분한 조사
를 한 다음, 특별한 사정이 없는 한 지체 없이 징계의결요구를 할 직무상 의무가
있으므로 소속공무원이 징계사유에 해당하는 비위를 범하였다고 인정한 때에는
관할징계위원회에 징계의결요구서와 관계증빙자료 등을 첨부하여 징계의결을 요
구하여야 합니다.
또한, 음주운전과 무면허 운전은 서로 관련이 없는 사건으로 해석되므로 징계령
시행규칙 제5조에 따라 징계의 가중이 가능할 것으로 판단됩니다.

질의 17 임용 전 음주운전 행위에 대해 징계 요구 가능한지?

> 공무원 임용 전 음주운전 등 범죄행위에 대하여 임용 후 범죄사실 통보가 된
> 경우 국가공무원법 및 공무원 징계령에 따른 징계가 가능한지 여부

답변 징계사유란 공무원이 징계처분을 받지 않으면 안될 의무위반행위를 말합니다. 의
무위반 행위는 재직 중의 행위임을 원칙으로 합니다. 따라서 해당 공무원이 공무
원 임용 전에 음주운전 등 범죄행위를 하였다면 공무원 신분이 아닌 상태에서 범
한 행위이고 그 범죄행위에 대한 통보가 임용 후에 왔다하더라도 공무원 신분이
아니었던 상태에서 행한 음주운전 행위를 사유로 징계요구를 할 수 없을 것입니
다. 다만 경우에 따라서 임용 전의 행위라도 이로 인하여 임용 후의 공무원의 체면
또는 위신을 손상하게 된 경우에는 징계사유가 될 수도 있습니다.(판례 : 대판 95
누 18536 '96.3.8.)

징계부가금을 납부하지 않을 경우 조치방법

재직 중 금품수수 관련 징계처분 받아 징계부가금이 부과되었는데 고지서 발급 후 부가금을 내지 않을 경우 조치방법

답변 「국가공무원법」 제78조의2 및 「공무원 징계령」 제19조의2에 따라 징계부가금 부과 대상자가 납부기간 내에 그 부가금을 납부하지 아니한 때에는 처분권자는 국세강제징수의 예에 따라 징수할 수 있고, 이 경우 체납액의 징수가 사실상 곤란하여 관할 세무서장에게 징수를 위탁하려는 경우에는 징수대상자의 성명 및 주소, 징수금액 등을 적은 징수의뢰서에 체납액의 징수가 사실상 곤란하다는 사실을 입증할 수 있는 서류를 첨부하여 관할 세무서장에게 통보하여야 합니다.

질의 19 다년도에 걸친 횡령사건에 대한 징계부가금 부과 시점

공금 횡령이 '09.8.1.~'11.2.21.까지 다년도에 걸쳐 발생되었다면 징계부가금 부과시 '10.3.22. 이후건에 대해서만 부과해야 하는지 아니면 연속된 행위로 보고 전 기간에 걸쳐 횡령한 금액 전체를 봐야 할지 궁금합니다.

답변 징계부가금 제도는 국가공무원법 제78조의2(징계부가금)의 개정에 따라 2010.3.22. 처음 시행되었으므로 2009.8.1.부터 2011.2.21.까지 다년도에 걸쳐 징계사유가 발생되었더라도 징계부가금은 2010.3.22.이후 발생한 횡령금액에 대하여만 부과하시면 됩니다.

질의 20 징계위원회가 징계의결요구권자의 의견에 기속을 받는 지 여부

관할 징계위원회에서는 징계의결 요구권자의 요구양정 수준과 관계없이 의결할 수 있는지 여부

답변 징계위원회는 징계사유에 대한 자체적인 사실조사 및 심리 등을 통하여 징계사유에 상응하는 징계양정을 독립적으로 의결할 수 있는 준사법적 행정기관으로서, 징계의결 요구권자의 경징계·중징계 요구의견은 참고사항이라 할 것입니다. 따라서 관할 징계위원회에서 징계의결 요구권자의 요구양정 수준 또는 의견에 기속 받지 않고 징계의결을 할 수 있습니다.

질의 21 징계의결요구권자의 재심사 청구는 재량행위인지 여부

징계의결 요구권자가 관할 징계위원회에 요구한 양정이 '중징계'였으나, 관할 징계위원회에서 '경징계'에 해당하는 징계종류로 의결하였을 경우(또는 반대) 징계의결 요구권자는 상급기관의 징계위원회에 새심사를 청구해야 하는지 여부

답변 징계위원회는 징계의결 요구권자의 경징계·중징계 요구 의견에 기속 받지 않고 징계의결 할 수 있음. 징계의결 요구권자는 「국가공무원법」 제82조제2항에 따라 징계위원회의 의결이 가볍다고 인정하면 그 처분을 하기 전에 직급 상급기관에 설치된 징계위원회에 심사나 재심사를 청구할 수 있으며, 심사 또는 재심사청구 여부는 징계의결을 요구한 기관의 장의 재량행위에 해당됩니다.

질의 22 징계의 감경시 선택 범위

정직3월에 대해 공적에 의한 징계 감경시, 정직1~3월, 감봉1~3월 중 선택하여 감경할 수 있는 것인지? 아니면, 감봉1~3월 중에서만 선택이 가능한 것인지 여부

답변 징계란 국가공무원법 제9조(징계의 종류)에서 파면, 해임, 강등, 정직, 감봉, 견책으로 구분하고 있습니다. 따라서 원 징계양정이 정직3월로 감경을 적용한다면 감봉에서 결정되어야 함을 알려드립니다.

질의 23 2단계 위로의 징계 가중의 의미

승진임용 제한기간 중에 발생한 비위로 다시 징계의결이 요구된 경우 2단계 위의 징계로 의결할 수 있다(공무원 징계령 시행규칙 제5조)고 되어있는데, 감봉에 해당되면 2단계 위의 징계는 정직2월인지, 아니면 강등인지 여부

답변 국가공무원법 제79조에서 징계의 종류를 견책, 감봉, 정직, 강등, 해임, 파면으로 구분한다고 규정하고 있습니다. 공무원 징계령 시행규칙 제5조에서 말하는 단계는 징계의 종류에 따른 단계를 의미합니다. 따라서 감봉의 2단계 위의 징계는 강등으로 보아야 합니다.

도지사 표창 공적에 의한 징계의 감경

> 공적에 의한 징계 감경시 국가공무원이 도지사에게 받은 표창이 감경 대상 표창에 해당되는 지 여부

답변 공무원 징계령 시행규칙 제4조에 따르면 징계의결 요구된 자가 상훈법에 따른 훈장 또는 포장을 받은 공적 등이 있는 경우 징계를 감경할 수 있다라고 규정하고 있습니다. 공적에 의한 징계감경을 할 경우 비위 당시 6급 이하 국가공무원 등은 중앙행정기관인 청장(차관급 상당 기관장 포함) 이상의 표창을 받은 공적이 해당되므로 중앙행정기관장이 아닌 도지사의 표창은 징계감경을 할 수 있는 공적에 포함되지 않습니다.

질의 25 **공적에 의한 징계의 감경시 차관급 표창의 범위**

> 6급 이하 국가공무원의 경우 차관급 표창을 받은 공적이 있으면 징계 감경을 할 수 있는데, 이때 지방검찰청검사장 표창도 차관급 표창에 해당되는 지 여부

답변 공무원 징계령 시행규칙 제4조(징계의 감경) 제1항제2호에서 규정된 중앙행정기관의 청장에는 경찰청장, 관세청장, 검찰총장, 농촌진흥청장, 문화재청장, 방위사업청장, 병무청장, 산림청장 등 정부조직법상의 청장을 의미하고 차관급 상당 기관장은 인사혁신처장, 법제처장, 국가보훈처장, 식품의약품안전처장, 원자력안전위원회 위원장 등 중앙행정기관장 중 청장이 아닌 중앙행정기관의 장을 의미합니다. 따라서 지방검찰청검사장 표창은 「공무원 징계령 시행규칙」 제4조(징계의 감경)의 감경대상 공적에 해당되지 않습니다.

질의 26 **기능직에서 일반직 전환자의 징계감경**

> 기능직8급에서 일반직8급으로 전환한 사람이 징계의결시 기능직 신분으로 받은 차관급 표창이 있다면 공무원 징계령 시행규칙에 따라 징계 감경이 되는지 여부

답변 공무원 징계령 시행규칙 제4조제1항에서 규정한 상훈법에 의한 훈장 또는 포장이나 정부표창규정에 의한 표창에는 공무원의 직무수행과 관련있는 공적 뿐만 아니라 직무수행과 직접 관련 없는 공적으로 받은 훈장·포장·표창도 포함되는 취지로 해석하고 있으므로 기능직에서 받은 표창의 경우도 감경대상 공적에 포함된다고 판단됩니다.

질의 27 징계 가중 대상 여부(승진제한기간 중 과거비위 적발)

'15.1월에 발생한 비위로 '15.5월에 정직처분을 받은 후 '14.1월에 저지른 비위가 '15. 9월에 밝혀져 다시 징계의결요구 된 경우 가중 처벌해야하는 지 여부

답변 징계위원회는 징계처분을 받은 자가 징계처분 기간 중에 있거나 공무원 임용령 제32조에 의한 승진임용 제한기간 중에 발생한 비위로 다시 징계의결 요구된 경우에는 당해 비위에 해당하는 징계보다 2단계 위의 징계로 의결할 수 있습니다.(공무원 징계령 시행규칙 제5조제2항)

다만, 비위가 발생한 시점이 징계처분기간 중에 있거나 승진임용 제한기간 중이어야 하므로 비위 사실의 확인시점이 징계처분기간 중 또는 승진임용 제한기간 중에 있다하더라도 비위사실의 발생일이 그 기간 중에 있지 않으므로 가중 처벌 대상은 아닙니다.

질의 28 징계처분 시 처분기간의 계산

정직1월일 경우(처분일 2011.5.15.) 징계기간은 어떻게 계산하는지요? 공무원의 경우 단순히 1개월이라서 2011.5.15.~ 2011.6.14.로 계산하나요? 만일 같은 정직 1개월을 2월달에 처하면 2월은 28일까지만 있어서 31일까지 있는 달보다 3일이 줄어들게 되는데 형평성 논란의 소지는 없습니까? 통상적으로 1개월을 30일로 적용하는게 맞는 것 같은데요.

답변 징계에 관계되는 기간의 계산방법은 관계법령에 특별한 규정이 있는 경우를 제외하고는 민법 제155조 내지 제161조의 규정에 따라 계산하고 있습니다.(단, 공무원 임용령 제6조에서 면직 등은 임용장 또는 임용통지서에 기재된 일자부터 계산하도록 규정되어 있음)

따라서 정직1월(처분일 : 2011.5.15.)의 경우 징계효력은 동 령에 따라 2011.5.15.부터 2011.6.14.까지가 됩니다. 또한 1개월의 적용 등 근거에 대해서는 민법 제160조(역에 의한 계산)제3항에 의하면 "월 또는 연으로 정한 경우에 최종의 월에 해당일이 없는 때에는 그 월의 말일로 기간이 만료한다."라고 규정하고 있음을 알려드립니다.

질의 29 징계등 기록말소일자 문의

국가공무원 복무징계 관련 예규에서 인사 및 성과기록의 정리 등에서 말소 기한에는 (1) 말소사유가 발생하면 당해 사유가 발생한 날로부터 14일 이내에 위 말소방법에 따라 말소조치를 완료하고 말소사실을 통지해야 함. (2)다만,

14일 이내에 '이와 같은 조치'가 없을 경우엔, 징계등 처분을 받은 자는 말소신청서를 작성하여 말소권자에게 말소신청을 할 수 있음.

위의 경우 '이와 같은 조치'가 말소조치를 말하는 것인지, 말소조치하고 말소사실을 통지하는 것까지 포함하는 것인지? 14일 이내라는 기간 제한이 말소조치에만 해당되는 것인지, 말소조치하고 통지하는 것까지 기한제한이 적용되는 것인지 궁금합니다. 만약 통지하는 것까지 기한제한이 적용된다면 불문경고의 경우 기간 만료로 말소되는 경우에는 e-사람 시스템에서 말소일자가 자동으로 말소예정일자와 동일하게 나타납니다. 그런데 말소사실을 14일 이내에 통지하지 못한 경우에는 말소일자를 통지한 날짜로 말소일자를 다시 수정해야 하나요?

답변 「국가공무원 복무·징계 관련 예규」 공무원 징계등 처분기록의 말소 4. 인사 및 성과기록의 정리등(나. 말소기한)에 따르면 말소사유가 발생하면 14일 이내 조치할 사항은 말소조치 완료와 말소사실 통지까지를 의미한다고 하겠습니다. 또한, 말소일자는 말소제한기한에 따라 동일하게 기재되어야 한다고 판단됩니다.

질의 30 말소전 재징계처분 시 말소기간 처리

현재 경징계 말소기간이 7월 말경인 자가 또다시 징계처분을 받으면 전에 징계받았던 말소기간에는 영향이 없는 건지요? 전 징계와 현 징계 말소기간은 어떻게 처리해야 되는지 알고 싶습니다.

답변 공무원 인사기록·통계 및 인사사무 처리 규정 제9조제1항제1호 단서의 규정에 의거 징계처분의 말소제한 기간 내에 또 다른 징계처분을 받은 때는 각각의 징계처분에 대한 해당기간(처분기간+말소제한기간)을 합산한 기간이 경과하여야 하는 바, 선행 징계처분일로부터 기산하여 각각의 징계처분기간과 말소제한기간을 합산한 기간이 경과한 후 전·후 처분을 동시에 말소하면 될 것입니다.

질의 31 음주운전 징계시 양정 기준

음주운전에 따른 면허취소를 사유로 중징계의결요구되었는데 지방경찰청에 생계형감경사유에 해당되어 이의신청을 하여 면허정지 처분을 받았을 경우 당초 의결요구된 징계의결요구을 반려하고 징계의결요구를 면허정지에 해당하는 양정으로 다시 받아야 하는지 아니면 당초 중징계로 의결요구된 징계의결요구를 경징계로 징계위원회에서 양정하여 의결하여도 되는지?

답변　공무원 징계령 시행규칙 별표1의5(음주운전 징계기준)에서 음주운전이란 도로교통법 제44조제1항을 위반하여 혈중알코올농도가 0.03% 이상인 상태에서 운전한 것을 말합니다.

따라서, 행정처분(생계형감경사유로 면허취소→면허정지)과 상관없이 혈중 알코올농도를 기준으로 징계의결요구 하여야 하는 것이므로 처리기준을 보정하여 징계의결 요구를 다시 할 필요는 없을 것입니다.

질의 32　강등, 정직 처분을 받은 공무원의 출근의무는?

국가공무원의 경우 정직, 강등처분을 받을 경우 국가공무원법 제80조제1항 및 제3항에 의거 징계처분 기간 중 공무원의 신분은 보유하나 직무에 종사하지 못하며 보수를 감한다라고 규정되어 있습니다.

그러면 강등 및 정직처분을 받은 공무원이 처분 기간 동안 출근을 아니하고 처분기간이 종료되면 출근을 하여 그 직을 수행하는 것이 옳은 것인지 아니면 임용권자의 명령으로 처분기간 중 근무지로 출근토록하여 특정한 장소에서 반성문을 작성하게 하거나 공무원의 직과는 관계없는 환경미화 등의 노역을 시켜도 되는지?

답변　국가공무원법 제80조제1항 및 제3항에 의하면 강등, 정직 처분을 받은 자는 그 처분기간 중 공무원의 신분은 보유하나 직무에 종사하지 못하며 보수를 감액하도록 규정하고 있습니다.

따라서 강등, 정직 처분을 받은 자는 처분기간이 종료되면 출근하여 그 직을 수행하면 될 것으로 판단되며, 처분기간 중에 임의적으로 출근토록 하여 다른 일을 부여하는 것은 적정하지 않다고 사료됩니다.

질의 33　불문경고 후 징계 받았을 때 최종 기록말소일

징계+징계의 경우 기록말소기간내에 징계를 또 받았을 경우 합산하여 계산하지만, 징계가 아닌 불문경고를 받고 기록말소기간(1년)안에 견책을 받았을 경우, 최종 기록말소일이 언제인지 문의드립니다.

답변　불문경고 처분을 받은 후 말소제한기간 내에 징계(견책)을 받은 경우, 불문경고 처분일로부터 기산하여 각각의 말소제한기간(불문경고 : 1년, 견책 : 3년)을 합산한 기간이 경과한 때 전·후 처분이 동시에 말소됩니다.

〈 예시 〉

2010. 2. 2 : 불문경고(기록말소기간 1년)

2010. 9. 1 : 견책(기록말소기간 3년)

⇨ 2014. 2. 2에 불문경고와 견책이 동시에 말소됨.

질의 34 수사개시 통보, 범죄처분결과 통보 시점과 징계의결 요구 시점

(징계시효가 여유가 있는 경우) 검찰청으로부터 공무원범죄통보 건이 도착되지 않은 상태에서 경찰서 수사개시 통보를 받은 날로부터 반드시 1개월 이내에 관할 징계위원회에 징계의결 요구를 해야 하는 지 여부

답변 공무원 징계령 제7조제3항 규정에 따라 징계등 사유를 통보받은 행정기관의 장은 타당한 이유가 없으면 1개월 이내에 관할 징계위원회에 징계의결등을 요구하도록 규정하고 있으며, 여기서 수사기관에서 수사한 사건의 징계등 사유란 '공무원 범죄처분 결과통보서'를 통보받은 경우를 말합니다.

따라서, 행정기관의 장은 '공무원 범죄처분 결과통보서'를 받은 날로 부터 1개월 이내에는 반드시 관할 징계위원회에 징계의결등을 요구를 하여야 합니다.

질의 35 범죄결과 미 통보 시 의원면직 가능여부

범죄결과 통보가 오지 않은 상태에서 비위사실을 인지하고도 의원면직 처리하는 것에 문제가 없는지?

답변 수사기관으로부터 조사 및 수사가 완료된 경우 사안에 따라 관할 징계위원회에 징계의결요구가 되어야 하며, 만일 중징계 요구 대상이 아니라면 의원면직이 가능하다고 사료됩니다.

또한, 통상적으로 징계의결요구 여부, 의원면직 여부 등은 검찰로부터 공무원범죄결과통보를 접수 받은 후 내부결심을 통해 판단하는 것이 적정할 것으로 판단됩니다.

질의 36 비위없음 통보시 의원면직 가능 여부

검찰청에서 비위사실 없음으로 통보될 경우 의원면직 가능여부

답변 국가공무원법 제78조의4제2항 및 공무원 비위사건 처리규정 제5조(의원면직의 제한) 1호~4호에 적용이 되지 않는다면 의원면직이 가능할 것으로 판단됩니다.

징계위원회 의결 후 처분 전 의원면직 처리 가능 여부

소속 공무원의 혐의가 발견되어 자체조사 후 징계위원회에서 경징계 의결을 하였습니다. 의결 후 처분이 되지 않은 상태에서 혐의자가 의원면직을 신청하였을 경우 징계회피 목적이 다분함에도 불구하고 의원면직 처리가 가능한지?

답변 공무원 비위사건 처리규정에 의하면 경징계와 관련해서는 특별한 제한을 두고 있지 않으나, 공무원 징계령 제19조제1항에 의하면 "징계처분 등의 처분권자는 징계등 의결서 또는 징계부가금 감면 의결서를 받은 날로부터 15일이내 징계의결등을 집행하여야 한다."라고 규정되어 있습니다. 따라서 해당 징계혐의자에 대해 징계의결 전 사표를 수리한 후 징계의결요구 철회를 하는 것은 가능하나, 관할 징계위원회에서 징계의결이 되었다면 징계처분 후 의원면직 절차를 이행하여야 할 것입니다.

중징계 중인 자의 의원면직 가능여부

직원이 중징계(정직1월) 중에 있습니다. 정직 중일 때 처분기간 동안 출근을 안 하는게 맞는지? 정직기간 동안 의원면직이 가능한지?

답변 정직1월 징계처분은 보수 등을 감하고 1개월간 직을 정지시키는 것으로 해당 공무원의 경우 출근 의무는 없습니다. 의원면직 가능여부에 대해서는 「국가공무원법」 제78조의4에 의하면 해당 공무원에게 중징계 사유가 있거나, 징계위원회에 중징계의결 요구 중인 때, 중징계에 해당하는 비위로 1. 비위와 관련하여 형사사건으로 기소 중인 때 2. 감사원 검찰, 경찰 및 그 밖의 조사 및 수사기관에서 비위와 관련하여 조사 또는 수사 중인 때 3. 각급 행정기관의 감사부서 등에서 비위와 관련하여 내사중인 때에는 의원면직을 제한하도록 규정하고 있습니다.
따라서 해당 공무원이 다른 비위 사건으로 동 법 제78조의4의 제한사유에 해당되지 않는다면 의원면직이 가능하다고 판단됩니다.

징계 요구 전 의원면직 처리 가능한 지 여부

음주운전(면허정지) 관련으로 공무원범죄처분결과 통보서를 받아 현재 징계의결 요구를 하기 위한 준비 중인 상황에서 혐의자 본인이 의원면직을 희망하는 경우, 의원면직이 가능한지?

답변 공무원 비위사건 처리규정 제5조(의원면직의 제한)에서는 "임용권자 또는 임용제청권자는 의원면직을 신청한 공무원이 다음 각호의 어느 하나에 해당하는 때에는 의원면직을 허용하여서는 아니된다. 다만, 제2호, 제3호 및 제4호의 경우에는 당해 공무원이 공무원 징계령 제1조의3제1호에 규정된 중징계에 해당한다고 판단되는 경우에 한한다."라고 규정하고 있습니다.

1. 징계위원회에 중징계의결 요구 중인 경우
2. 비위와 관련하여 형사사건으로 기소 중인 경우
3. 감사원 및 검찰·경찰 등 그 밖의 수사기관(이하 "조사 및 수사기관"이라 한다)에서 비위와 관련하여 조사 또는 수사 중인 경우
4. 각급 행정기관의 감사 담당 부서 등에서 비위와 관련하여 내부 감사 또는 조사가 진행 중인 경우

따라서 동 규정에서 정하고 있는 의원면직 제한사유인 중징계에 해당되지 않는다면 의원면직이 가능할 것으로 보입니다.

질의 40 | 사면된 징계에 대한 재적용 가능 여부

| 사면된 징계건을 다시 적용하여 인사상 불이익을 줘도 되는지?

답변 징계처분 받은 자가 사면된 경우 사면법 제4조, 제5조에 의거 사면일로부터 징계처분의 효력이 상실되고, 원칙적으로 징계처분을 받은 사실을 이유로 각종 법령에서 제한하고 있는 인사·보수 등에 관한 제한규정의 적용이 배제됩니다.

다만, 징계처분기록이 사면 또는 말소되었다 하더라도 「정부포상 업무지침」(행정안전부) 등 별도의 규정에서 그 근거를 마련하는 경우 포상추천을 제한할 수도 있을 것입니다.

※ 2022년도 정부포상 업무지침(행정안전부)

질의 41 | 혐의자의 협조 거부에도 불구하고 징계절차의 진행이 가능한지 여부

| 혐의자가 문답조서, 자필확인서 등 작성을 거부하는 경우에도 조사결과, 증거자료 등으로 비위 사실이 확인되는 경우 징계절차의 진행이 가능한지?

답변 징계 혐의자가 진술, 확인 등 일체를 거부하고 있는 경우에도 조사결과, 증거자료 등 혐의자의 비위사실이 확인되는 다른 관계서류가 구비된 경우라면 혐의자의 자인서 등 혐의자의 확인, 서명이 포함된 서류를 제출함이 없이도 징계의결요구를 할 수 있다고 보아야 할 것입니다.

질의 42 소청 결정 또는 법원의 판결로 인해 재징계한 경우 징계의 효력 시점

> 징계처분 후 소청 결정, 법원의 판결을 통해 재징계 의결로 징계 수위가 낮아진 경우 새로운 징계처분(견책)의 효과는 새로운 처분일로부터 받아야 하는지?

답변 징계처분에 대한 법원 판결로 동 처분이 취소되고, 그 후 재징계 의결로 보다 낮은 수위의 징계처분을 받았다면 그 징계처분의 효력은 새로운 징계처분을 받은 시점에서 효력이 발생하게 됩니다.

질의 43 징계대상인 비위가 형사사면된 경우 향후 징계 절차

> 구약식 처분으로 징계의결 요구된 경우, 이 구약식 처분이 「형사사면」 된다면 징계절차에 어떤 영향을 미치는지?

답변 공무원의 징계벌은 형사벌과 권력의 기초, 목적, 대상 등을 달리하기 때문에 형사벌이 무죄가 되거나 사면된다고 하더라도 징계처분을 할 수 있습니다. 즉, 언급하신 구약식 처분이 형사사면 되더라도 징계절차는 정상적으로 진행됩니다.

질의 44 보통징계위원회 구성시 내부위원 기준

> 보통징계위원회 구성 시 공무원 위원 대상이 부족하여 위원회 구성에 어려움이 있을 경우 같은 부처 내 다른 소속기관의 같은 직렬·직급의 공무원을 위촉하여 구성할 수 있는지?

답변 공무원 징계령 제5조제3항에서는 보통징계위원회의 공무원 위원은 징계 대상자보다 상위계급의 소속공무원 중에서 해당 기관의 장이 임명하도록 규정하고 있습니다. 따라서 해당 징계위원회가 속한 기관의 소속 공무원이 아닌 사람을 공무원 위원으로 임명하는 것은 적절치 않습니다.

질의 45 실형을 받고 항소심을 준비 중인 공무원에 대한 징계

답변 실형을 받은 공무원에 대한 징계는 해당 공무원이 형 확정으로 면직되기 전 까지는 가능하며, 또한 징계는 형벌과는 별개의 벌칙이므로 징계사유가 있는 한 신속히 징계절차를 진행해야 합니다.

질의 46 성비위 관련 외부전문가 의견서 작성시 전문가 명단

성희롱 등에 관한 사건일 경우 관련 외부전문가의 의견서를 징계위원회에 제출토록 되어 있는데, 여성가족부에서 지정한 전문가를 어디서 확인할 수 있는지?

답변 「성범죄 징계위원회 참여 외부전문가」라는 제목으로 여성가족부에서 각 부처에 통보한 문서(권익정책과-4118, '15.11.18.) 등을 참조하시기 바랍니다.

질의 47 형사재판 청구로 인한 징계의결요구 연기 가능 여부

강제추행으로 구약식 처분 되었는데 본인의 무죄입증을 위해 정식재판을 청구한 경우 정식재판을 청구한 상태가 타당한 이유에 포함되어 1심 재판결과가 나올 때까지 징계의결요구를 미루어 놓을 수 있는지?

답변 구약식 처분되었다면 공무원 비위사건 처리규정에 따라 징계의결을 요구해야 합니다. 다만, 징계혐의자가 혐의를 부인하며 정식재판을 제기하였고, 신중한 징계의결을 이유로 징계의결을 보류해야 할지 여부는 관할 징계위원회에서 결정할 사항으로서 해당 기관에서 징계의결요구 자체를 미루는 것은 바람직하지 않습니다.

질의 48 징계위원회 개최시 위원장의 제척 사유 적용 여부

전보발령으로 인해 현 소속기관의 징계위원장으로 임명되었고 동 전보 직전의 기관에서 혐의자의 직근 상급자로 근무한 경우 해당 위원장은 제척사유에 해당되는지 여부

답변 공무원 징계령 제15조(제척 및 기피)의 취지는 공정한 심의·의결을 위하여 만든 것으로 위원장에게도 적용되며 징계사유 발생 당시의 직근 상급자, 현재의 직근 상급자 모두를 제척 대상에 포함하는 것이 적절하다고 사료됩니다.

부록 4
징계관련 법령 주요 제·개정 연혁

징계관련 법령
주요 제·개정 연혁

● 「국가공무원법」 제정('49.8.12.)

- 국가공무원의 임용과 고시, 보수, 복무, 신분보장, 징계 등에 관하여 정함.

● 「공무원 징계령」 제정('49.10.15.)

- 위원회의 종류, 관할, 징계요구서 제출절차 등을 정함.
  ※ 국무총리소속하에 특별위원회와 보통위원회*를 설치함
   * 각부, 처, 심계원, 감찰위원회, 고시위원회, 임시외자총국, 임시관재총국, 서울특별시, 각도

● 징계제도의 실효성 강화를 위한 법 개정('61.9.18.)

- 징계를 중징계와 경징계로 구분하고, 징계절차를 대폭 개정함.
  ※ 중징계는 면직, 정직과 감봉으로, 경징계는 중근신, 경근신과 견책

- 징계처분을 받은 공무원이 불복이 있을 때에는 항고심사위원회에 항고할 수 있
  도록 함.

● 징계제도의 종류 변경 등을 포함한 법 개정('63.4.17.)

- 징계의 종류를 파면, 정직, 감봉, 근신 및 견책으로 함.
  ※ 정직 1월이상 6월이하, 감봉 1월이상 6월이하

- 징계에 관한 상세한 사항은 대통령령으로 위임하고 항고제도는 소청위원회의 소
  청제도에 흡수시킴.

징계위원회의 종류 등을 규정한 영 개정('63.5.29.)

– 중앙징계위원회[*]는 내각수반소속, 고등징계위원회는 중앙행정기관인 원·부·처 및 청(서울특별시를 포함), 보통징계위원회는 3급 이상의 공무원을 장으로 하는 행정기관중 고등징계위원회가 설치되지 아니한 기관

  [*] 위원장은 내각사무처장이 되고 위원은 내무부차관·재무부차관·법무부차관·문교부차관·농림부차관·체신부차관 및 내각사무처차장이 됨.

징계시효연장을 규정한 영 개정('63.10.23.)

– 징계시효를 1년→2년으로 연장

형사소추원칙의 배제를 규정한 법 개정('63.12.16.)

– 형사사건으로 수사 중인 때에도 징계절차를 진행하도록 함.

징계관할 조정 등 영 개정('64.6.24.)

– 중앙징계위원회와 고등징계위원회를 중앙징계위원회로 통합함.

– 소속공무원이 아닌 공무원에 대한 징계사유 통보규정을 신설

징계처분시 승진임용 제한 근거 마련, 법 개정('65.10.20.)

– 징계는 파면·감봉·견책으로 구분함.

  ※ 정직과 근신 폐지

– 징계처분을 받은 자에 대해 일정기간 승진임용 제한제도를 도입

별정직 공무원에 대한 준용 근거 마련 등, 법 개정('73.2.5.)

– 별정직 공무원에 대하여도 일반직의 징계규정을 준용하여 징계할 수 있도록 함.

– 형사사건으로 수사중인 사건에 대하여 필요한 경우 징계절차를 중지할 수 있도록 함.

– 국가공무원법에서 징계시효를 정함.(2년)

※ 국가공무원 징계시효 제도 개정 연혁(시행일 기준)

'63.6	'63.10	'73.4	'91.5	'09.4	'12.6
1년	1년→2년	2년	금품비위 2년→3년	금품비위 3년→5년	일반비위 2→3년

* '73. 이전에는 「공무원 징계령」에서 규정

징계의결기한 연장 등 영 개정('73.4.27.)

– 징계위원회 의결기간을 30일 → 60일로 연장

– 별정직 공무원에 대한 징계근거를 규정

징계효과의 승계 규정 등 법 개정('78.12.5.)

– 타법에 의한 징계효과의 승계가 가능하도록 함.

– 감사원 또는 수사기관의 조사 또는 수사의 개시통보만으로 징계사유의 시효에 관한 특례조항의 적용을 받을 수 있도록 함.

※ 감사원과 검찰·경찰·기타 수사기관은 조사나 수사를 개시한 때와 이를 종료한 때에는 10일내에 소속 기관의 장에게 당해 사실을 통보하여야 함을 규정

징계관할 조정 등 영 개정('80.12.18.)

– 중앙징계위원회를 제1중앙징계위원회*와 제2중앙징계위원회**로 구분

* 제1중앙징계위원회 1급 공무원의 징계사건을 대상으로 하고 위원장은 총무처장관이 되고, 위원은 차관급공무원 중에서 국무총리가 임명

** 제2중앙징계위원회는 2·3급 공무원 징계사건을 대상으로하고 위원장은 총무처차관이 되고, 위원은 1급공무원 또는 이에 상당하는 별정직공무원중에서 국무총리가 임명

징계의 종류 개정 등, 법 개정('81.4.20.)

– 징계의결요구권자의 징계의결 불복 시 청구기관 변경

※ 소청심사위원회 → 직근 상급기관에 설치된 징계위원회

– 징계의 종류에 해임·정직을 추가하여 파면·해임·정직·감봉 및 견책의 5종으로 하고 정직 및 감봉기간을 3개월 이내로 함.

※ 감봉 1~6월 → 1~3월, 정직 1~3월 신설

징계처분 집행기간 연장 등, 영 개정('81.6.9.)

- 징계처분 집행기간을 10일 이내 → 15일 이내로 연장

- 직권면직에 대한 징계위원회의 동의에 관하여는 징계절차를 준용하도록 함.

- 징계의결에 대한 심사청구의 절차를 정함.

「공무원 징계양정 등에 관한 규칙」 제정('81.7.14.)

- 징계양정의 기준과 가중·감경사유 등을 정함으로써 징계양정의 형평을 기함.

「공무원 징계양정 등에 관한 규칙」 개정('83.11.8.)

- 성실하고 능동적인 업무처리과정에서 과실에 대한 징계감경 가능 조항 신설

6급 이하 징계감경 표창 대상 확대, 「공무원 징계양정 등에 관한 규칙」 개정('86.7.24.)

- 장관급이상의 중앙행정기관의 장 → 중앙행정기관장인 청장(차관급상당기관장 포함)

6급이하 중징계사건 관할 조정, 영 개정('87.12.31.)

- 6급이하 공무원 등에 대한 정직이상의 중징계 관할을 소속기관에 설치된 징계위원회 → 상급기관에 설치된 징계위원회 관할로 변경

- 징계의결요구권자가 징계의결을 요구할 때에는 징계의 종류를 구체적 제시 → 중징계 또는 경징계로 구분하여 요구하도록 함.

- 징계의결요구권자가 관할징계위원회에 징계의결요구를 할 때에는 징계의결요구서사본을 징계혐의자에게 송부하도록 함.

금품관련 비위 징계시효 연장, 국가공무원법」 개정('91.5.30.)

- 일률적으로 2년이었던 공무원 징계시효를 금품 및 향응수수, 공금의 횡령·유용의 경우에는 징계시효를 3년으로 연장함.

- 금품관련 비위에 대한 징계감경 제한 등, 「공무원 징계양정 등에 관한 규칙」 개정('94.6.20.)
  - 성실하고 능동적인 업무처리과정에서 과실로 인하여 발생된 경미한 비위에 대하여 징계의결을 하지 아니할 수 있도록 함.
  - 금품 및 향응수수, 공금의 횡령·유용의 경우에는 징계감경을 제한
  - 비위행위 당시 중앙행정기관인 청장이상의 표창이 있는 6급 공무원이 5급으로 승진되어 징계요구된 경우 그 표창으로도 징계를 감경할 수 있도록 함.
  - 성실하고 능동적인 업무처리 과정에서 과실로 인하여 발생된 모든 비위에 대하여 징계의결요구권자가 징계의 감경의결을 요청할 수 있도록 함.

- 다수인 관련 징계사건 관할 등, 영 개정('98.1.16.)
  - 특정직공무원에 대하여 그 근거규정을 마련함.
  - 다수인이 관련된 징계사건은 관할을 조정함.(가장 상급기관에 설치된 징계위원회)
  - 보통징계위원회의 설치와 관련된 총무처장관의 동의제도를 폐지

- 집단행위 징계양정기준 강화 등, 「공무원 징계양정 등에 관한 규칙」 개정('05.5.16.)
  - 공무원의 집단행위를 하였을 때에 적용하는 징계양정기준을 강화
  - 공무원의 정치행위를 하였을 때에 적용하는 징계양정기준을 추가

- 「공무원 징계양정 등에 관한 규칙」 → 「공무원 징계령 시행규칙」 제명 개정('07.9.19.)

- 강등제도 도입 등, 법 개정('08.12.31.)
  - 해임과 정직 사이 강등제도 도입(효력 : 정직3월+한 계급 내림)
  - 금품 및 향응 수수, 공금의 횡령·유용에 대한 징계시효를 3년 → 5년으로 연장('09.4.1)

- 강등제도 도입 등, 시행규칙 개정('09.4.1.)
  - 강등 및 시효 관련 개정규정에 따라 관련 규정을 정비
  - 제1중앙징계위원회의 관할 및 제2중앙징계위원회의 위원 관련 규정을 삭제

- **「비위사건 처리규정」(대통령훈령) 제정·시행('09.4.22.)**
  - 수사기관으로부터 통보된 공무원의 범죄사건에 대하여 통일된 처리기준을 마련하는 등 비위(非違) 유형별로 징계의결 요구에 관한 기준을 마련
    ※ 금품 수수액이 100만원 미만이라도 능동적 수수일 경우 중징계 요구

- **징계부가금 부과제도 도입, 법 개정('10.3.22.)**
  - 금품·향응수수액 및 공금횡령·유용액의 5배 이내

- **징계부가금 부과제도 도입, 시행규칙 개정('10.8.2.)**
  - 징계부가금 제도의 신설을 내용으로 하는 「국가공무원법」 개정에 따라 관련 용어를 정비하는 한편, 징계부가금의 부과기준 설정

- **성매매를 비위유형으로 명문화 등, 시행규칙 및 처리규정 개정('11.7.18.)**
  - 성매매를 성희롱과 같은 수위로 징계하도록 징계기준 명시
  - 음주운전 징계기준 강화*
    * 최초 음주운전 : 경고 → 경징계, 음주운전 2회(면허정지) : 경징계 → 중징계등

- **음주운전 3진 아웃제 도입(3회 해임·파면) 및 표창감경 제외대상 비위유형 확대, 시행규칙 개정('11.11.1.)**
  ※ (개정前) 금품및향응수수, 공금 횡령·유용, 성폭력 → (개정後) 기존 + 성매매, 성희롱, 음주운전 추가

- **일반비위에 대한 징계시효 연장, 법 개정('12.3.21.)**
  - 일반비위에 대한 징계시효 연장 : 2년 → 3년('12.6.22.)

- **징계위원회 운영의 공정성 강화 등, 영 개정('13.5.31.)**
  - 중앙징계위원회의 구성 방법 개선 및 민간위원 비율 확대
    ※ 민간위원 50%이상 참여 의무화, 중앙징계위원회 Pool제 운영
  - 보통징계위원회의 민간위원 비율을 40% 미만 → 1/2 이상으로 확대
  - 민간위원의 임기를 2년 → 3년으로 연장

◉ **직종개편에 따른 징계관할 및 적용범위 조정, 영 개정('13.12.11.)**

　－ 기능직·계약직공무원의 일반직공무원 전환에 따른 징계관할 개정

　－ 별정직공무원에 대한 징계 근거규정(적용범위) 마련

◉ **고의가 있는 성폭력 비위자는 파면까지 가능하도록 징계기준 강화('13.12.31.)**

◉ **음주운전 처리기준 명확화 등 처리규정 개정('14.7.29.)**

　－ 음주운전면허의 정지 또는 취소 → 음주운전을 한 경우

　－ 수사기관에서 '혐의없음', '죄가안됨' 통보를 받더라도 국가공무원법상 징계사유
　　에 해당하는 경우에는 징계의결을 요구하도록 함.

◉ **정상참작 사유로 규제개혁 추진과정에서 발생한 과실 명시 등, 시행규칙 개정('14.9.2.)**

　－ 규제개혁 및 국정과제 등의 추진 과정에서 발생한 과실 등에 대해서는 징계등의
　　의결 시 정상 참작이 가능하도록 하고,

　－ 재산등록과 관련한 의무 위반에 대해서는 징계감경을 제한

◉ **징계부가금 부과대상 확대 등, 법 개정('15.5.18.)**

　－ 금품비위의 범위를 물품·부동산 그 밖의 재산상 이익을 수수한 경우와 예산·기
　　금·국고금·보조금·국유재산·공유재산 및 물품을 횡령·배임·절도·사기·유용한 경우
　　까지로 확대

◉ **보통징계위원회 설치 기준 조정 등, 영 개정('15.8.3.)**

　－ 보통징계위원회 설치기준 및 관할 조정
　　※ 5급이상의 기관장 → 중앙행정기관의 장

　－ 징계위원회 민간위원 자격요건 확대
　　※ 민간 부문에서 인사·감사업무를 담당하는 임원급 또는 이에 상응하는 직위에 근무한 경력 있는 사람

　－ 징계위원회 민간위원 참여 확대 및 보통징계위원회 POOL제 도입

　－ '우선심사제' 도입

● **음주운전, 성관련, 금품관련 징계기준 강화 등 시행규칙 및 처리규정 개정('15.8.19.)**

– 혈중알코올 농도에 따라 최초 음주운전인 경우에도 중징계 처벌이 가능하도록 음주운전 징계기준을 세분화

– 우월적 지위를 이용한 성관련 비위에 대한 징계양정기준 강화

– 공무원의 사생활중의 과실에 의한 비위로 징계 요구된 경우에는 '징계감경'이나 '불문'의결할 수 있는 근거 마련

● **징계효력 강화 등, 법 개정('15.12.24.)**

– 강등·정직처분 기간 중 보수 전액 삭감

– 사실상 징수가 불가능하다고 인정되는 징계부가금에 대한 감면의결 요청 근거 신설

– 퇴직을 희망하는 공무원의 징계사유 확인 등

● **청렴의 의무 위반에 대한 징계기준 강화, 시행규칙 개정('15.12.29.)**

– 청렴의 의무 위반에 대한 징계기준을 세분화하고 명확히 함.

– 징계기준 변경 : 비위의 경중, 고의유무, 과실의 경중 → 금액별(100만원 이상여부), 직무관련성 여부, 위법·부당한 처분 여부

※ 직무와 관련하여 100만원 이상의 금품·향응 등 재산상 이익을 제공받은 경우에는 무조건 파면 또는 해임

● **소극행정 처리기준 명확화, 시행규칙 및 처리규정 개정('16.1.19.)**

– 소극행정을 국가공무원법상 성실의 의무 위반으로 명시하고, 비위의 정도에 따라 징계양정기준을 마련해 소극행정이 징계대상임을 명확화

– 소극행정 비위에 대해서는 징계 감경을 할 수 없도록 하고, 고의성이 있는 경우는 최대 파면까지 가능토록 함.

● **부정청탁 징계 기준 강화, 영 개정('17.1.10.)**

– '부정청탁' 또는 '부정청탁에 따른 직무수행'을 별도의 비위유형으로 명시하고 처벌기준을 강화

– 불법촬영 등 디지털 성범죄 관련 비위행위자 처리 지침 시행('17.10.24.)

- 고의적 비위 행위는 그 경중과 관계없이 반드시 중징계 의결을 요구, 관련 기준에 따라 파면·해임 등 공직배제 징계처분을 받을 수 있으며,

- 디지털 성범죄는 피해자와 합의로 '공소권 없음' 또는 '불기소' 처분을 받더라도 예외 없이 징계의결을 요구토록 함.

⦿ **적극행정에 대한 보호 강화 및 성관련 비위 징계 강화, 영·규칙 개정('18.5.15.)**

- 적극행정으로 발생한 과실로 징계의결 된 경우 징계면제가 의무화되며, 징계절차에서도 적극행정시 징계가 면제된다는 사실을 알려주는 '적극행정 감면 안내 문구'가 「징계위원회 출석통지서」에 명시

- 공무원의 성희롱비위는 엄중한 책임을 물을 수 있도록 징계양정 기준을 '성폭력 범죄' 수준인 정직 이상의 중징계로 강화

⦿ **성비위 피해자 징계처분 결과 통보, 법 개정('18.10.16.)**

- 성폭력 범죄 및 성희롱과 관련한 사유로 징계처분을 하여 그 공무원에게 처분사유 설명서를 교부할 때, 피해자가 요청하는 경우 그 결과를 피해자에게도 함께 통보

⦿ **피해자 진술권 보장 및 알권리 확대, 영 개정('19.4.16.)**

- 중징계 요구된 비위 피해자의 신청이 있는 경우 의견진술권 부여

- 성비위 피해자 징계처분결과 통보 절차 마련(국가공무원법 개정 후속조치)

⦿ **갑질 및 갑질·성비위 은폐·미조치 징계기준 신설 등, 시행규칙 및 처리규정 개정 ('19.4.30.)**

- '공무원 행동강령 제13조의3에 따른 부당 행위' 및 '성 관련 비위 또는 공무원 행동강령 제13조의3 은폐 및 미조치' 징계기준 신설, 징계감경 제외대상이 되는 비위에 해당 비위유형 추가

⦿ **고도의 정책결정사항에 대한 실무자 면책 도입, 적극행정 징계면제 활성화, 음주운전 징계 강화 및 포상감경 제한 비위에 채용비위 신설, 시행규칙 및 처리규정 개정('19.6.25.)**

- 정책 결정 사항 중 고도의 정책사항의 경우 실무자(담당자)는 고의·중과실이 없

는 경우 문책기준에서 제외

- 적극행정 징계면제 요건 확대 및 고의·중과실 배제 추정 요건 완화

- 사전 컨설팅에 대한 징계면제 규정 신설

- 음주운전 유형별로 징계기준 1단계씩 상향, 개정된 도로교통법의 면허취소 기준을 반영해 혈중알코올농도가 0.08% 이상인 경우(당초 0.1%) 높은 징계기준 적용

- 특정인의 채용에 대한 특혜를 요청하거나, 그 요청에 따라 부정한 방법으로 채용관리를 한 경우도 표창감경에서 제외

● **적극행정 징계면제 사유 소명절차 마련, 징계위원회 징계면제 사유 해당여부 심의 의무화, 영 개정('19.8.6.)**

- 징계대상자가 징계위원회에 제출하는 서면 '의견서' 서식 신설하면서, 적극행정 등에 의한 징계면제 사유를 기재·소명할 수 있도록 함.

- 징계위원회가 징계대상자의 소명내용이 적극행정 등에 의한 징계면제 사유에 해당하는지 여부를 심의하고 의결서에 반영할 수 있도록 함.

● **중징계의결 요구, 조사·수사 등 비위관련자 의원면직 제한규정 상향 규정, 징계위원회 심사 또는 재심사 관할 조정, 법 개정('20.1.29.)**

- 비위관련자의 의원면직 제한 근거(대통령 훈령)를 법률로 상향 규정

- 중앙부처 본부에 설치된 보통징계위원회에서 의결한 징계의결의 재심사를 국무총리 소속 중앙징계위원회에서 관할하도록 조정

● **징계 참작사항 정비, 성비위 징계위원회 회의 구성, 서면의결·원격영상회의 근거 마련, 의원면직 제한 규정 마련 등, 영 개정('20.7.28.)**

- 징계 참작사유에 '혐의 당시 직급', '비위행위가 공직 내외에 미치는 영향'을 추가하고 '근무 성적'을 삭제

- 성폭력·성희롱 사건의 경우 징계위원회 구성 시 피해자와 같은 성별의 징계위원 1/3 이상 포함

- 중징계등 요구사건의 경우 징계의결 요구기관 출석·진술 의무화

- 징계등 사건의 관할 이송, 징계의결 기한 연기에 관한 사항은 서면의결 가능

- 원격영상회의 방식으로 징계위원회 심의·의결 가능하도록 근거 마련

- 징계위원회 회의 참석자 준수사항 명문화

- 퇴직희망 공무원 징계사유 확인 절차 마련(국가공무원법 개정 후속조치)

- 중앙징계위원회 재심사 시 당초 심의·의결한 위원 과반수 교체

● **징계 심의·의결시 참작사항 및 포상감경 제한 강화, 시행규칙 개정('20.7.28.)**

- 징계 참작사유에 '혐의 당시 직급', '비위행위가 공직 내외에 미치는 영향'을 추가하고 '근무 성적'을 삭제

- 징계감경 제외대상이 되는 비위에 '부정청탁', '부정청탁에 따른 직무수행', '금품비위의 신고·고발의무 불이행' 비위유형 추가

● **초과근무수당·여비 부당수령 징계기준 신설, 시행규칙 및 처리규정 개정('20.12.31.)**

- 부당수령 금액기준(100만원) 및 중대성 판단요인을 도입하여 구체적 징계기준 마련

● **성비위 징계시효 확대(3년→10년), 징계사유 및 징계효력 승계 규정 정비, 징계부가금 체납액 위탁 근거 마련, 법 개정('21.6.8.)**

- 성비위 징계시효를 10년으로 확대

- 직종에 관계없이 공무원이었던 자가 국가직으로 재임용되면 징계사유 및 징계효력 승계

- 징계부가금 체납액을 국세 강제징수의 예에 따라 징수하도록 하고, 관할 세무서에 징수 위탁 근거 마련

● **내부정보 이용 부당행위 징계기준 신설 및 성비위 및 성비위 2차 가해 징계기준 체계화·강화 등, 시행규칙 및 처리규정 개정('21.8.27.)**

- '직무상 비밀 또는 미공개정보를 이용한 부당행위' 징계기준 신설 및 징계감경 제외대상이 되는 비위에 해당 비위유형 추가

- 카메라 촬영·유포, 통신매체 이용 음란행위, 공연음란 징계기준 신설, 미성년자·장애인 성폭력 징계기준 강화 등

- 성 관련 비위 피해자 등에게 2차 피해를 입힌 경우 징계기준 신설

- 사법경찰관의 '수사중지'결정에 대한 범죄사건 처리기준 신설 등 수사기관의 범죄사건 처리기준 정비

- **성비위 사건 중대성 판단 참고 요소 및 참고 사례, 초과근무수당·여비 부당수령 비위사건 처리 지침 및 보안업무규정 등 보안법령 관련 비위행위자 처리지침 마련, 예규 개정 ('21.8.27.)**

- **징계위원회 구성의 성별 균형 제고, 징계혐의자 퇴직관리 강화, 징계부가금 감면의결 사유 명시 의무화 등, 영 개정('21.11.30.)**

  - 징계위원회 민간위원 위촉 시, 특정 성이 60%를 초과하지 않도록 개정

  - 2개월 이내 퇴직예정 징계혐의자 우선심사 의무화

  - 징계의결 요구시 확인서 상에 퇴직예정일 기재 및 징계처리대장에 퇴직예정일 관리 의무화

  - 징계부가금 체납액을 관할 세무서장에게 징수 위탁할 수 있는 절차 마련

  - 징계위원회가 징계부가금을 조정(감면)하는 경우 의결서에 구체적 사유 명시

- **갑질 징계 비위유형에 '우월적 지위를 이용한 비인격적 대우' 추가, 음주운전 징계기준 체계화·강화 등, 시행규칙 및 처리규정 개정('21.12.30.)**

  - '우월적 지위 등을 이용하여 다른 공무원 등에게 신체적·정신적 고통을 입히는 등의 부당행위'에 대한 징계기준 별도 신설 및 징계감경 제외대상이 되는 비위에 해당 비위유형 추가

  - 최초 음주운전을 한 경우 징계기준을 도로교통법 벌칙기준에 따라 세분화(2→3개유형), 단순 1회 음주운전이라도 해임이 가능토록 징계기준 강화

  - 현행 적극행정 징계면제 조항에 '적극행정위원회 의견'에 따른 징계면제 조항을 추가하여, 적극행정 운영규정과 적극행정 징계면제 조항이 상응하도록 보완

2022년도
징계업무 편람

초판 1쇄 발행 2022년 9월 30일

지은이 인사혁신처 윤리복무국 복무과
　　　윤리복무국장 | 신병대
　　　복무과장 | 장선정
　　　징계제도담당 | 이세령, 전구슬
　　　징계운영담당 | 최대관

펴낸곳 크레파스북
펴낸이 장미옥
디자인 김문정

출판등록 2017년 8월 23일 제2017-000292호
주소 서울시 마포구 성지길 25-11 오구빌딩 3층
전화 02-701-0633　　**팩스** 02-717-2285　　**이메일** crepas_book@naver.com
인스타그램 www.instagram.com/crepas_book
페이스북 www.facebook.com/crepasbook
네이버포스트 post.naver.com/crepas_book

ISBN 979-11-89586-51-5(93300)
발간등록번호 11-1760000-000016-14
정가 13,000원

이 도서의 국립중앙도서관 출판예정도서목록(CIP)은 서지정보유통지원시스템 홈페이지(http://seoji.nl.go.kr)와
국가자료종합목록 구축시스템(http://kolis-net.nl.go.kr)에서 이용하실 수 있습니다.